核心素养导向的
学科教学丛书

小学英语教学设计

主编◎鲁子问　审定◎夏谷鸣

华东师范大学出版社
上海

图书在版编目(CIP)数据

小学英语教学设计/鲁子问主编. —上海:华东师范大学出版社,2017
高等院校小学教育专业教材
ISBN 978-7-5675-6753-5

Ⅰ.①小… Ⅱ.①鲁… Ⅲ.①小学-英语课-教学设计-高等学校-教材 Ⅳ.①G623.312

中国版本图书馆 CIP 数据核字(2017)第 191005 号

小学英语教学设计

主　　编　鲁子问
项目编辑　师　文
特约审读　陈　琼
责任校对　时东明
装帧设计　卢晓红

出版发行　华东师范大学出版社
社　　址　上海市中山北路 3663 号　邮编 200062
网　　址　www.ecnupress.com.cn
电　　话　021-60821666　行政传真 021-62572105
客服电话　021-62865537　门市(邮购)电话 021-62869887
地　　址　上海市中山北路 3663 号华东师范大学校内先锋路口
网　　店　http://hdsdcbs.tmall.com

印 刷 者　南通印刷总厂有限公司
开　　本　787×1092　16 开
印　　张　21.25
字　　数　467 千字
版　　次　2018 年 6 月第 1 版
印　　次　2021 年 6 月第 9 次
书　　号　ISBN 978-7-5675-6753-5/G·10537
定　　价　54.00 元

出版人　王　焰

(如发现本版图书有印订质量问题,请寄回本社客服中心调换或电话 021-62865537 联系)

编委会
（按承担编写内容排序）

鲁子问　　张艳明　　卢玉娜
薛印江　　郝利强　　何　碧
海　娜　　孙　泓　　辛欣格

前 言

教育是人类有目的的社会实践，唯有经过合理设计的教学活动，方才能有效、高效地实现教学目标。教学设计是提升教学成效的关键，是达到教学目标、实现有效教学的保障。

自 2000 年小学英语成为国家课程之后，我国小学英语教育已经有了长足的进步和显著的发展，步入快速发展阶段。我国小学英语教育的重点已从推进小学课程开设，发展到全面提升小学英语教育的有效性。

为此，我们在 2010 年出版《英语教学设计》之后，基于小学英语教学的现实需要，组织编写了《小学英语教学设计》，以作为中小学英语教师、教研员在职学习用书，或作为本科生、研究生的教学用书或学习参考用书，促进小学英语教师专业发展，为我国小学英语教育发展尽绵薄之力。

《小学英语教学设计》全面介绍小学英语教学设计的理论基础，分析英语教学设计的主要内容，从学习者、学习需求、教学内容层面展开英语教学要素分析，说明小学英语教学目标设计、小学教学策略设计、小学英语教学过程设计、小学英语教学媒体设计、小学英语教学评价设计的理念与方法，并进行全面、深入的教学实践真实案例分析，最后提供评价小学英语教学设计的文本分析方法和基于课程观察的评价方法。

本书按照英语教育专业或小学教育专业本科、专科教材以及小学英语教师在职教育的教材要求进行设计。在每一章节开始学习之前，我们设计了"请你思考"、"请你回答"两个板块。学习者在学习之前可以根据自己的理解进行回答，学习之后需根据所学内容再次思考与回答。在每一章节学习之中，我们设计了"请思考"、"请讨论"等活动，并提供了相关参考答案，用于组织讨论。在每一章节学习之后，我们设计了"案例分析"内容，就这一章节的内容结合真实案例进一步进行讨论。在此之后,我们设计了"实践"部分,作为本节的综合性学习活动,也提供了参考答案。这些活动是一种基本设计,具体教学可结合课时、学生基础等具体情况调整。

《小学英语教学设计》由鲁子问(博士,教授,博士生导师,兴义民族师范学院中国民族师范教育研究中心主任,教育部教师教育资源专家委员会成员,教育部《义务教育英语课程标准(2011年版)》研制组成员,教育部首批国培专家库专家)设计章节、编制体例并进行统稿。

《小学英语教学设计》第一章、第二章由鲁子问(兴义民族师范学院)、张艳明(赤峰学院)完成;第三章、第四章由卢玉娜(兴义民族师范学院)完成第一稿,鲁子问完成第二稿至第七稿以及参考答案;第五章由薛印江(兴义民族师范学院)完成第一稿、第六稿以及部分参考答案,鲁子问完成第二稿至第五稿、第七稿以及部分参考答案;第六章由鲁子问、郝利强(兴义民族师范学院)完成;第七章由鲁子问完成;第八章由鲁子问、何碧(兴义民族师范学院)完成;第九章由海娜(兴义民族师范学院)完成第一稿、第五稿、第一节参考答案,鲁子问完成其他稿次、第二节与第三节参考答案;第十章由鲁子问、孙泓(青岛市教育局教研室)和辛欣格(青岛市台东六路小学)完成。本书每一节均有实践案例分析,所有案例分析除署名外都由鲁子问完成。本书选录了少量署名案例分析,这些案例由孙泓选录,分别由各自署名作者完成。

《小学英语教学设计》由夏谷鸣(特级教师,硕士生导师,教育部基础教育课程教材委员会委员,教育部《高中英语课程标准》修订研制组成员,教育部首批国培专家库专家)审定。

《小学英语教学设计》编写工作得到兴义民族师范学院校长刘照惠教授全力支持,特此致谢!

本书作为教材,没有采用学术专著方式列出参考文献,直接引文不多,全部采用脚注方式说明,教学材料来源列于材料之后,每章列出建议进一步阅读的文献,以供读者拓展阅读时参考。同时,本书提供配套课件,读者可登陆 have.ecnupress.com.cn 免费下载并使用。

尽管本书是基于我们的大量小学英语课堂教学实践和理论研究而完成,但由于各种原因,本书肯定还存在诸多不足之处。观点、方法、表述等若存在错谬,敬请读者批评指正,以便我们在以后进一步修订补充;文献引用标注或有疏漏,亦请指出,以便我们在修订时修改。特此致谢!

鲁子问

2016年6月于黔西南开始第一稿

2017年4月于格拉斯哥完成第七稿

目 录

第一章　小学英语教学设计的理论基础 / 1

第一节　教学设计的基本内涵 / 1

一、教学与设计 / 2

二、教学设计的内涵 / 4

三、教学设计的理论基础 / 6

　案例分析 / 14

第二节　小学英语教学设计的基本内涵 / 18

一、小学英语教学设计的教育内涵 / 19

二、小学英语教学设计的语言内涵 / 21

三、小学英语教学设计的设计内涵 / 21

　案例分析 / 22

第二章　小学英语教学设计的主要内容 / 26

第一节　教学设计的模式 / 26

一、教学设计模式的发展 / 27

二、教学设计模式的类型 / 29

三、教学设计模式的要素 / 45

　案例分析 / 47

第二节　小学英语教学设计的模式 / 50

一、小学英语教学设计的基本模式 / 51

二、小学英语教学设计的基本形式 / 55

　案例分析 / 65

第三章　小学英语教学要素分析 / 67

第一节　小学英语学习者与学习需求分析 / 67

一、小学生内在学习要素分析 / 68

二、小学生外在学习要素分析 / 72

三、小学生英语学习优势分析 / 73

四、小学生英语学习需求分析 / 74
　　　案例分析 / 76

第二节　小学英语教学内容分析 / 79
　　一、教学内容的课程特性分析 / 81
　　二、教学内容的语篇特性分析 / 81
　　三、教学内容的教学特性分析 / 82
　　　案例分析 / 84

第四章　小学英语教学目标设计 / 88

第一节　小学英语教学目标内涵 / 88
　　一、教学目标的内涵 / 89
　　二、英语教学目标的内涵 / 90
　　　案例分析 / 93

第二节　小学英语教学目标确定与表述 / 95
　　一、小学英语教学目标的确定 / 96
　　二、小学英语教学目标的表述 / 97
　　　案例分析 / 99

第五章　小学英语教学策略设计 / 102

第一节　小学英语教学组织策略设计 / 102
　　一、小学英语知识组织形式 / 103
　　二、小学英语教学内容组织策略 / 108
　　三、小学英语教学活动组织策略 / 114
　　　案例分析 / 118

第二节　小学英语教学传递策略设计 / 120
　　一、接触策略 / 122
　　二、吸收策略 / 125
　　三、产出策略 / 127
　　　案例分析 / 132

第三节　小学英语教学管理策略设计 / 134
　　一、时间管理策略 / 135
　　二、空间管理策略 / 136

三、纪律管理策略 / 138

案例分析 / 140

第六章　小学英语教学过程设计 / 142

第一节　小学英语教学过程的形态与功能 / 142

一、小学英语教学过程的内涵 / 143
二、小学英语教学过程的形态与功能 / 145

案例分析 / 147

第二节　小学英语课堂教学过程设计 / 149

一、活动式教学过程 / 150
二、任务教学过程 / 152

案例分析 / 155

第三节　小学英语教学环节设计 / 159

一、导入设计 / 160
二、呈现设计 / 162
三、讲授设计 / 163
四、巩固设计 / 165
五、实践设计 / 166
六、复习设计 / 167

案例分析 / 170

第七章　小学英语教学活动设计 / 172

第一节　小学英语教学活动内涵与特性 / 172

一、小学英语教学活动的内涵 / 173
二、小学英语教学活动的本质特性 / 175
三、小学英语教学活动的教学特性 / 176

案例分析 / 180

第二节　小学英语教学活动设计 / 182

一、语言能力发展活动设计 / 183
二、文化意识发展活动设计 / 187
三、思维品质发展活动设计 / 190
四、学习能力发展活动设计 / 197

　　　　五、综合的小学英语教学活动 / 198
　　　　　案例分析 / 200

第八章　小学英语教学媒体设计 / 202

第一节　教学媒体的内涵与使用原则 / 202
　　　　一、教学媒体的内涵 / 203
　　　　二、教学媒体的分类及其教学特征 / 204
　　　　三、小学英语教学媒体选择与运用的原则 / 209
　　　　　案例分析 / 212

第二节　小学英语教学媒体设计与使用 / 213
　　　　一、小学英语常规教学媒体的设计与使用 / 214
　　　　二、小学英语现代教学媒体的选择与使用 / 219
　　　　　案例分析 / 222

第九章　小学英语教学评价设计 / 224

第一节　英语教学评价的基本内涵 / 224
　　　　一、教学评价的基本内涵 / 225
　　　　二、教学评价的主要形式 / 226
　　　　　案例分析 / 228

第二节　小学英语教学形成性评价设计 / 231
　　　　一、小学英语教学形成性评价的功能与形式 / 232
　　　　二、小学英语教学形成性评价的实施 / 235
　　　　　案例分析 / 237

第三节　小学英语教学总结性评价设计 / 238
　　　　一、小学英语教学总结性评价试题设计方法 / 239
　　　　二、小学英语教学总结性评价组卷方法 / 242
　　　　　案例分析 / 252

第十章　小学英语教学设计的评价 / 254

第一节　基于文本的教学设计评价 / 254
　　　　一、教学设计的基本形态 / 255
　　　　二、教学设计文本分析方法与标准 / 258

  案例分析 / 262

第二节　基于课堂观察的小学英语教学设计评价 / 264

  一、课堂观察的内涵 / 266

  二、教学设计评价课堂观察量表设计 / 267

    案例分析 / 275

参考答案 / 278

第一章 小学英语教学设计的理论基础

第一节 教学设计的基本内涵

【请你思考】

　　X 老师教龄 20 多年,曾在初中任教,不仅教学经验丰富,而且所授班级学生考试成绩较好。当地新成立一所小学,X 老师调到该小学任教,并担任英语备课组长。X 老师却发现自己在小学的教学怎么都不顺利。无论她如何详细地讲解语法知识,学生都无法理解,无论她如何灵活地设计词汇练习,学生都无法掌握。

　　你认为是什么导致了 X 老师的困难?

_____
_____
_____

【学习目标】

学习本节后,你能:

1. 比较准确地理解教学设计的内涵;
2. 了解教学需要设计的原因;
3. 了解教学设计的理论基础。

【本节概念】

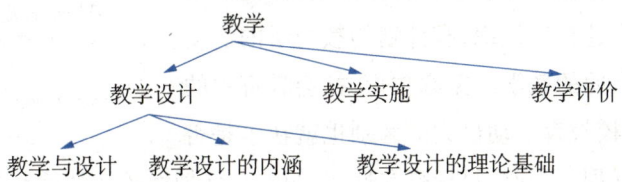

【请你回答】

1. 你认为教学为什么需要设计?

_____

2. 你认为教师应该如何备课？

　　作为一名教师，我们的教学工作几乎始终处于教学设计之中：在正式开始一节课之前，我们需要考虑学生现阶段的学习起始水平、下一步要达到的学习目标和实现该目标需要采用的教学策略、需要选用的教学媒体等；在课堂教学过程中，我们需要观察学生的理解和掌握情况，根据学生已经达到的程度，继续推进教学过程，或者及时调整和修改预设的教学步骤；在完成教学后，我们还需对教学目标的达成情况进行评价、对我们的教学活动和学生的学习活动进行反思，等等。所有这些活动，都是教学设计的重要内容。教学需要从设计开始，教学设计则需要从理解教学与设计的内涵开始。

一、教学与设计

　　教学是教师引导学生学习的过程，包含教师的教和学生的学两个层面，其根本是学生的学，因为教师的教是为了促进学生的学。从学生的学这一层面看，教学是学生在教师引导下主动学习和掌握知识、技能，同时全面发展其核心素养的活动。当然，教师的引导不是随意的，而是依据一定的内容，指向一定的目的，借助一定的方法和技术进行的，是一个有计划的、系统性的过程。

　　简单地说，教学是引导学生学习、促进学生发展的活动，在这个过程中，若要使学生尽可能高效地掌握知识和技能，就必须对教学活动进行精心的设计与安排，提供有利的学习条件。只有这种有组织、有计划的教与学的活动才是学校教育意义层面的教学。家庭教育、社会教育中的诸多教育活动，与学校教育活动最大的区别也就在于是否有目的、有组织、有计划。因此，目标指向性、组织性和计划性是教学活动的重要特点。

请思考：
为什么说"教学是引导学生学习"而不是"教给学生知识"？这对教学设计有什么启示？

　　这里所指的目标指向性、组织性、计划性，即针对一定的教学目标，提前计划和设计教学内容、教学方法和技术等教学过程中重要的因素，对教学过程做出预设，以达到更好的教学效果。因此，教学需要设计。

教学设计(instructional design)在属性上是一种设计,教学是其领域规定性。所以,理解教学设计,必须从设计的角度出发。

"设"有设立、布置、筹划、安排之义,"计"有计算、测量、计划、策划、考虑之义。两词复合而成"设计",就是设想、运筹、计划与预算,它是"人类为实现某种特定目的而进行的创造性活动"①。设计是一种由目标导引的活动或过程,这种活动或过程的目的是构想和实现能满足某种特定需要的、具有某种实际效用的新产品或人工制品,如问题求解方案及其决策。因此,设计的目的就是谋求事物、现象或活动的改善,使现存的状态朝期望的方向变化。

研究设计的学术领域很多,诸如工业设计、建筑设计、服装设计等传统领域,以及软件设计、游戏设计等最新领域,都对设计有非常深入而且广泛的研究,这些领域都可能与教育形成关键,如教育产品生产需要工业设计,学校建设需要建筑设计,校服生产需要服装设计,教学需要软件设计、游戏设计。随着教育发展,对教学本身的设计逐渐发展成为一个领域,诸多领域的专家对教学设计也进行了广泛而深入的研究。

综合分析与设计相关的各个学科所研究的设计,可以发现,设计具有以下基本特性:

(1) 独特性。设计是人类所特有的且广泛实践的社会文化活动,一些动物具有搭建巢穴的能力,但并不开展设计巢穴的实践。所以,设计是具有独特性的人类实践活动。

(2) 理想性。设计必须确定问题的价值和问题的实质,基于此形成新的解决问题的理念,基于理念进行设计。所以,在价值层面,设计是一种对理想的表达。

(3) 意向性。设计具有明确的指向,必须制定目标行为活动的策略、方案或程序,以改善某一事物或某一活动为目的。所以,设计在行为上是一种指向性活动。

(4) 创造性与选择性。设计要求基于问题分析和条件,设计出多种可供选择应用的策略、程序或方案。所以,设计在本质上是一种创造性、选择性的活动;

(5) 相对性。人类对自我与自然的认知永无止境,人类的设计在任何时代都只是相对于当时条件的设计。

显然,这些分析对于我们理解设计非常关键。教学设计毕竟是教学实践,我们还需要从教育学、心理学的视角进行分析,才能全面把握教学设计的本质。

从教育学视角可知,教学设计具有以下特征:

(1) 设计使教学更具有目的性。教育是人类有目的的文化代际传递活动,具有显著的目的性,教学设计促进教学目标、教育目标的实现。

(2) 设计有助于提高教学效率,促进单位时间的教学成效的提升。教育,尤其是学校教育,是用较短的时间(如:12年基础教育,4年本科教育,等等),促进受教育者发展成为社会和个人发展所需要的人,所以学校教育的任何课程的课时都是有限的。经合理设计的教学活动,可以更有效率。

从心理学视角看,教学设计具有以下特征:

---

① 尹定邦. 设计学概论[M].长沙:湖南科技出版社,2004.

(1) 设计是建构学习的外在因素。学习是学习者在内在因素与外在因素的作用下,通过个人实践而促进知识、行为或行为潜能、核心素养等发生变化的活动过程。学习的内在因素是学习者的个人因素,无法通过设计形成影响,而外在因素则可以通过设计形成影响,无论是教学行为还是学习环境,均可设计。

(2) 基于学习发生和形成的经验进行设计,提高学习成效。教师之所以能够促进学生学习,是因为教师本身是学习者,而且是学习引导者,其教学经验使其具有促进学习者掌握所学内容的方法,从而可以促进学习的发生与发展,并促进整个学习过程的完成。基于这种经验的设计,可以有效地促进学习过程,形成学习成效。如,教师既知道可以按照字母表顺序学习字母,也知道可以按照字母读音所包含的元音对字母进行重新组合(如:集中学习含有/ei/音的 AHJK,帮助学生准确掌握字母读音),这样显然有助于更有效地促进学生学习。

> 请思考:
> 为什么要从三个视角探讨设计的内涵?为什么不能只从教学视角探讨?

基于对设计的以上认识,我们可知:教学设计所探讨的设计,是基于教师对于教育、教学尤其是学习的理念、经验等,创设指导学习者的学习实践的活动,这些活动具有明确的目的性和实践性,从而使学习有效发生、发展,并最终实现学习目标。

二、教学设计的内涵

教学过程涉及诸多要素,包括教师、学生、教学管理人员;教材、设备、媒体;教学目标、教学内容、教学方法、教学手段、教学测量、教学评价等。如何使这些要素能够有机配合、有序运行,促使教学效果最优化,这是摆是我们面前的一项复杂的任务。要做到这一点,只能运用系统论的观点和方法,对教学过程进行科学的设计①。

虽然人们对教学的研究已经有数千年的历史,但是对教学设计的研究却不足百年。半个多世纪的快速发展使教学设计的内涵不断丰富。从实践的视角看,教学设计的内涵包括以下几个方面。

(一) 教学设计是系统计划或规划教学的过程

这种观点把教学设计看作是用系统的方法来分析教学问题、研究解决问题的方法和途径、评价教学结果、修改和确定教学规划的过程。如"教学是以促进学习的方式影响学习者的一系列事件,而教学设计是一个系统化规划教学系统的过程"②。"教学系统设计是运用系统方法分析研究教学过程中相互联系的各部分的问题和需求,确定解决它们的方法步骤,然后评价教学成果的系统计划过程"③。"教学设计是指运用系统方法,将学习理论与教学理论

---

① 李龙. 教学过程设计[M]. 呼和浩特:内蒙古人民出版社,2000.
② 加涅,韦杰,戈勒斯,凯勒. 教学设计原理(第五版)[M]. 王小明,等,译. 上海:华东师范大学出版社,2007.
③ Kemp, J. E. The Instructional Design Process [M]. New York: Harper and Row, 1985.

的原理转换成对教学资料、教学活动、信息资源和评价的具体计划的系统化过程"[1]。"教学系统设计是运用系统方法分析教学问题和确定教学目标,建立解决教学问题的策略方案、试行解决方案、评价试行结果和对方案进行修改的过程"[2]。

(二) 教学设计是创设和开发学习经验和学习环境的技术

美国著名教学设计专家梅瑞尔在其发表的《教学设计新宣言》一文中,对教学设计的界定为:"教学是一门科学,而教学设计是建立在教学科学这一坚实基础上的技术,因而教学设计也可以被认为是科学型的技术(science-based technology)。教学的目的是使学生获得知识技能,教学设计的目的是创设和开发促进学生掌握这些知识技能的学习经验和学习环境"[3]。

梅瑞尔强调教学设计应侧重于对学习经验和学习环境的设计,以创设一种高效率的、具有强烈吸引力的教学。这里所谓的学习经验,从梅瑞尔对教学设计定义进一步的分析中可以推知,主要是指学习策略,涉及如何指导学生获取知识,帮助他们复诵、编码和处理信息,监控学生的学业行为,提供学习活动的反馈等。它体现了以学为主的教学设计思想。

(三) 教学设计是一门科学

帕顿在《什么是教学设计》一文中提出:"教学设计是设计科学大家庭的一员,设计科学各成员的共同特征是用科学原理及应用来满足人的需要。因此,教学设计是对学业业绩问题的解决措施进行策划的过程"[4]。这一定义将教学设计纳入了设计科学的子范畴,以有效地解决教学中出现的问题。

这一定义从设计科学的视角,强调教学设计应把学与教的原理用于计划或规划教学资源和教学活动,以有效地解决教学中出现的问题。罗兰德也强调设计取向,明确提出需要一种不同于将教学设计过程视作预定过程、侧重理性、注意归纳、重视最优化的传统教学设计观的全新的教学设计观。这种新的教学设计观突出创造性,注意理性与视觉的平衡,强调归纳与演绎的统一,重视对话在设计过程中的重要作用。[5]

> **请讨论:**
> 为什么这里选择"从教师的教学实践视角"界定教学设计?这一界定和从教育技术视角的教学设计定义有什么不同?

从以上三方面的内涵,我们可以看出教学设计的综合形态。从教师的教学实践视角看,教学设计是一种基于现代学习理论的现代教育技术运用实践,是教师在学习者特征、学习需要、学习内容等教学背景分析的基础上,设计教学目标、教学策略、教学过程,选定教学媒体,并进行评价反馈,以进行教学准备的过程。

---

[1] Smith, P. L. & T. J. Ragon. Instructional Design [M]. Macmillan, 1993.
[2] 乌美娜. 教学设计[M]. 北京: 高等教育出版社,1994.
[3] 梅瑞尔. 教学设计新宣言[M]//何克抗. 教学系统设计. 北京: 高等教育出版社,2006.
[4] 帕顿. 什么是教学设计[M]//何克抗. 教学系统设计. 北京: 高等教育出版社,2006.
[5] Rowland, G. Designing and Instructional Design [M]. ERTAD, 1993.

作为教学准备的过程,教学设计也就是传统意义的"备课"。备课,就是教师为上课而进行的计划和准备工作,不过,传统上基本是基于教师的教学经验而进行。教学设计则不同,主要不是基于经验进行设计,而是体现一种教学理念,运用一种技术或一套工具,进行教学准备的一个过程,我们用这一技术和工具进行教学准备,从而使基于经验的备课成为基于理念、技术、工具的教学准备。

三、教学设计的理论基础

教学设计的产生与发展,是建立在其他支撑学科的理论基础之上的。在教学设计的发展过程中,有诸多理论或技术对其起了较大的作用,我国教学设计研究者对这些理论基础进行了大量的研究,提出了许多看法,概括起来有如下一些观点:

(1) 单基础论:认为教学设计的理论基础是认知学习理论,并强调主要是指加涅的认识学习理论。

(2) 双基础论:主张教学设计是以传播理论和学习理论为基础。

(3) 三基础论:认为教学设计是以学习理论、教学理论和传播学为理论基础。

(4) 四基础论:认为教学设计理论基础包括四个组成部分,即系统论、学习理论、教学理论和传播理论,并强调学习理论应当是四种理论中最重要的理论基础。

(5) 五基础论:提出教学设计要以学习心理理论、现代教学理论、设计科学理论、系统理论和教育传播学为理论基础。

(6) 六基础论:主张学习理论、传播理论、视听理论、系统科学理论、认识论和教育哲学共同构成了教学设计的理论基础。

为分析方便,将上述论点列表如表1-1所示:

表1-1 教学设计的六种基础论[①]

	学习理论	传播理论	系统理论	设计理论	视听理论	认识论	教育哲学
单基础	√						
双基础	√	√					
三基础	√	√					
四基础	√	√	√				
五基础	√	√	√	√			
六基础	√	√	√		√	√	√

从表1-1中可以看出,虽然存在众多数量的"基础论",但学者们将系统理论、学习理论

---

① 林宪生.教学设计的概念、对象和理论基础[J].电化教育研究.2000(04).

和传播理论作为教学设计的理论基础的认识是相对集中的,这也是目前我们在众多文献中见到的最多的一种提法。此外,在经典四基础论基础之上提出的五基础论中,"设计理论"被涵盖其中,我们认为,这也是对教学设计实践最具建设性意义的理论。

教学设计的理论基础主要有三个方面:一是方法论层面的理论基础,这给教学设计以哲学的高度,使教学设计不仅仅停留在教学层面;二是教与学的理论基础,这使得教学设计的探讨可以从根本做起,学习理论、教学理论这两个领域是教学设计的教与学理论基础的主要内容;三是技术基础,包括传播理论和设计理论两个领域。这三个基础的具体构成如图1-1。

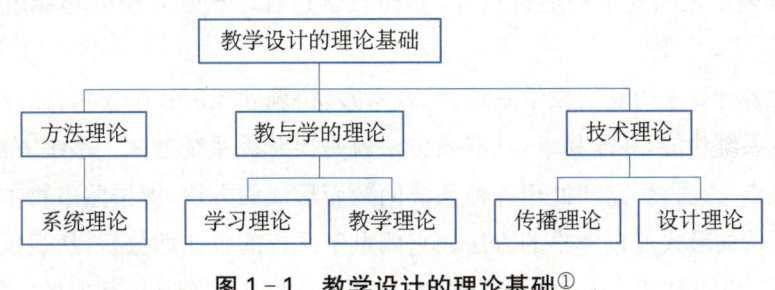

图1-1　教学设计的理论基础①

(一) 方法论基础:系统科学理论

系统科学在第二次世界大战前后兴起,它是以系统及其机理为对象,研究系统的类型、一般性质和运动规律的科学,包括系统论、信息论、控制论等基础理论,系统工程等应用学科以及近年来发展起来的自组织理论。它涉及许多学科研究对象中某些共同的方面,系统论、信息论、控制论就是把不同对象的共同方面,如系统、组织、信息、控制、调节、反馈等性质和机理抽取出来,用统一的、精确的科学概念和方法来描述,并力求用现代的数学工具来处理。所以,系统科学是现代科学向系统的多样化、复杂化发展的必然产物。它在现代科学技术和哲学、社会科学的发展中具有十分重要的意义,为人们认识世界和改造世界提供了富有成效的、现代化的"新工具"。

20世纪五十至六十年代期间,系统科学方法在美国军事、工业、商业、空间技术等领域得到空前成功的应用。在这些成功应用实例的推动下,系统方法也在教育界受到重视,六十年代末期开始教育技术研究者致力于系统方法应用于教学实际的研究,形成教学系统方法,并应用于各个层次的教学系统的设计之中,建立起教学设计的理论与方法。

教学设计首先是把教育、教学本身作为整体系统来考察。以这种系统思想为指导,我们把为达到一定的教育、教学目的,体现一定的教育、教学功能的各种教育、教学组织形式看成教育系统或教学系统。如学校是一个教育系统,是社会系统的一个子系统。社会向学校

---

① 鲁子问. 英语教学设计[M]. 上海:华东师范大学出版社,2008.

教育提出人才的要求，提供教育资源（如教职员、教材、设备、设施等），而学校系统则通过各类教育工作把学生培养成社会需要的人才。学校系统是通过反馈信息来进行调整，以保持在社会系统中的动态稳定。教学系统是教育系统的子系统，它可以是指学校的全部教学工作，也可以是一门课程、一个单元或一节课的教学；当然也可指为达到教学目的、目标而组织的机构和方法。作为一种执行控制的教学信息传递过程，教学系统包含了教师、学生（均为人员要素）、课程（教学信息要素）和教学条件（物质要素）四个最基本的要素，组成系统的空间结构；而教学目标、教学内容、教学方法、教学媒体、教学组织形式和学习结果等过程性要素形成系统的时间结构。这些要素之间相互作用、相互依赖、相互制约又构成系统输入和输出之间复杂的运行过程，亦即教学过程。教学系统的功能就是教学过程运行的结果。

面对包含各种要素的复杂教学系统，综合考察、协调和控制各个要素，以保证系统的顺利运行和完成系统功能，并非易事，其有效方法就是要掌握系统方法。系统方法，就是运用系统理论的观点、方法，研究和处理各种系统问题而形成的方法，即按照事物本身的系统性把对象放在系统的形式加以考察的方法。它侧重于系统的整体性分析，从组成系统的各要素之间的关系和相互作用中发现系统的规律，从而提供解决复杂系统问题的一般步骤、程序和方法。系统分析技术、解决问题方案的优化选择技术、问题解决策略优化技术以及评价调控技术等构成了系统方法的方法体系和结构。

教学设计把教学系统作为一个整体来进行设计、实施和评价，使之成为具有最优功能的教学系统。在系统科学指导下的教学设计以学习需求为开始，在确定学习需求之后，在对学习者和学习内容以及各种教学策略进行分析的基础上，通过系统的策略优化技术确定和实施教学策略，在实施的过程中进行形成性评价实施后进行总结性评价，力图使通过教学设计后的教学系统满足学习者的学习需求，促进学习者的发展。在教学设计实施过程中，各种分析技术是教学设计成功的保证。教学设计在系统科学的指导下，把构成教学系统的元素分成整个教学系统的子系统，通过这些子系统的分析、研究，获得教学设计成功的条件。这些对子系统的分析，通过系统科学的方法整合在一起，获得 1+1＞2 的效果。

教学设计综合教学系统的各个要素，在教学设计的经验基础之上，把运用系统方法的设计过程加以模式化，提供一种实施教学系统方法的具体可操作的程序与技术。经过人们的实践研究，系统科学在教学领域的应用获得成功。目前，几乎所有的教学设计模式都采用系统科学方法构建，并且把教学设计和教学系统设计看成同义词。

（二）教与学的理论基础：学习理论、教学理论

1. 学习理论与教学设计

学习理论是探究人类学习的本质及其形成机制的心理学理论，而教学设计是为学习而创造环境，是根据学习

> 请讨论：
> 这里为什么先讨论学习理论再讨论教学理论？

者的需要设计不同的教学计划,在充分发挥人类潜力的基础上促使人类潜力的进一步发展。因此,开展教学设计必须广泛了解学习及人类其他行为,以学习理论作为其理论基础。

教学设计涉及三大学习理论:行为主义学习理论、认知主义学习理论和建构主义学习理论。相应地,教学设计也经历了行为主义教学设计、认知主义教学设计和建构主义教学设计三个阶段。

(1) 行为主义学习理论与教学设计。

行为主义作为一种学习理论可以追溯到亚里士多德时代。亚里士多德在一篇探讨记忆的文章中提到了联结(association),很多哲学家追随了他的思想,从行为的角度探讨记忆、学习。行为主义学习理论关注的是可被观察和测量的明显的行为。它把思维看作是黑箱,大脑对于刺激的反应是可被定量观察的,行为主义完全忽视了对人脑思维过程的研究,而是强调可观察的行为,认为行为的多次的愉快或痛苦的后果改变了个体的行为。巴甫洛夫经典条件反射学说、华生的行为主义心理学观点、桑代克的联结主义、斯金纳的操作条件反射学说以及班杜拉的社会学习理论可作为行为主义的代表学说。

行为主义对教学设计的影响具体表现在教学机器的产生、程序教学思想、个别化方法教学,在现代社会中计算机辅助教学的教学设计也从相当程度上秉承了行为主义的思想。

(2) 认知主义学习理论与教学设计。

认知是指认识的过程以及对认识过程的分析。美国心理学家吉尔伯特指出:"认知是一个人'了解'客观世界时所经历的几个过程的总称。它包括感知、领悟和推理等几个比较独特的过程,这个术语含有意识到的意思。"认知的构造已成为现代教育心理学家试图理解的学生心理的核心问题。

认知主义学习理论家认为学习在于内部认知的变化,学习是一个比行为主义关注的刺激—反应联结要复杂得多的过程。他们注重解释学习行为的中间过程,即目的、意义等,认为这些过程才是控制学习的可变因素。

认知主义学习理论为教学论提供了理论依据,丰富了教育心理学的内容,为推动教育心理学的发展起到关键作用,其主要代表性理论有:克勒的顿悟说、托尔曼的认知—目的论、皮亚杰的认知结构理论、布鲁纳的认知发现说、奥苏贝尔的认知同化论、加涅的学习条件论与信息加工学习论、海德和韦纳的归因理论等。

基于认知主义学习理论可知:学习过程是一个学习者主动接受刺激、积极参与和积极思维的过程;学习是要依靠学习者的主观构造作用,把新知识同化到他原有认知结构当中引起原有认知结构的重新构建才能发生,因此学习必须以原有的旧知识为基础来接受和理解新的知识,也只有丰富的知识才能启迪智力的发展,形成良好的认知结构;要重视学科知识结构与学生认知结构的关系,以保证发生有效的学习。

认知主义基于此而认为,在教学设计中,应重视学习者特征的分析,以学习者原有的知识和认知结构作为教学起点;重视学习内容分析,充分考虑学科内容的知识结构和学生认知结构的协调性,以保证学生对新知识的同化和认知结构的重新构建顺利进行。教学设计还特别关注教学策略的制订、媒体的选择以保证学习者积极参与，促进有效学习的发生。

（3）建构主义与教学设计。

建构主义学习理论，是认知学习理论的一个重要分支，因其巨大影响而成为一个独立领域。建构主义强调学习过程中认知主体的内部心理过程，并把学习者看作是信息加工的主体。

> 请思考：
> 如何理解建构主义？如何理解建构主义对教学设计的作用？

建构主义学习理论在对"学习的含义"的理解上，认为知识是学习者在一定情境即社会文化背景下，借助其他人（教师和同学）的帮助，利用必要的学习资料（文字、图像、实物、计算机辅助教学、网络等），通过意义建构方式主动建构事物的性质、规律以及事物间的内在联系。建构主义认为学习是学习者认知结构的组织和重新组织的过程，学习活动是一个"顺应"的过程，即学习者不断地对已有的认知结构做出必要的调整和更新，使他适应新的学习对象，并实现"整合"。

学生学习活动主要是在学校环境中，在教师的直接指导下进行的。因此，建构主义学习理论指出，学习作为一种特殊的建构活动有社会性质。学习不是一个"封闭"的过程，而是一个需要不断与外界交流的发展与改进过程，即包含有一个交流、反思、改进、协调的过程。

2. 教学理论与教学设计

教学理论是为解决教学问题而研究教学一般规律的科学。教学设计是科学地解决教学问题、提出解决方法的过程，为了解决好教学问题就必须遵循和应用教学客观规律，因此教学设计离不开教学理论。

事实证明，解决教学问题必须研究教学理论，应用教学理论。在教学理论发展历程中，巴班斯基等学者的影响最为显著。巴班斯基把系统方法作为一般科学方法论引入教学理论研究领域，形成了教学过程最优化理论，为教学设计的产生和发展提供了理论依据。教学设计正是根据该理论，把教学理论研究的重要范畴，如教师、学生、目的、任务、内容、形式、方法等要素都置于系统形成之中，加以考察研究和应用；而斯金纳的程序教学理论、布鲁姆的目标分类理论、布鲁纳的引导—发现法、奥苏贝尔的"先行组织者"教学理论、斯金纳的程序教学、加涅的信息理论、赞可夫的"以最好的教学效果来促进学生最大发展"的理论、瓦根舍因的范例教学理论，都是促进教学设计发展的丰富而坚实的理论基础。可见，把教学理论作为教学设计的理论基础是毋庸置疑的，如果没有教学理论作为教学设计的基础，教学设计就是无水之鱼。

学习理论和教学理论的其他思想都对教学设计形成这样那样的影响，而且不断出现的新的学习理论和教学理论也会对以后的教学设计带来很多影响，因为教学设计本质上是教学的设计，对学习和教学的理解自然会影响教学设计者对教学活动的设计。

（三）技术理论基础：传播理论、设计理论

1. 传播理论与教学设计

从信息论的角度来看，教学过程本质上是教育信息的传递过程。因此，它需遵从传播的

规律。传播理论的研究内容范围很广,探讨自然界一切信息传播活动的共同规律。传播理论虽然不单纯研究教学现象,但是它给传统的教育研究带来了新的思路和视角。我们可以把教学过程看成是信息的双向交互传播过程,包括信息从教师或媒体传播到学生的过程和信息从学生传播到教师的过程,亦即师生人际交流的过程,如此则可以利用传播理论来解释教学现象,找出某些教学规律。

教学设计研究过程中主要运用以下经典教育传播理论。

(1)"5W"模式。

美国政治学家拉斯韦尔在其1948年发表的《传播在社会中的结构与功能》一文中,最早以建立模式的方法对人类社会的传播活动进行了分析,这便是著名的"5W"模式。"5W"模式界定了传播学的研究范围和基本内容,影响极为深远,其内涵如图1-2所示。

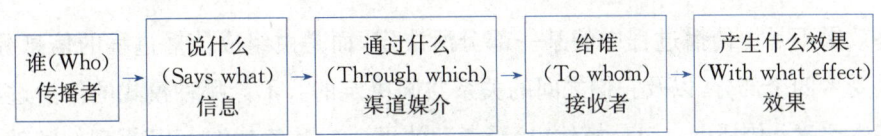

图1-2 拉斯韦尔"5W"传播模式

拉斯韦尔传播理论明确地说明了传播的概念和过程,以及传播的基本要素,成为传播的基本理论。但这一模式过于简单,具有以下明显的缺陷:它忽略了"反馈"的要素,它是一种单向的而不是双向的模式,由此导致当时的传播研究忽略反馈过程的研究。

(2)香农—韦弗传播模式。

1949年,信息论创始人、数学家香农与韦弗一起提出了传播的数学模式,为后来的许多传播过程模式奠定了基础。

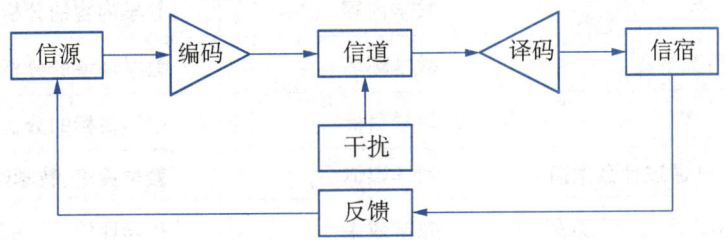

图1-3 香农—韦弗传播模式图

香农—韦弗从信息论的角度提出了一个带有反馈的由七个要素组成的传播模式(具体如图1-3所示)。用香农—韦弗传播模式来解释教学传播,教师(信源)把教学信息编码后,经信道传送给学生(信宿)。学生把接收到的信号经过译码后,解出教学信息,储存于记忆之中,同时把自己的反应反馈给教师。要想改善教学效果,就要把干扰减少到最小。香农—韦弗的传播理论的最大贡献是在传播过程中引入了"反馈原理"。

(3)SMCR传播模式。

贝罗在上述模式的基础上,提出了著名的SMCR传播模式,如图1-4所示。他指出,传

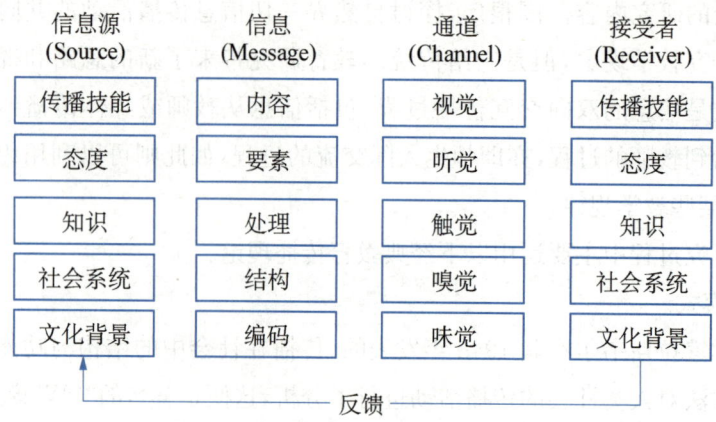

图1-4 贝罗SMCR传播模式图

播的最终效果不是由传播过程中的某一部分所决定,而是由组成传播过程的信息源、信息、通道和接受者四个部分,以及它们之间的关系共同决定的。不论哪种模式的传播过程,均包括五个基本要素:传播者、信息、媒体、接受者和效果。布雷多克在"5W"模型的基础上,又增加了Why(为什么)、Where(在什么情况下)两个要素,构成"7W"模型。把教学传播过程与普通传播过程相比较,可以看出它们有着特定的对应关系,如表1-2所示:

表1-2 教学传播与普通传播的对应关系表

普通传播	教学传播	教学设计内容
Who 谁	教师或信息源	教师或教学资源分析
To Whom 对谁	教学对象	教学对象的分析
Says What 说什么	教学内容	教学内容的分析
Where 在什么情况下	教学环境	教学环境的分析
Why 为什么	教学目标	教学目标的分析
In Which Channel 通过什么渠道	教学媒体	教学策略、教学媒体的选择
With What Effect 产生什么效果	教学效果	教学评价

2. 设计理论与教学设计

正如帕顿在《什么是教学设计》一文中提出的:"教学设计是设计科学大家庭的一员",教学设计"是以系统科学、教育心理学、教学论和设计学等四大学科为基础发展起来"[①]。印第安纳大学的瑞奇鲁斯在《什么是教学设计理论及其如何变化》一文中指出,各种教学设计理论的一个重要的特性就是,这些理念都是设计导向的(design-oriented)。很多学者在分

---

① 李芒. 论教学设计学的学科独特性与研究体系[J]. 中国电化教育,2005(07).

析其学科定位时也提到了"作为设计科学的教学设计"这一观点,并在理论基础中提到"设计科学"等概念。由此可知:教学设计是作为设计的一种类型而存在于教育领域的。

教学的设计本质,或更通俗地说,制订教学计划和进行教学的准备,可以被认为是设计科学中的一个子集。教学设计针对的是一定的实际的学习目的,设计者力求创作某种新的教学材料或学生在其中学习的系统。为实现此目的,设计者试图形成对教学条件以及所期望的结果的理解,并使这种理解变为具体的方法,即完成一个从构思到行为到实现其价值的创造性过程。

当然,教学设计理论本身也在不断发展。在发展中,可能会形成新的理论,这些理论会推动教学设计的理论视野不断拓宽和加深。

 实　践

【请你回答】

1. 什么是教学设计?
2. 为什么教学需要设计?
3. 备课是否就是教学设计,为什么?

【设计实践】

请分析以下教学设计的设计特性。

时间	教学步骤	教学流程		教学目的
		教师活动	学生活动	
2—3分钟	介绍任务	告诉学生任务,请学生尝试用can说出自己的想法。在黑板上记录下非常有价值的想法。若无,则不记录。	了解任务。 尝试任务。	学生受到任务驱动,使本节课随后的学习在任务驱动下进行。
3—5分钟	学习活动1	告诉学生可以用can表达能力,如歌谣中的运用。播放动画,让学生看图,学习歌谣,巩固can do结构。	学习歌谣,进一步强化can do结构运用能力。	强化can do的运用能力,巩固动词。
3—5分钟	学习活动2	播放课文动画,让学生学习课文,完成活动。	学习课文,理解will的用法,感知can和will的异同。	学习新语言结构

《英语》(新标准,一年级起点)五年级上学期 Module 6 Unit 1 教学设计

一、教学内容分析

教学内容分析		这是《英语》(新标准,一年级起点)五年级上学期 Module 6 Unit 1 课文。 本模块要让学生了解和学习用 can 评价他人能力、给予肯定和鼓励,这是对以前学过的关于能力的相关知识的拓展和延伸。 本单元具体内容是 Sam 和 Amy 通过评价 Lingling 的能力、邀请她加入篮球队,Lingling 在比赛中表现出色,帮助球队最终赢得比赛。 教学内容自身的目标要求是让学生学会简单的自我评价和肯定与鼓励他人,进一步学会询问别人会做什么事情 Can you …? 并回答 Yes, I can./No, I can't. 以及表达 I can … well. You can … well.
学习者分析		本班学生为小学五年级的学生,他们已有四年的英语学习基础,且在三年级就学习过 I can run fast 语句结构。 经课前检查,本班 47 名学生中 41 名(87%)能运用已学过的 I can … Can you …? 6 名学生(13%)还存在运用困难;38 名(81%)能熟练运用本单元体育名词、动词,9 名(19%)存在一定困难;25 名(53%)能运用 1—4 年级所学体育名词与动词,22 名(47%)存在一定困难。 所有学生(100%)喜欢体育,但喜欢的体育项目不同,学生喜欢的主要体育项目有:游泳、足球、篮球、乒乓球、羽毛球、艺术体操。 41 名(87%)学生的综合型学习风格比分析型学习风格更为显著,6 名(13%)学生分析型学习风格略显著于综合型学习风格;所有学生(100%)自主学习能力弱于合作学习能力。 所有学生均有条件并乐于参加网上模仿秀周冠军、月冠军、学期冠军积分赛。 学生英语口语能力显著高于其写的能力。
教学项目	语词	进一步理解和应用本单元语词的词义:well, high, true, got, eighty, point, fan
	句型结构	Can you …? Yes, I can./No, I can't. I can … well. You can … well.
	语篇课文	Dialogue 理解课文大意,在语境中理解单词的意义。
教学目标	语言能力	1. 全体学生能听懂和读出:well, high, true, got, eighty, point, fan; 2. 全体学生能听懂和运用: Can you run fast? No, I can't. You can jump really high. You can play basketball well. 3. 全体学生能理解课文并回答以下问题: (1) Does Lingling want to play basketball? (2) Can Lingling run fast? Can she jump high? (3) Can Lingling play basketball well?

续 表

	4. 全体学生能运用以下语句进行对话： Can you ...? Yes, I can./No, I can't. 5. 全体学生能运用以下语句结构说明自己或他人的能力优势： I can ... well. You can ... well.
文化品格	全体学生能感知到每个人都有能力优势，同时都对自己的能力更有自信。
思维品质	全体学生都能感知到篮球比赛获胜的要素：跑的速度，跳的高度，控球能力等；部分学生能进一步发展高阶思维能力。
学习能力	所有学生能进一步强化 can 的学习和运用，能进一步强化五年级综合复习巩固能力。
教学重点	Can you ...? Yes, I can./No, I can't. I can ... well. You can ... well. 发展自信心。

教学难点	对 can 的学习和运用尚存在困难的学生的进一步巩固。									
	学习技能			学习层次			教学媒体			
	听	说	读	写	知道	理解	运用	黑板	光盘	课件	微课
语词	✓	✓	✓	✓	✓	✓		✓	✓	✓	✓
结构	✓	✓			✓	✓		✓	✓	✓	✓
课文	✓	✓	✓		✓	✓		✓	✓	✓	

二、课堂教学过程设计

时间	教学步骤	教学流程		教学目的
		教师活动	学生活动	
课前 5 分钟	课前学习	上一节课下课时布置作业，参加网上模仿秀积分赛： 1. 复习三年级上学期 Module 4 歌曲《Can you throw it very high in the sky?》与 Module 5 歌曲《I can't do it》; 2. 复习四年级下学期 Module 8 Unit 2 与 Module 9 Unit 2 课文动画（均为复现 can 的运用的课文）。	1. 跟歌曲视频复习演唱已学过歌曲。 2. 看动画，复习巩固已学内容，跟读，进行录音比对训练，为参加模仿秀做准备。	鉴于学生上一次新学 can 距此次复习巩固已相隔将近 2 年，此次学习之前，需要复现已学内容。 基于学生兴趣，将此次复习活动计入模仿秀积分赛，歌曲总分 10 分，课文模仿总分 20 分，计入周成绩。

续 表

时间	教学步骤	教学流程		教学目的
		教师活动	学生活动	
4—6分钟	检查课前学习	打开积分赛榜单,请本次歌曲演唱第一名与第二名对决,本次课文模仿第一名、第二名对决。 请全班打分,告诉学生重点关注 can 的语句。 邀请有困难学生中的 4 名分别说出打分理由。	本次歌曲演唱第一名与第二名对决。 全班听演唱,打分。 被老师邀请的学生说出打分理由。 本次模仿课文第一名、第二名对决。 全班听课文模仿,打分。 被老师邀请的学生说出打分理由。	检查课前学习,从而使学生强化课前自主学习意识,发展学生尚存在不足的自主学习能力。 4 名学生展示,全班学生打分,并重点检查有困难学生是否通过复习成绩得到提升。若该 4 名学生已经掌握,则不再重点关注。若仍未掌握,则继续关注。
2—3分钟	导入,呈现任务	用 He/She/姓名/You can … 评价刚才的竞赛与打分,然后用 I can … 说自己参加学校运动队的选择,询问学生参加什么运动队。	听老师评价同学们的表现,进一步感知 can 的运用。 听老师介绍自己的选择,理解如何基于能力做出选择。 听老师介绍任务,了解任务。	通过评价语言让学生进一步接触 can 在真实语境中的运用,通过任务呈现,让学生理解 can 的语用形态(说明能力,基于能力做出选择),而且这一设计贯穿整节课,教师至少使用 can 对学生进行评价 50 次以上。
6—8分钟	课文学习活动 1	告诉学生学习课文,了解如何说明能力,做出参加运动队的选择。 让学生看课文动画,选择一个问题回答: 1) What is the story about? 2) How many points did Lingling get in the match?	看课文动画,理解课文语境,弄清课文主旨大意或感兴趣的具体信息。	基于全班大多学生主要表现为综合型学习风格,让学生观看完整的动画片,回答主旨大意信息。 同时基于少部分学生分析型学习风格更显著,在问题中专门设计具体信息问题,供这些学生选择回答。
10—15分钟	课文学习活动 2	让学生再一次看动画,跟读,然后小组讨论以下问题答案: What game did Sam and Amy ask Lingling to play? Does Lingling want to play basketball? Can Lingling run fast? Can she jump high? Did they win? How many points did the team get?	看课文动画,进一步理解课文内容。 跟读语句,获取具体信息。 在老师引导下,尝试完成课文内容思维图、课文词汇思维图,感知思维图的作用和成效。 小组讨论问题。 小组回答问题,每个	鉴于本班学生自主学习能力尚需发展,在小组讨论答案后,特采用小组每个人独立回答问题的方式,通过小组合作,促进个人自主能力发展。 鉴于有少数学生尚存在一定运用困难,通过小组讨论答案,帮助有困难学生进一步训练 can 的运用。

续 表

时间	教学步骤	教学流程		教学目的
		教师活动	学生活动	
		Who is Lingling's first fan? 让学生归纳出课文词汇图、课文思维图。选择两组学生回答问题,要求每个学生独自回答一个问题,若有困难,小组同伴可以帮助。	人独自回答。帮助其他同学回答问题。	教师在巡回帮助时,重点关注6名有困难学生,帮助他们尽可能掌握can的运用。鉴于本班综合型学习风格学生较多,特呈现课文词汇图、课文思维图,帮助学生基于课文整体而回答具体问题、强化本单元体育词汇。
5—6分钟	课文学习活动3	让学生根据思维图表演课文对话。	根据思维图,小组表演课文对话主要内容。	鉴于本班综合型学习风格学生较多,特设计看体育词汇图、课文思维图复述课文主要内容的活动。
8—10分钟	完成任务	告诉学生小组讨论,根据能力,选择适合自己的运动队,要求小组每个人必须说明自己能力与相应选择。建构已学体育词汇图。	按照老师引导,建构已学体育词汇图。小组讨论,相互帮助,确保每个人都能说明自己的能力与相应选择。每个小组向全班说明选择。	鉴于有少数学生尚存在一定运用困难,通过小组合作,帮助有困难学生,使其基本能够运用can。鉴于较多学生对已学体育词汇还存在一定困难,通过建构词汇图进行归纳、复习和强化。
1分钟	总结	布置作业:完成自己选择参加某一学校运动队的申请书,说明自己的能力、所选择运动队。	课后完成申请书。	引导学生将口头运用能力发展为写的能力。

三、教学设计分析

这是一个非常典型的基于学习者特征的教学设计。

首先,基于学习者已学内容和参加积分赛的兴趣,选择了课前复习活动的内容,并把课前复习活动纳入积分赛系列活动,尤其是教学一开始的积分赛第一名、第二名对决和全班现场打分,既符合复习已学内容的要求,也符合学生兴趣。对于困难学生的检查,有助于随后教学中进行必要辅导。

在课文与任务导入和随后本节课的教学过程中,普遍使用can进行评价,通过教师评价语言,让学生充分感知can的真实语用形态。

在课文学习活动中,设计了基于学生学习风格的不同问题,使不同风格的学生都可以对适合自己的问题进行回答。

在随后课文学习活动中,设计了基于学生基础、学习风格、学习方式的不同情况的学习活动,如强化自主学习能力的活动、词汇图活动、课文思维图活动,以及基于此的自主表达活动。

在最后设计了将口语能力发展为写的能力的活动。

这一教学设计的每一环节、每一活动、每一语句,都是直接基于学生基础的,是一个非常典型的基于设计的教学案例,教学成效显著高于未经设计的教学。

第二节 小学英语教学设计的基本内涵

【请你思考】

Y老师是一位资深的小学英语教育专家,他认为中国的小学英语教育难度很大,比如课时少、语言环境不足等,应该集中关注发展学生的英语语言能力,而不应关注思维发展、文化知识等。Z老师不同意Y老师的观点,她认为小学生处于文化意识发展的关键时期,小学英语教学设计应该关注品格发展,尤其是跨文化教育。

你认为小学英语教学设计应关注什么?

_____
_____
_____

【学习目标】

学习本节后,你能:

1. 准确理解小学英语教学设计的基本内涵;
2. 了解小学英语教学设计的关键目标。

【本节概念】

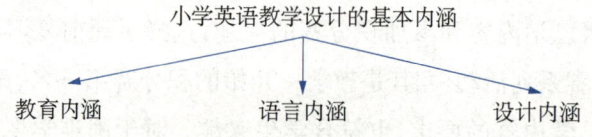

【请你回答】

1. 你认为小学英语教学设计的特性是什么?

2. 你认为小学英语教学设计应关注什么目标?

一、小学英语教学设计的教育内涵

(一) 小学英语教育内涵

人的发展是一切教育活动的逻辑起点与最终目的。小学教育活动作为学校教育活动的重要组成部分,也必须以小学生的发展为逻辑起点和最终目的。因此,小学教育活动的内涵应该指向小学生的发展,这也是小学英语教育的逻辑起点和最终目的。

《中国学生发展核心素养》研究成果于 2016 年 9 月正式发布[①]。核心素养以培养"全面发展的人"为核心,分为文化基础、自主发展、社会参与三个方面,综合表现为人文底蕴、科学精神、学会学习、健康生活、责任担当、实践创新六大素养,具体细化为国家认同的 18 个基本要点(如表 1-3 所示)。《中国学生发展核心素养》规定了我国学生发展的基本目标,也是我国教育的基本目标。明确学生发展核心素养,一方面可通过引领和促进教师的专业发展,另一方面可帮助学生明确未来的发展方向,激励学生朝着这一目标努力。

表 1-3 《中国学生发展核心素养》框架

领域	素养	要点
文化基础	人文底蕴	人文积淀,人文情怀,审美情趣
	科学精神	理性思维,批判质疑,勇于探究
自主发展	学会学习	乐学善学,勤于反思,信息意识
	健康生活	珍爱生命,健全人格,自我管理
社会参与	责任担当	社会责任,国家认同,国际理解
	实践创新	劳动意识,问题解决,技术运用

---

① 柴葳,刘博智.中国学生发展核心素养研究成果正式发布[N].中国教育报,2016-09-14(01).

对于我国学生核心素养所规定的"国际理解"等素养,外语学科具有独特的学科教育优势,为此,我国外语课程确定了"语言能力、文化意识、思维品质、学习能力"为学科教育的核心素养目标。小学英语课程亦当以此为基本目标。

由此可知,小学英语教学设计应该以发展学生核心素养为基本目标,以语言能力、文化意识、思维品质、学习能力为学科教育目标,这是小学英语教学设计的最核心内涵。

(二)小学英语课程内涵

《义务教育英语课程标准(2011年版)》规定了包括小学英语课程的义务教育阶段英语课程的总体目标,即:"通过英语学习使学生形成初步的综合语言运用能力,促进心智发展,提高综合人文素养"①。

义务教育阶段对英语综合语言运用能力的要求是"初步"运用能力,显然,小学阶段的目标更加基础。语言运用能力的形成,是建立在语言技能、语言知识、情感态度、学习策略和文化意识等方面整体发展的基础之上,语言知识和语言技能是综合语言运用能力的基础;文化意识有利于正确地理解语言和得体地使用语言;有效的学习策略有利于提高学习效率和发展自主学习能力;积极的情感态度有利于促进主动学习和持续发展。

> 请讨论:
> 为什么在小学英语教学设计中要强调小学英语课程目标的基础性?

从核心素养而言,语言能力是小学英语课程的基本目标,文化意识、思维品质、学习能力则是相关目标,而因小学英语课程的基础性,其语言能力亦是初步的基础的英语语言运用能力,文化意识、思维品质、学习能力的目标,则基于小学生身心发展规律而确定。

(三)小学英语教学内涵

根据小学生的生理和心理发展需求,小学英语教学通常具备以下特点:教学内容贴近生活,符合小学生兴趣的需求;语言功能、结构、话题、任务有机结合;教学方法多样,生动活泼,激发学生的学习兴趣;教学组织和课堂安排灵活,以学生为主体,有利于充分调动学生的积极性;采用多种媒介的现代化教学手段,创设良好的语言环境和充分的语言实践机会,优化教学过程;运用激励机制,评价形式多样化,鼓励小学生积极进取。

小学英语教学方法众多,无论是经典的语法翻译法、直接法、听说法、情境法还是交际法、任务教学等,都对小学英语教学有着或此或彼的作用。对一些具体的教学内容,不同的方法有不同的作用。小学英语教学设计就是根据不同的教学内容、教学目标、学习者特征、教学条件等,选择恰当的教学方法,形成科学、合理的教学过程、教学策略、教学活动等,引导学生形成外语运用能力。

小学英语教学必然地包含了小学英语课程的教育性,尤其是文化意识、思维品质的发

---

① 教育部. 义务教育英语课程标准(2011年版)[Z]. 北京:北京师范大学出版社,2012.

展,更是小学英语教育的基本内涵,学习能力亦在其中。

二、小学英语教学设计的语言内涵

如前所述,教学设计是一种基于现代学习理论的现代教育技术,是教师基于学习者特征、学习需要等教学背景分析的基础上,设计教学目标、教学策略、教学过程,选定教学媒体,并进行评价反馈,以进行教学准备的过程。

小学英语教学设计就是教师基于小学生的特征、学习需求等教学背景分析的基础上,设计小学英语教学目标、小学英语教学策略、小学英语教学过程,选定小学英语教学媒体,并进行评价反馈,以进行小学英语教学准备的过程。

无论是行为主义学习理论、认知主义学习理论、建构主义学习理论,或是其他学习理论,都对语言学习有诸多探讨,形成了丰富的语言学习理论。行为主义学习理论的刺激—反应(S-R)对于语言学习,尤其是外语学习的知识记忆与技能掌握都是不可或缺的学习行为。认知主义学习理论的感知觉、记忆、提取、鉴别、比较、分析、综合等信息加工活动是语言学习,尤其是外语的知识学习与听、读技能训练的重要的学习活动。建构主义学习理论的学生中心理论、自我建构理论、语境理论都是语言学习,尤其是外语学习的重要理论基础。因此,外语学习是一种在语境等因素的刺激下,经过信息加工,自我建构相关外语知识和外语技能,形成外语运用能力的活动。

为了提高英语学习的有效性,了解英语学习理念的英语教师应该在教学准备时,坚持以学生为中心,精心设计英语学习的刺激源、信息加工的过程、自我建构的过程与策略等,以引导学生形成相应的英语运用能力和相关素养。

三、小学英语教学设计的设计内涵

教学设计是一种基于系统理论、传播理论、设计理论的教育技术,这些技术对于英语学习非常重要。

英语学习是一项系统工程,无论学习目标、学习内容、学习过程、学习活动,还是评价活动,都应基于系统理论进行设计。

小学英语教学作为一种教育传播活动,特别是在英语资源非常匮乏的环境下的传播,教师应准确分析传播内容、传播对象,合理设计传播方法等,这样才能实现有效传播,促进学生的自我建构。

> 请思考:
> 如何理解小学英语教学是一种传播活动?如何保证传播有效?

小学英语教学设计作为一种设计活动,教师应科学把握教学方法、学习过程、学习活动、评价活动等的特征,才能科学地设计教学。此外,教学设计作为教师的预设,在学生的自我建构过程中,教师可能面对无限的生成现象,因此要充分把握教学设计的可修改性,根据学生真实的学习过程,不断修改、调整教学过程和教学活动等,促进学生英语运用能力的形成与核心素养的全面发展。

在以上三大内涵中,在我国当前的小学英语教学实践中,小学英语教师对小学英语教学设计的教育教学内涵、语言内涵把握较多,而对其设计内涵了解略少。为此,小学英语教学设计需突出和强调其设计特性,从而使教学设计更为科学,使教学更为有效。

实 践

【请你回答】

1. 小学英语教学设计有哪些内涵?
2. 小学英语教学设计应强调什么?

【设计实践】

请为以下教学内容确定符合小学英语教学设计内涵的教学目标。

Two Monkeys

Two little monkeys, Gee and Wee, are playing in a tree.

Wee sees a banana but he can't get it. And Gee gets it. Wee becomes angry, and says, "That's my banana!" Gee says, "No, it isn't. It's my banana!"

Wee shouts, "No, it isn't yours. It's mine. Give it to me!" Gee shouts, "No, it isn't yours and I won't give it to you."

Mr. Elephant puts his long nose over, and says "Give it to me! Mmm, yummy! Thank you!" Mr. Elephant eats the banana.

Gee says, "My banana!" And Wee says, "Oh, my banana!"

案例分析

案例:

《英语》(PEP)三年级下学期
Unit 5 Section C 教学设计

济南师范学校附属小学　方化

一、教学内容分析

教学内容	本部分内容为复习本单元喜好的表达及拓展应用,除了单元学习内容外,还可以对故事进一步挖掘,促进学生文化意识的发展。本教学设计重点为通过了解自助餐就餐规则,进一步引申出更广的节约观——关注更多有需要的人,从而实现学生品格发展和视野拓展。

续表

教学对象	三年级起点下学期的学生		
教学项目	语词	进一步理解和应用本单元语词的词义：apple, pear, orange, banana, grape, watermelon, strawberry, like ..., want ...	
	结构	I like ... / I want ... 感知语义，深化理解。	
	语篇课文	Part C Story time	
教学目标	语言能力	100%的学生能参与故事内容的学习，能正确使用句型 I like ... I want ... 表达自己的喜好和意愿要求； 50%能使用 I like ... / I want ... Do you like ...? Yes, ... / No, ...来询问及回答对事物的好恶。	
	文化意识	100%的学生能意识到自己日常生活中节约和避免浪费的重要性； 30%的学生能理解 I want ... / like ... 和 I need ...的区别，通过学习此内容可培养学生节约公共资源，不因攀比、疏忽而产生浪费的意识。	
	思维品质	100%的学生能参与价值判断的学习活动； 30%的学生能形成一定的价值判断能力、反思能力。	
	学习能力	100%的学生能从更广的视野来看待事物； 30%的学生需提高主动学习意识和学习兴趣。	
教学重点	文化意识发展。		
教学难点	个人喜好与个人所需的识别。		
运用任务	能够从节约的角度去考虑自己的实际需要，增强在生活中节约的实践。		

	学习技能				学习层次			教学媒体		
	听	说	读	写	知道	理解	运用	黑板	光盘	课件
语词	✓	✓			✓	✓		✓		✓
结构	✓	✓	✓			✓	✓	✓		✓
课文	✓	✓	✓			✓		✓		✓

二、课堂教学过程设计

时间	教学步骤	教学流程		教学目的
		教师活动	学生活动	
3—5分钟	问候导入	问候；介绍自己喜欢的地方、特色小吃等。	了解他人并适当介绍自己的喜好情况。	为本课学习做铺垫。
3—5分钟	学习活动1	复习好恶的表达：I like ... I don't like ...	练习正确表达自己的好恶的表达。	复习巩固语言结构。

续表

时间	教学步骤	教学流程		教学目的
		教师活动	学生活动	
3—5分钟	学习活动2	复习询问对方喜好的表达： Do you like ... Can I have ... please?	练习询问喜好并回答。	拓展应用语言结构。
3—5分钟	学习活动3	询问数量相关话题： I like ... How many ... can you eat? I can eat ...	了解与对方有关的数量情况。	综合应用语言结构。
3—5分钟	学习活动4	图示不同点餐、就餐的习惯，引导学生观察是否有节约或浪费的现象，指导学生思考和体会need 和 like, want 的区别。	观察图中是否有节约或浪费的情况，思考问题所在；进而体会need 与 like, want 的区别。	区分"需和要"的不同，提高学生的价值判断力、反思能力，促进品格发展。
5—8分钟	学习活动5	播放故事理解大意，引导学生对浪费的原因进行讨论，做出个人评价；理解谚语。	观看故事，理解故事大意；分析原因，做出个人评价。	培养节约这一良好行为，发展价值判断力。
3—5分钟	学习活动6	引导学生反思自己身边有无浪费情况；播放饥荒地区儿童缺少食物的照片，引发学生的同情心。	学生反思自己身边有无浪费情况；观看饥荒地区儿童缺少食物的照片，明白自己的行为与其他人有关联。	通过将学生的浪费或节约行为与更多资源匮乏的人的情况进行对比，激发学生的同情心，增强节约公共资源意识。
1分钟	总结	引导学生主动遵守规范、厉行节约助人乐人；听读录音、表演故事。	反思并平衡自己平时的需要；避免浪费，尝试帮助更多有需要的人。	巩固所学；鼓励在生活中实践本课所学所悟。

分析：

该教学设计在语言能力、文化意识、思维品质、学习能力四个方面均做了明确的目标设定，文化意识这个方面的教学目标在教学活动设计中凸显明晰，较好地体现了教育性在小学英语教学设计中的重要性。

我们从以下三个方面简要分析教育性的具体体现。

1. 教材挖掘中的体现

就本课教材的 Story 内容看，通常情况下，多数的教材关注故事内容中的语言知识和能力的方面较多，也较充分，更远一点的设计会进行节约与浪费的德育渗透。然而在本教学设计中除了对应该节约、避免浪费这一话题的简单渗透外，还把学生的认识拓宽到个人的节约或浪费行为是会与其他人相关的这样一个更广的视野，从而提升了学生的保护公共资源意识,让学生感受到自己的社会责任。这是突破了语言知识和能力的目标挖掘。

2. 教学设计中的展现

本教学设计中把 like,want 作为切入点,继而引入 need 一词进行对比,引导学生在体会语词间差异的基础上,对更深层的导致浪费的原因进行感悟,从而实现了对语言知识背后信息的深入挖掘,润物细无声地让学生发觉到其中的教育意义。不难发现,为了实现这样的教育效果,学习活动 3 是铺垫环节,学习活动 4、5 是推进的过程,学习活动 6 是提炼升华的步骤。在教学设计的不同环节实现了语感差异、思维发展、教育体悟,自然融合,水到渠成。这样的教学设计处理,与简单的在一节课末蜻蜓点水式的德育渗透有显著区别。

3. 教学立意中的表现

发展学生核心素养,以语言能力、文化意识、思维品质、学习能力为学科教育目标,这是小学英语教学设计的最核心内涵。面对越来越开放、越来越融合的世界一体化潮流,今天的学生要比以往的学生更需要一个宏观的视野。熟悉了解世界的不同文化,从小树立广阔的全球视野,寻找明确的社会、国民价值取向,是塑造优秀品格的前提和基础。

如果教师们能够意识到并在日常工作中主动思考、实践,那么我们的教学工作中就会体现出更多的教育性,反之,我们的教学就只能局限在课本之内,囿于知识之间。正所谓小中见大,有没有关注到教学中存在的教育性,关键就在于教师是否会从教育这个角度去立意着眼,把帮助学生的发展作为教学设计的起点和终点。

综上,在一节课的教学设计中,如果我们没有对教育性进行有目的的思考、设计,那么在教学中要实现语言能力、文化意识、思维品质、学习能力各个方面的目标就会缺少真正的依托,那样的课堂教学也会缺少很多内涵。所以,要实现英语课程的教育性目标,就应全面分析教学内容,把握其教育性内涵,基于学生,设计教育性目标,然后实施教学。

进一步阅读参考

加涅,韦杰,戈勒斯,凯勒. 教学设计原理(第五版)[M]. 王小明,庞维国,陈保华,汪亚利,译. 上海:华东师范大学出版社,2007.

教育部. 义务教育英语课程标准(2011 年版)[Z]. 北京:北京师范大学出版社,2012.

鲁子问. 英语教学论(第三版)[M]. 上海:华东师范大学出版社,2018.(待出版)

第二章　小学英语教学设计的主要内容

第一节　教学设计的模式

【请你思考】

　　B老师了解到教学设计就是基于一种理念、运用一种技术和一套工具的教学准备之后，开始尝试进行教学设计，他完成教学设计之后和其他老师分享，却发现他与同事们的设计似乎完全不同，连形式都不一样。后来他才知道教学设计有很多种不同模式。

　　你认为，为什么教学设计有不同模式？

【学习目标】

　　学习本节后，你能：

1. 了解教学设计模式的不同分类；
2. 了解教学设计的一般模式。

【本节概念】

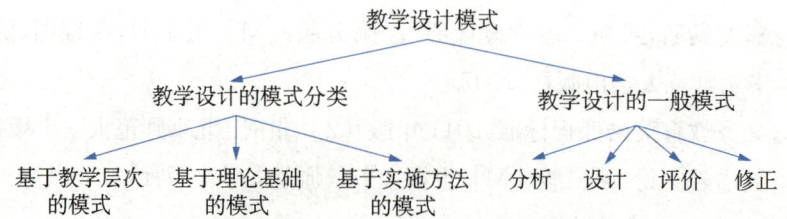

【请你回答】

1. 你认为教学设计分为不同模式是否有必要？为什么？

2. 你认为教学设计的一般模式对提高你自己的教学有效性有哪些帮助？

一、教学设计模式的发展

人类对任何学科、任何现象的认知，都随着研究的不断深入而不断延展，教学设计的研究亦如此。随着教学设计的研究不断深入，对教学设计的认知也不断延展，基于此而提出的教学设计模式也不断丰富。20世纪60年代开始探索教学设计模式至今，已经形成了数百种不同的教学设计过程模式。教学设计模式的发展可分为以下三个阶段[①]。

（一）教学设计模式的产生期（20世纪40年代—20世纪60年代）

教学设计发轫于20世纪40年代第二次世界大战中军事人员培训的设计，一批长期从事教育实验研究的心理学家和教育家，如加涅、布里格斯和弗拉那根等，承担了相关培训资源的研究与开发工作，在这一过程中，对学习内容与学习活动的科学设计成为常态。战争结束后，这些学者把在军队中运用成功的、经过设计的教学内容与教学活动方法，尤其是视听教学法等，迁移到学校教育中，开展视听媒体的教育研究，研究的范围包括视听资源设计的学习原则、媒体教学与一般教学效果之间的对比、媒体的特点、媒体如何影响学习和媒体教学方法等；另外，20世纪50年代，电视在美国的发展也直接催化了基于教育类电视节目的教学设计模式的产生。

> 请讨论：
> 这里讨论的教学设计的起始是学科化的教学设计。那么，教学设计作为一种实践，是否有更久远的历史？请说明理由。

在这一时期，教学设计的第一批理论著述相继问世，成为教学设计模式诞生与兴起的标志和动力，如：

（1）程序教学运动的开展。20世纪50年代中期到60年代中期，程序教学运动推进了教学设计模式的应用发展。1954年，斯金纳发表的论文《学习的科学与教学的艺术》，对教学设计理论的形成与发展具有开创作用。

---

① 本章相关文献引自：何克抗. 教学系统设计[M]. 北京：北京师范大学出版社，2002；普赖斯，纳尔逊. 有效教学设计[M]. 李文岩，刘佳琪，梁陶英，田爽，译. 北京：中国人民大学出版社，2016.

(2) 行为目标编写的普及。20世纪60年代初期,教学设计模式中最重要的要素之一——学习目标的理论基本成熟。1962年,马杰的《程序教学的学习目标编写》一书出版,他论述了如何编写学习目标,其中,ABCD法是最著名的学习目标编写方式,至今仍在广泛使用。

(3) 标准参照测试概念的形成。20世纪60年代之前,多数测验方式是常模测验——通过测试学习者的行为绩效,判定谁学得好,谁学得差。标准参照测试强调测量某个学习者在某一特定行为中的表现如何,而不管其他学习者的表现怎样。格拉泽(Glaser)认为,标准参照测验可以用来检测学习者在接受教学设计之前和之后的行为水平。

(4) 学习领域、教学事件和层级分析的提出。1965年,加涅的《学习的条件》出版,该著作的问世是这一时期教学设计模式发展的标志性事件。在该书中,加涅描述了学习结果的五大分类,同时提出了九种教学事件或教学活动。此外,加涅在学习层级和学习层级分析领域所做的研究,对教学设计领域也产生了重大影响。

(5) 形成性评价的发展。1967年,斯克里文提出形成性评价和终结性评价理论,为教学设计的评价理论初步完善提供了有力依据。

(二) 教学设计模式的快速发展期(20世纪60年代—20世纪80年代末)

经过数十年的发展,特别是形成与兴起期的发展准备,教学设计在20世纪60年代末和70年代初正式成为一门独立学科。20世纪70年代期间,美国许多领域,如教育界、商界、军队等都对教学设计产生了浓郁的兴趣,并在各自的领域大力运用教学设计方法。

在这个阶段,教学设计模式不断涌现,安德鲁斯和古德逊在1980年就已经归纳提炼出60个教学系统设计模式,并对40个模式的特点进行类型学分析,概括出了这些模式的基本构成部分。由此,教学设计形成了相对稳定的模式结构,即教学设计一般包括确定目标、评估学习者已有的知识和技能、确定教学内容、确定教学策略、开展教学的评价与修改。

这一时期教学设计的发展不仅运用系统方法整合了其在诞生兴起期所发展的相关理论,同时还深受认知心理学的影响,涌现出一些新的理论,其中影响最大、迄今仍然具有广泛影响的是布鲁纳的发现学习理论和奥苏贝尔的有意义的接受学习理论。

在这一时期,产生了很多教学设计模式,这些模式经过实践不断完善,最终形成了至今仍有重要影响的教学设计模式:1977年首次提出,后经1985年和1998年两次修改完善的肯普模式;1978年提出,后经过多次修改的迪克—凯瑞模式都是这一时期教学设计模式的典型代表。

(三) 教学设计模式的转型发展期(20世纪90年代以后)

20世纪90年代以来,教学设计的发展逐渐进入转型发展期。这一时期教学设计发展具有以下显著特点:

(1) 教育领域的教学设计发展现状呈现稳定发展状态。从20世纪70年代到80年代起,在全球范围内,许多领域对教学设计的兴趣一直持续不减,以商界、工业界和军界为甚。但非常意外的是,教学设计在教育界所产生的实际影响却只是保持稳定发展,并不如其他领域热烈。面对教育领域的这种稳定发展现状,教学设计专家们开始反思传统教学设计的局限,探寻教学设计发展的新路径。

(2)技术工具开始整合到教学设计模式之中。计算机的普及使得教学信息的传递更加方便快捷。基于计算机的多媒体整合教学设计模式被广泛使用。20世纪90年代以来,网络通信技术的发展为教学设计带来了崭新的前景,基于网络的远程教学设计模式逐渐生成。特别是进入21世纪,随着无线网络技术、蓝牙技术等的成功开发,移动电话和移动计算技术迅速普及全球,由此催生出一种崭新的学习形式——移动学习,随之派生的移动学习教学设计模式也日益发展起来。机器学习对于学习机制的研究、虚拟现实的情境设计等技术发展,可能将带来教学设计新的快速发展时期。

> 请讨论:
> 为什么说机器学习、虚拟技术等设计技术的发展,将促进教学设计快速发展?

(3)新理论对教学设计模式的影响。计算机技术和网络通信技术在教育中的应用,建构主义的兴起及其对传统教学设计的挑战,是教学设计进入转型发展期的主要标志。自20世纪90年代以来,以建构主义为理论假设的教学设计研究,创建了许多基于技术的教学系统设计模式,并且取得了良好的教学效果和社会反响。此外,绩效技术也开始影响教学设计,通过改变激励系统或工作环境而解决问题的模式应运而生。与此同时,教学设计的转型发展也正在受到原型开发技术、知识管理、后现代主义、阐释学、模糊逻辑和混沌理论等理论的深刻影响。

二、教学设计模式的类型

教学设计模式数以百计,既因为教学设计发展过程对教学设计研究不断深入、视角不断丰富,也因为基于教学多样性而出现的不同设计需要。我们可以从教学设计的不同视角说明分析教学设计模式的类型。

(一)基于教学设计理论基础的不同教学设计类型

教学设计有多种理论基础,基于不同的理论基础,教学设计模式可分为以下几种。

1. 基于一般系统理论的过程模式

1980年,安德鲁斯和古德森通过对40种教学设计系统模式的比较,提出了系统教学设计的14个要点。里奇对此做了进一步归纳,总结出了系统设计过程六要素:确定学习者需求;确定总目标与具体目标;建立评估程序;设计、选择传递途径;适用教学系统;安置并维持系统。任何系统设计过程模式均围绕着这六个要素展开,因而具有一般性特点。

根据不同的应用情景与教学目标,不同的系统过程模式在六要素的排序与侧重点上有差异。以系统思想为核心的过程模式,对教学各种因素的分析,对传递途径的设计和选择等,都需要设计者运用系统思想统筹考虑设计过程方方面面的关系和作用。其主要特点是,比较强调构建项目框架结构,往往把焦点集中在教学设计的全过程和全方面上,而忽略对教学设计具体过程及步骤的描述。因此,以系统论为基础的教学设计过程模式,难以充分体现教学设计过程的特性。

2. 基于学习理论与教学理论的过程模式

此类过程模式的数量较多。现以三种主要模式为例来介绍:

(1) 迪克—凯瑞模式。

当代著名教学设计理论家、美国佛罗里达州立大学教授迪克和凯瑞于1978年出版了《系统化教学设计》(The Systematic Design of Instruction)一书,提出了一个典型的以"教"为中心的教学设计过程模式。该模式以教学理论为构建模式的基础,比较贴近教师的现实教学情况,使用得比较普遍。该模式如图2-1所示:

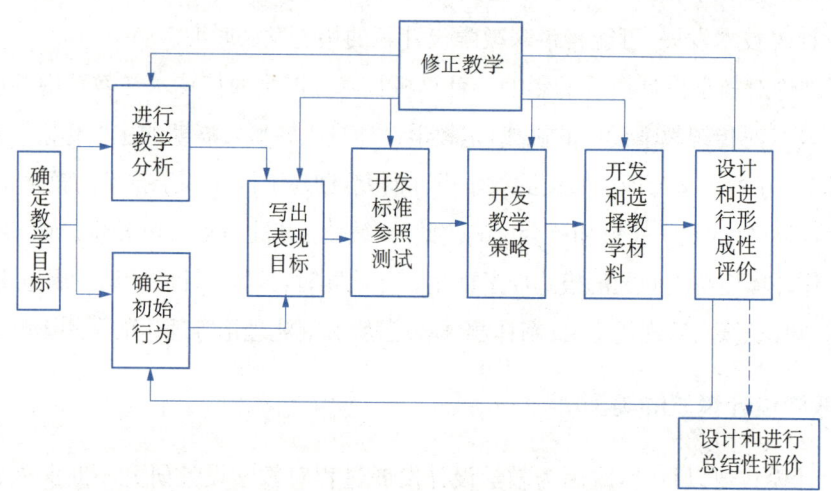

图2-1 迪克—凯瑞教学设计模式

迪克—凯瑞模式旨在说明教学设计、开发、实施和评价的一种系统方法模型。该模型中包括了九个相互联系的组成部分(设计和进行总结性评价本质上不是教学设计中的有机组成部分),每个组成部分都将从前面步骤中接收输入,并且输出作为后续步骤的输入,所有这些组成部分共同发挥作用,从而形成有效的教学,其内涵如下。

确定教学目标:即确定当学习者完成教学后他们必须学会做什么。

进行教学分析:在确定教学目标之后,便需要确定实现目标所需要的步骤。通过对下位技能进行分析,明确为了支持该目标的学习而必须具备的从属技能和过程步骤。分析过程的结果是形成一个描述达到目标所需要的所有从属技能的图示,并表明各项从属技能之间的关系。

确定初始行为:除了明确教学中必须包括的下位技能和过程步骤之外,明确学习者在教学开始之前必须掌握的特定技能也是有必要的。这并不是列出学习者已经能够做的所有事情,而是为了开始教学而确认一下他们一定能够掌握的特定技能。

写出表现目标：基于对教学的分析和对初始行为的表述，教师应该具体地描述出学习者在教学结束时能做什么。描述教学具体目标时应包括要学习的技能、技能操作的条件以及行为表现是否合乎规范的标准。

> 请思考：
> 为什么要从行为视角写出表现目标？对于非行为性的学习目标，如跨文化意识，是否可以写出行为性的表现目标？为什么？

开发标准参照测试：根据已经编写的教学目标，教师应设计出与目标中学生要掌握的能力相对应的评价项目，并测量这些能力。重点应该放在将目标所描述的行为类型和评价所要求的表现保持一致。

开发教学策略：基于来自前面五步的信息，教师应继续确定自己将在教学中运用到的策略以及达到终点目标的媒体。策略包括教学准备活动、信息呈现、练习和反馈、测试以及后续活动等部分。设计策略要借鉴对学习研究的现有成果、教材的内容，以及学习者的特征。基于这些特征构思或选择材料，或开发用于互动式课堂教学策略。

开发或选择教学材料：在这一步中，教师将利用教学策略来开发教学材料。它包括各种不同形式的教学材料的准备，也包括测验和教师的指导。开发材料的决策将依赖于可利用的现有相关材料和能支持发展活动的资源。

设计和进行形成性评价：一次试教完成之后，要进行一系列的评价和收集数据资料，以便确定如何作出改进。形成性评价分为三个阶段进行，分别是一对一评价、小组评价和现场评价。每一种评价类型都可为设计者提供能用于改进教学的数据和信息。

修正教学：通过对形成性评价的数据进行总结和诠释，明确学习者在学习达标过程中所遇到的困难，并把这些困难与教学中具体的不足相联系。图2-1中所示的"修正教学"的线段表明，形成性评价的数据不仅用于修正教学本身，亦用于重新检测教学分析的有效性和对学习者的初试行为与特征的假设，同时也有必要重新检测行为目标的表述和评价项目的准确性。对教学策略进行回顾也必不可少。只有对教学各环节进行调整并最后把所有这些调整结合为对教学的修正，才能不断提高教学有效性。

设计和进行总结性评价：虽然总结性评价是对教学效果的最后评价，但它通常并不包含在教学设计过程之中。总结性评价是对教学的绝对价值和相对价值的评价，只有在对教学进行形成性评价并修正到符合设计标准之后才得以进行。因为总结性评价通常不包括教学的设计者，而是由一个独立的评价者进行的，所以这个环节本质上可以不纳入教学设计进程的有机组成部分。

(2) 加涅的教学设计理论。

美国著名教育心理学家加涅对教学系统设计理论的建立作了许多开创性的工作。加涅的教学系统设计理论建立在两个基本观点之上：第一，学生的"学"才是获得学习结果的内因，教师的"教"只是外因，所以应"以学论教"；第二，不同的学习结果需要不同的学习条件即教学事件。

加涅提出了一个关于知识与技能的描述性理论，认为学校学习的知识与技能可以分为五种类型:言语信息、智慧技能、认知策略、动作技能和态度。

在加涅看来,由于人类的内部心理加工过程(即信息加工过程)是相对稳定的,所以作为促进内部心理加工过程的外部条件即教学事件亦应相对不变。由此观点出发,他根据学习过程中包含有多个内部心理加工环节,从而推断出相应教学过程应由九个教学事件构成:引起注意、告诉学习者目标、刺激对先前学习的回忆、呈现刺激材料、提供学习指导、诱导学习表现(行为)、提供反馈、评价表现、促进记忆和迁移(如表2-1所示)。

表2-1 教学事件与学习过程的关系

教学事件	内部心理加工过程
1. 引起注意	接受神经冲动的模式
2. 告诉学习者目标	激活监控程序
3. 刺激对先前学习的回忆	从长时记忆中提取原有相关知识进入工作记忆
4. 呈现刺激材料	形成选择性知觉
5. 提供学习指导	进行语义编码(以利于记忆和提取)
6. 诱发学习表现	激活反应组织
7. 提供反馈	建立强化
8. 评价表现	激活提取和促成强化
9. 促进记忆和迁移	为提取提供线索和策略

加涅特别指出,以上九个教学事件的展开是可能性最大、最合乎逻辑的顺序,但也并非机械刻板、一成不变的,也就是说,并非在每一堂课中都要提供全部教学事件。

梅瑞尔在此基础上加以总结,提出了"九五矩阵",如表2-2所示。

> 请思考:
> 这里建议先告诉学生学习目标。对你来说,预先知道目标再阅读文章,预先不知道目标而阅读文章,哪种更有助于你阅读?为什么?

表2-2 "九五矩阵"教学模式

教学事件\学习结果	语言信息	智力技能	认知策略	态度	动作技能
引起注意	刺激变化	刺激变化	刺激变化	刺激变化	刺激变化
告诉目标	说明希望学习者达到什么状态;指明要求回答的言语问题。	实际示范要运用哪一种概念、规则或程序;提供行为的类别或实例。	说明或实际示范某一策略;澄清希望采用的解决办法的一般性质。	不说明目标;提供旨在作出选择的行为类型。	实际示范期望的行为。

续 表

教学事件＼学习结果	语言信息	智力技能	认知策略	态度	动作技能
回忆原先知识	回忆组织有序的知识实体；刺激回忆有组织信息的上下文情景。	回忆先决规则或概念；刺激回忆从属规则概念。	回忆较简单的先决规则或概念；回忆该学习所要求的任务、策略及与之相关的技能。	回忆作出个人选择的情景及行动；运用榜样实际示范这种选择；回忆相应的信息和技能。	回忆执行子程序及组成技能。
呈现学习材料	利用区分明显的特征呈现书面的或视听型言语陈述。	描述对象或符号的特征使之带有概念或规则的形式；提供概念或规则实例。	说明问题的症结之所在并展示要施行的策略。	由榜样说明作出选择的性质；由榜样实际示范他人的选择。	提供包括工具及实施特征的外部刺激，实际示范执行子程序。
提供学习指导	通过知识实体间的相互联系详细说明内容；利用形象和记忆术提供可纳入更大的有意义的上下文情境的言语联结。	给出概念或规则的具体实例；为适当的序列联结提供言语线索。	对给出有实例的策略提供言语指导；对新的解决办法给予指点或启发。	由榜样说明或实际示范行为选择；同时观察榜样对行为如何进行强化。	反复练习，提供反馈性练习。
诱发行为	"说出来"；请学习者解释信息。	提供未曾遇到过的情况；请学习者在新的实例中运用概念或规则。	要解决的问题；特别是解决不熟悉的问题。	在以前未曾遇到过的情景中观察所作出的选择；问卷调查；在真实的或模拟的情景中作出选择。	完成指定的行为。
提供反馈	确定信息陈述的正确程度。	确定运用概念或规则的正确程度。	确定解决问题的独创性。	对行为选择作出直接的或替代的强化。	对有关动作的精确性及时间要求提供反馈。
评价表现	要求说出命题的各种含义；学习者用释义的方式重新说明信息。	在一系列附加的新实例中学习者实际表现运用概念或规则。	学习者独创性地提出一个新的解决办法。	学习者在一个真实的或是模拟的情景中作出期望的选择。	学习者完成由指定技能组成的行为。

续表

教学事件\学习结果	语言信息	智力技能	认知策略	态度	动作技能
增强记忆和促进迁移。	在一个更大的有意义的上下文情景中增加练习和定时复习;与附加的信息复合体达成语言联结。	在一个更大的有意义的上下文情景中增加练习和变式练习;提供包括实例变式的定时复习。	提供解决各种新问题的机会。	为经过挑选的行为选择提供附加的多样化的情景。	学习者持续练习技能。

(3) 梅瑞尔的成分显示理论。

梅瑞尔 1994 年还提出了一个关于知识的描述性理论:成分显示理论(content demonstration theory,CDT)。他认为知识由行为水平和内容类型构成了两维(two-way)分类:一是行为维度——记忆、运用、发现;二是内容维度——事实、概念、过程、原理(如图 2-2 所示)。

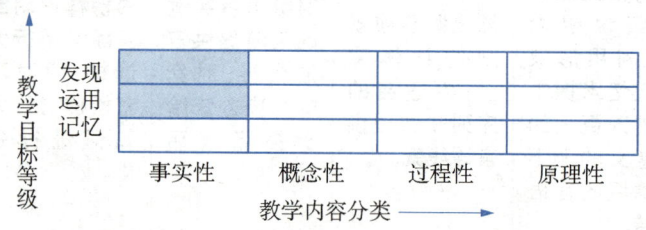

图 2-2 梅瑞尔的"行为—内容"二维模型

梅瑞尔的成分显示理论主要是认知领域的教学系统设计理论,对教学策略进行了较详尽的规定。该理论将"行为—内容"模型的两个维度进行整合,并将其中每一个教学活动与学生学习能力相对应,我们可以得到教学活动成分与学生学习能力对应表(如表 2-3 所示):

表 2-3 教学活动成分与学生学习能力对应表

教学活动成分	学生应达到的能力	
	行为目标	教学目标的阐述
记忆事实	能回忆出事实	能指出、能描绘、能指定、能选择有关事实。
记忆概念	能陈述定义	能写出、能描绘有关概念的定义。
记忆过程	能陈述步骤	能做出流程图、能列出过程的步骤、能对步骤排序。
记忆原理	能说明关系	能用文字描述或用图表、曲线表示有关原理中事物之间的关系。
运用概念	能分析概念	能区别概念的本质属性和非本质属性。

续 表

教学活动成分	学生应达到的能力	
	行为目标	教学目标的阐述
运用过程	能演示过程	能实际操作、演示该过程(包括测量、计算、绘图等)。
运用原理	能运用原理	能把所学原理应用于新情境,并能预测和解释所得出的结果。
发现概念	能发现概念间的关系	能对概念分类并发现概念之间的各种关系(如上下位、类属及并列等关系)。
发现过程	能设计新过程	能设计、分析并验证新过程。
发现原理	能发现事物的性质规律	能通过观察、分析、实验,发现事物之间的内在联系及性质。

由此可见,梅瑞尔的成分显示理论为具体知识点的教学提供了行之有效的、可操作的微策略。与此同时,梅瑞尔还提出了一个关于教学策略的描述性理论,认为策略有主表征形式(primary presentation forms,PPFs)、辅表征形式(secondary presentation forms,SPFs)和表征间的关系(inter-display relationships,IDRs)。基本呈现形式由讲解通则(规则)、讲解实例(举例)、探究通则(回忆)、探究实例(实践)构成,如表2-4所示。

表2-4 教学策略的基本呈现形式

内容 \ 行为	讲解	探究
通则	讲解通则,即呈现一般情景	探究通则,要求学生回忆一般陈述。
实例	讲解实例,呈现一个例子或特定情境	探究实例,要求学生在特定情境或练习中应用通则。

辅表征形式包括有助于学习的其他信息,如注意力集中助手、记忆术和反馈等。表征间的关系包括正例—反例的匹配、例子的差异、例子难度的范围。通过对每一个表现的内容分类,成分显示理论说明了 PPFs、SPFs 和 IDRs 之间如何组合成最有效果和效率的教学策略。

瑞奇鲁斯等人的细化理论(elaboration theory,ET)和梅瑞尔的成分显示理论一起构成了一个完整的教学系统设计理论。细化理论是关于教学内容的宏观展开,它揭示学科内容的结构性关系,可用来指导学科知识内容的组织和知识点顺序的安排;成分显示理论则考虑教学组织的微策略,即能提供微观水平的教学"处方",给出每个概念或原理的具体教学方法。

除了这三种模式之外,史密斯—雷根模式也是建立在学习理论与教学理论基础上的过程模式的典型代表,将在随后介绍。

3. 基于传播理论的过程模式

基于传播理论的模式可划分为两种类型:一种类型是一般传播模式,主要描述的是使用各种媒体对信息进行设计的过程;另一种类型是文本组织形式,主要对内容或教材进行组织。

一般传播模式源于马什提出的一个运用多种媒体设计信息的综合型过程模式。模式的第一阶段为基本计划阶段,由四个部分组成:选择总体策略;简要描述信息接收者特点;确定中心思想;列出行为目标。第二阶段是对第一阶段四部分进行进一步扩充。在此阶段,由于对具体学习者学习内容与教学策略有了一个大致的了解,对内容的信息承载也有了一个大致估计,便可以选择信息组织方式。第三阶段与控制信息复杂度有关,一般来说,传播渠道与信息密度的选择决定了传播背景,而在教学中必须考虑信息的复杂性对学习者是否恰如其分。

> **请思考:**
> 如何理解教学是一种传播过程?有人说,在黑板上板书也是一种传播。为什么?

可以说,马什模式对内容与学习者学习目标设计,具有很大的参考价值。

传播还有文本组织模式(organized content technique,OCT)。这一模式较为简单,它假设文本在外观上的组织与编排会影响学习,因而致力于在文本字体、排版等外观设计上运用技巧,引起学习者注意。这是一种以计算机为定向的教学模式。

(二) 基于教学设计内容的不同教学设计类型

根据教学设计的内容的不同层次,教学设计可分为以"产品"为中心的模式、以"课堂"为中心的模式和以"系统"为中心的模式。

(1) 以"产品"为中心的层次。这里的"产品"包括教学媒体、教学材料、教学包等。教学产品的类型、内容和教学功能由教学设计人员、教师、学科专家、媒体专家和媒体技术人员共同确定,并对产品进行设计、开发、测试和评价。

(2) 以"课堂"为中心的层次。这个层级的设计范围是课堂教学,即根据教学大纲的要求,针对特定的学生,在固定的教学设施和教学资源的条件下进行教学系统设计,其设计工作的重点是充分利用已有的设施或选择或编辑现有的教学材料来完成教学目标。

(3) 以"系统"为中心的层次。该"系统"指的是综合和复杂的教学系统,如一所学校、一门新专业的课程设置、一项培训方案等。这一层次的设计通常包括系统目标的确定,实施目标方案的建立、试行、评价和修改。由于该层次涉及内容面广,难度较大,因此通常由教学设计人员、学科专家、教师、行政管理人员,甚至包含有关学生组成的设计小组来共同完成。

> **请思考:**
> 这三种不同的层次结构有什么本质区别?各有哪些优势与不足?

(三) 基于教学设计实施方法的不同教学设计类型

我国教育技术学家何克抗提出,教学设计的模式可以基于教学设计的实施方法进行分类,他以此把教学设计模式分为:以教为中心的教学设计模式,以学为中心的教学设计模式,以及以教师为主导、学生为主体的双主教学设计模式。

1. 以教为中心的教学设计模式

以教为主的教学设计模式可依据其不同的理论基础，分为第一代教学设计模式（ID1）和第二代教学设计模式（ID2）。

教学设计从20世纪50年代开始，发展到80年代，进入创新较少的稳定发展阶段。1990年梅瑞尔等针对传统教学系统设计的局限性，首次提出了建构新一代教学设计模式的设想，并称之为ID2，而把在此之前的所有其他ID模式称之为ID1，这是国际上有关教学设计分代的最早提法。

第二代教学系统设计模式以"史密斯—雷根模式"为代表，在学习理论方面以加涅的"联结—认知"学习作为其理论基础。

梅瑞尔认为，要使交互教学技术在教育和训练中广泛运用，一个最关键的问题就是需要有能支持高水平交互的教学系统设计与开发的有效工具和方法，这要通过建构第二代教学系统设计（ID2）理论才能解决。

第一代ID模式的主要标志是：在学习理论方面它以行为主义的联结学习（即刺激-反应）作为其理论基础，第二代ID模式的主要标志则以认知学习理论（特别是奥苏贝尔的认知学习理论）作为其主要的理论基础。认知学习理论首先假定在记忆系统中的学习结果是以"结构"的形式存在——在ID2中叫做"心理模型"（mental models）。此后，关于学习过程他们又提出下面两个假设：第一，学习过程中的"组织"（organization）有助于知识的检索；第二，学习新信息时进行的"细化"（elaborations）加工能促进检索。这里的细化加工是指对知识单元中的联系一步一步作愈来愈详细、具体的说明。

ID2保留了ID1中加涅的基本假设（即：存在不同的学习结果，而且有不同的学习条件以满足不同学习结果的要求），并从以下三方面进一步扩展了这一思想：给定的学习行为是由特定的认知结构（心理模型）的组织和细化加工得来的，不同的学习行为需要不同类型的心理模型；学生的心理模型结构通过教学过程中对知识的组织和细化加工而得到发展；获得不同的学习结果需要对知识进行不同的组织和细化加工。

ID2的核心是"教学处理理论"（Instructional Transaction Theory，简称ITT）。教学设计者对前面提到的几种ID理论都贴上了ID1的标签。他们认为加涅的学习条件理论和梅瑞尔的成分显示理论只是为课件开发提供了一套处方。而教学处理理论则是拓展学习条件和成分显示理论的一个尝试，可用来更充分地确定一些规则，使其能够驱动自动控制的教学设计和开发。其基本思想是：教学处理就是"教学算法"，即解决教学问题的步骤，是使学习者获得某类知识技能的交互作用模式。不同类型的知识需要不同类型的教学处理。一种教学处理一旦设计完成并形式化以后，就能重复运用于相同类型知识和技能的教学。这样，开发课件就变成针对课程内容选择相应的教学处理，并把课程内容写成教学处理所能运用的形式，即不需要像设计传统的以框面为基础的计算机辅助教学课件一样，对每一个框面、每一个分支结构作出决定。这样，一旦"教学处理框架"开发出来,无需进行另外的程序设计,就能反复使用。显然,用这种"数据+算法"的方式开发课件比以框面为基础的方式更能够提高开发效率。以框面为基础的方法,开发 1 小时的课程要用 200 小时甚至更多时间,而用这种方法只需 20 小时,而且能为学习者提供更具交互性的学习环境。

教学处理理论把知识描述为三种知识对象(knowledge objects)：实体、活动和过程。实体是指具体的事物,如某一设备、物体、人、动物、地点或者标志；活动是指学习者完成的一系列的行动；过程是指完全外在于学习者的一系列活动。教学处理理论也提出了几种教学处理的类型,包括：确认(identification)、执行(execution)、解释(explanation)、判断(judging)、分类(classification)、概括(generalization)和传递(transfer)。教学处理理论把知识对象作为基础,能够使学习者与对所教现象或装置的模拟进行许多互动。

教学处理理论主要是为开发教学设计专家系统并使教学系统设计和开发自动化而建立的理论,其内容仍然集中在认知领域。应该指出的是,教学处理理论不是一个全新的教学系统设计理论,只是成分显示理论在教学系统设计自动化方面的扩展和应用。

(1) 第一代教学设计模式。

前已述及,梅瑞尔将其本人提出的 ID2 之前的所有其他 ID 模式称之为 ID1,ID1 的代表性模式应首推"肯普模式",它是由美国新泽西州立大学教授肯普在 1977 年提出,后来又经过多次修改才逐步完善,如图 2-3 所示。

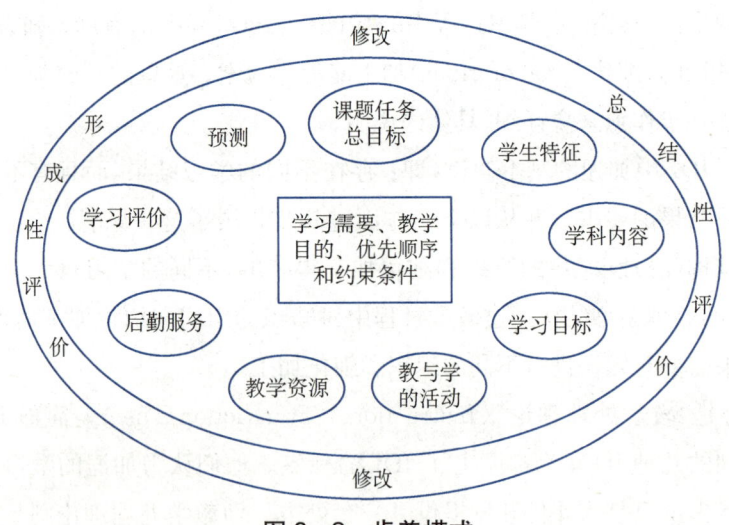

图 2-3 肯普模式

该模式的关键点可用三句话概括：在教学设计过程中应强调四个基本要素,需着重解决三个主要问题,要适当安排十个教学环节。

肯普在分析了许多不同的教学设计过程模式后指出,所有的模式均包括四个基本要素,即学习者特征、教学目

> 请思考：
> 请关注每一代教学设计的重点以及对之前一代的发展,并思考：是什么促进了这种发展？这一历程说明教学设计会有怎样的未来？

标、教学策略和教学评价。也就是说,在进行教学设计时我们要考虑:这个教学方案是为什么样的人设计的(学习者特征)？我们希望学习者能学到什么(教学目标)？如何最有效地教授有关的教学内容(教学策略)？我们要用什么方法和标准来衡量他们是否真正学会了(教学评价)？

肯普指出,教学设计必须回答三个主要问题:学习者必须学习到什么？为达到预期的目标应如何进行教学？应如何检查和评定预期的教学效果？

肯普认为,教学设计通常应包括以下十个环节:确定学习需要和学习目的,为此应先了解教学条件(包括优先条件和限制条件);选择课题与任务;分析学习者特征;分析学科内容;阐明教学目标;实施教学活动;利用教学资源;提供辅助性服务;进行教学评价;预测学生的准备情况。

所有教学设计都是以概括性的目的为基础的,这些目的来自社会、学生和学科内容。确定教学目的以后,应列出全部计划中要教学的主要课题。课题一般以逻辑顺序安排,由简单、具体到复杂、抽象,使它们建立在学生已获知识和技能的基础上。最后列出总的课题目标,以此作为教学设计的起点。

教学设计要分析学生,要列出学生重要特点,研究什么因素会影响学生的学习进展,为此要了解学生的一般特征,包括能力、兴趣和要求,以及学习风格。

确定学生通过学习应该掌握的知识和技能,以及应使他们的行为产生哪些变化。这是教学设计中的关键因素,因为学习目标是构成以培养能力为基础的课程框架的准绳,能告诉学生需要他们学会什么,并以此来最后评价教学效果和学习的成果。

为实现每个学习目标应该学习哪些课题内容？目标和内容是密切相关的,而教材常是作为教学的最基本资源,其实教师个人知识、经验也是课题内容的重要来源,进行教学设计还要考虑其他教学信息来源。教师可以采用各种方法组织课题内容并安排其顺序。

了解学生是否对学生将要学习的内容有了基本准备,对将要学习的内容是否有了知识和技能基础,不要在学生已知道的事情上浪费时间,也不要在不具备先决条件的情况下脱离学生实际实施教学。通过预测可以知道教学内容和教学目标是否恰当,可以进一步对计划进行删改或者补充。

教学活动没有固定的模式。无论教师和学生,在这种情况下所做的事情,在另一种情况下可能就不适合。必须了解各种教学方法和教学形式的特点,否则就难以做到合理选择和有机组合。在使用上还要符合学生的特点,以达到最好地完成所确定的学习目标的要求。

在任何情景的教学中,都有许多相互联系的因素,如:经费预算、设施条件、人员能力、工作时间等,它们都对教学方案的实施有重要影响,必须在设计过程中予以考虑。

资源和材料的选择与教学活动紧密相连。这里包括各种印刷材料、视听材料和其他人力、物力资源,它们都能够启发学生并有效地解释和演示课题内容。目前在许多教学情景中,尤其在自学的教学模式中,教学媒体不再是补充和辅助手段,因而这个设计环节显得非常重要。

学习评价不是对教师教学活动的直接评价,而是对学生是否达到学习目标的评价,所以学习评价与学习目标直接有关,因为制订的学习目标揭示了所应评价的内容。学习目标表达得越清楚,描绘得越完整,学习评价也就越容易进行。也因为如此,这里采用的多为相对于传统的"相对标准"评分法而言的"绝对标准"评分法,或称标准参照评价,即评价学生是否达到某一标准。它根据每个特定的学习目标,测量每个学生是否达到了所要求的理解水平和能力水平,而其评定不受别的学生成绩的影响。

该模式具有如下主要特点:

首先,肯普列出了十个教学设计的"因素",而不是步骤,以表示它的整体性以及设计过程的弹性。十个因素虽然根据逻辑顺序按顺时针方向排列(如图2-3所示),一般在设计一个新教学方案时可以照此顺序进行,但肯普没有用线条和箭头将各因素连接起来,说明在某些情况下,并不要求涉及全部因素(环节),这也是使用椭圆形模型的理由:一个椭圆没有一个特定的起点。所以在实际操作中,可把任何一个因素作为设计的起点,再依实际情况继续下去。

其次,图中的"形成性评价"、"总结性评价"和"修改"在椭圆形圈内标出,这是为了表明评价与修改应该贯穿整个教学过程的始终,更好地显示出系统方法的分析—设计—评价—反馈修正的工作策略实际上是在模式中每一因素(环节)中均执行的基本精神。因此,这个模式在形式上比其他许多流程型的模式更能反映系统论的观念。

最后,肯普模式的另一个特色是将"学习需要"、"教学目的"、"优先顺序"和"约束条件"置于中心地位,说明这是整个教学设计的出发点和归宿,以强调教学设计过程中必须随时拿这几个因素作为参考的依据。如前所述,教学系统是由一组有共同目标和相互关联的因素所组成的,其作用范围是人为设定的,因此,肯普将学习需要和教学目的置于中心正是突出了系统方法的以系统目标为导向的本质。同时,教学系统的设计过程离不开环境的制约:先考虑什么,后考虑什么,能做什么,不能做什么等等,都必须以环境的需要和可能为转移。

(2) 第二代教学系统设计模式。

第二代教学模式(ID2)的代表性模式应推"史密斯—雷根模式"(如图2-4所示)。史密斯和雷根鉴于教学系统设计中对教学策略研究不够充分的现状,对教学系统设计理论进行了深入的研究,于1993年在两人合著的《教学设计》中提出新的教学设计模式。

该模式是在第一代教学设计中有相当影响的"迪克—凯瑞模式"的基础上,吸取了加涅在"学习者特征分析"环节中注意对学习者内部心理过程进行认知分析的优点,并进一步考虑认知学习理论对教学内容组织的重要影响而发展起来的。该模式较好地实现了行为主义与认知主义的结合,较充分地体现了"联结—认知"学习理论的基本思想。

史密斯和雷根认为,明确教学设计的一种方式是探讨系统规划教学所涉及的过程。在一般的意义上说,教学设计者的任务是要回答以下问题:

我们要到哪里去? 即教学目标是什么?

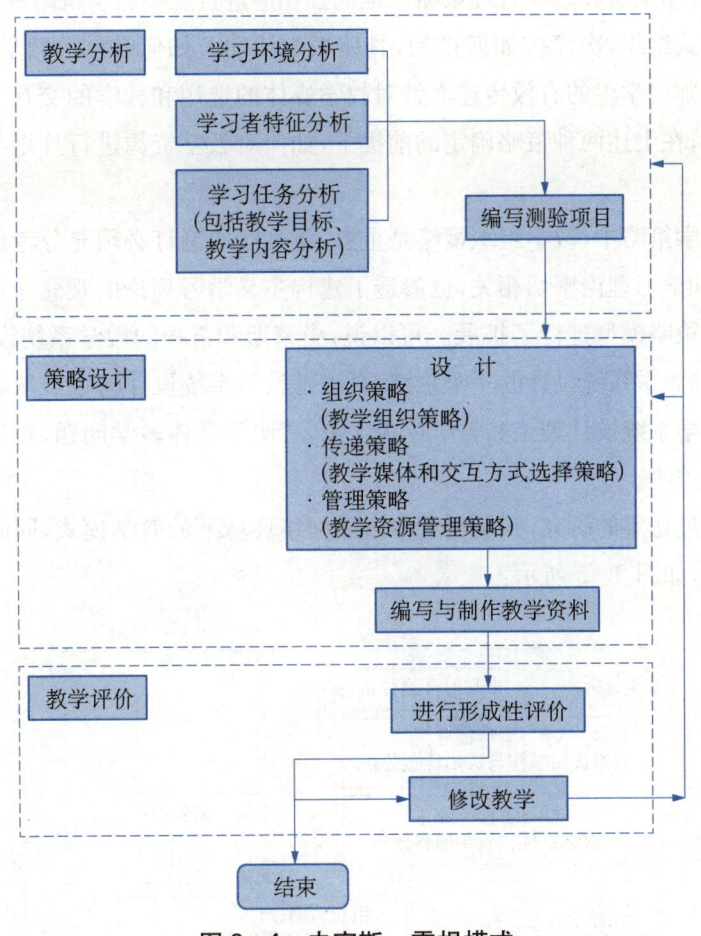

图 2-4 史密斯—雷根模式

我们怎样到那里去?即需要什么样的教学策略及媒体?

我们如何知道是否达成了目标?即如何检测?如何评估和教学调整?

所以,史密斯和雷根将教学设计过程分为三个阶段:教学分析阶段、策略设计阶段和教学评价阶段。

教学分析阶段,包括分析学习环境、学习者特征和学习任务。在这一阶段,教学设计人员要尽可能全面深度地了解学习者所处的环境、学习者特性,以及了解要求学习者完成什么样的任务,以便制订初步的设计栏目。

策略设计阶段,包括确定组织策略、传递策略、管理策略。教学策略的选择同促进学习的多种因素有关,此时,教学设计人员要确定与学习相关的内容和材料,还要安排学习者的学习活动,安排教学活动的先后顺序,选择适宜的教学媒体,以便设计好教学过程。

教学评价阶段,进行形成性评价(既包含了对学习者的评估,也包括了对教学的评估),对预期的教学过程予以修正。

此模式的设计者史密斯和雷根认为,自己的模式同迪克—凯瑞模式并不存在根本差别,但该模式有其新颖之处,即借鉴了瑞奇鲁斯有关教学策略的分类框架,把教学策略分为教学组织策略、教学传输策略和教学管理策略。他们强调应进行三类教学策略的设计：有关教学内容应按何种方式组织，次序应如何排列，具体教学活动应如何安排的教学组织策略；为实现教学内容由教师向学生的有效传递而针对教学媒体的选用和教学的交互方式所进行的教学内容传递策略；在上述两种策略确定的前提下，如何对教学资源进行计划与分配的教学资源管理策略。

在这三类教学策略中，教学组织策略是重点，该策略的制订必须充分考虑学生原有的认知结构，这与认知学习理论密切相关，也渗透了建构主义学习理论的观念。该模式同时还对加涅的一般教学策略模型进行了扩展。可以说，史密斯和雷根的教学系统设计理论是对20世纪90年代以前教学系统设计的一个总结，真正把教学系统设计的重点从教学系统设计过程模式转移到教学系统设计理论和教学模式上来，着眼于具体教学问题，对设计教学策略给予了前所未有的关注。

我国学者经过几年的研究，开发出了多媒体网络环境下的教学模式，同时提出了新的教学设计过程模式，如图2-5所示：

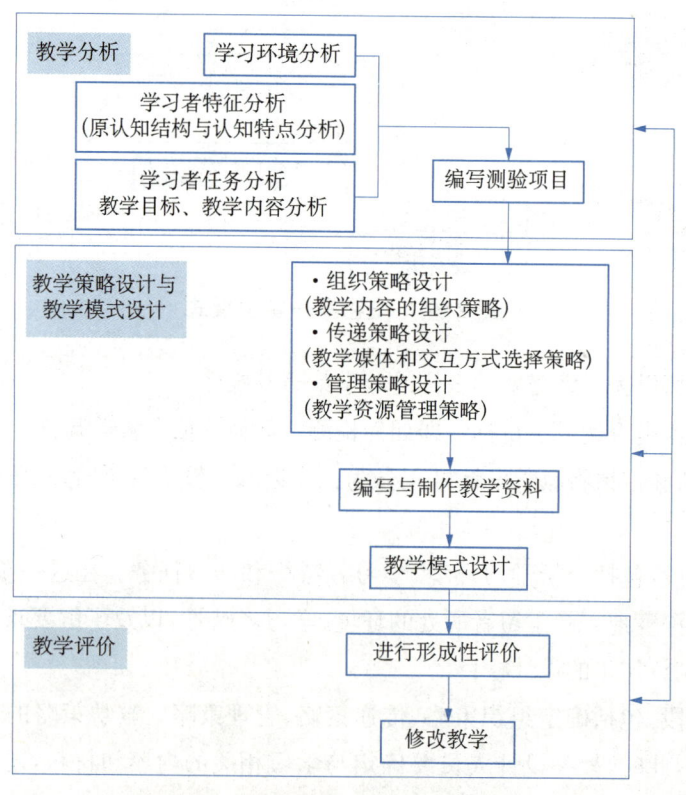

图2-5 新型教学设计过程模式[①]

将这种新型模式与史密斯—雷根模式进行比较，可以发现，两者的区别表现为这种模式

---

① 何克抗. 教育技术学[M]. 北京：北京师范大学出版社，2002.

在教学策略设计之后,把教学模式纳入教学设计过程,并将其作为整个教学设计过程的主要环节。同时"学习者特征分析",强调考虑原有认知结构与认知特点分析。

2. 以学为中心的教学设计模式

以学为主的教学设计模式主要以建构主义的心理学为基础。建构主义的理论基础是皮亚杰的认知发展理论、维果斯基的"最近发展区"理论和布鲁纳的认知结构理论。

近年来教育技术领域的专家们在建构主义学习理论的指引下,提出以"学"为中心的、能与建构主义理论相适应的教学设计模式。何克抗提出的"基于建构主义的教学系统设计模式"(如图2-6所示)就是典型代表,此模式以问题或项目、案例、分歧为核心,建立学习"定向点",然后围绕这个"定向点",通过设计"学习情境"、"学习资源"、"学习策略"、"认

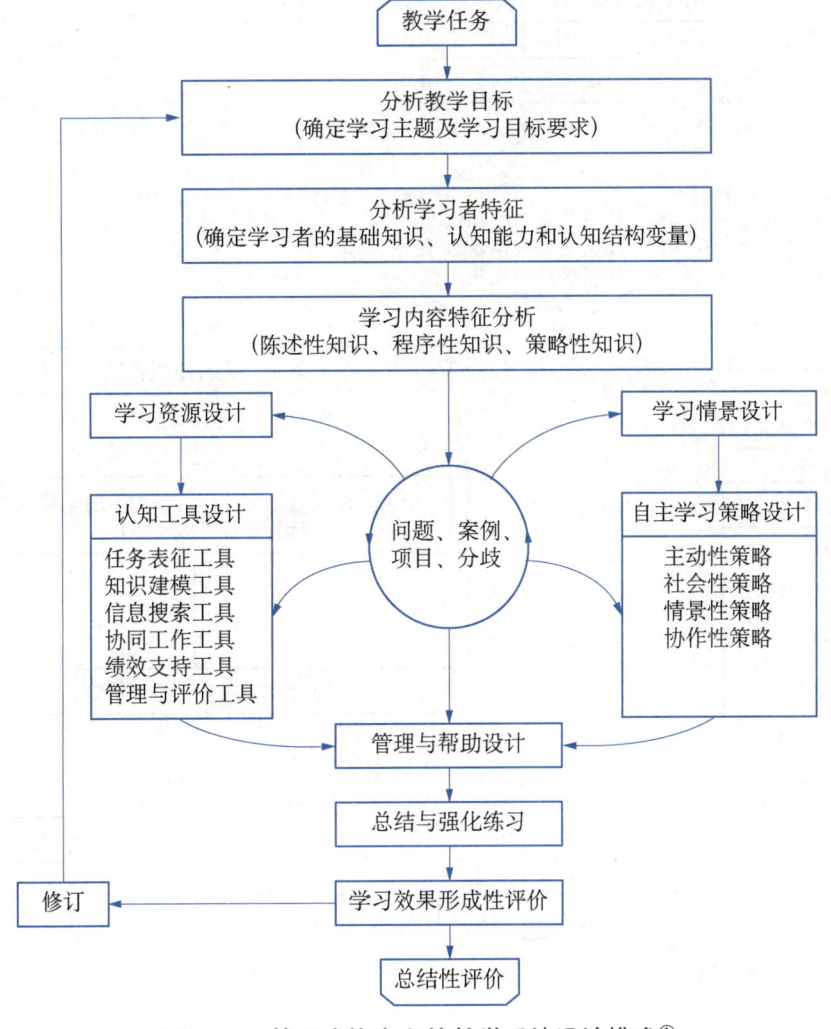

图2-6 基于建构主义的教学系统设计模式[①]

---

① 何克抗.教育技术学[M].北京:北京师范大学出版社,2002.

知工具"、"管理和帮助"而展开教学。问题、案例、项目、分歧的提出基于对教学目标、学习者特征和学习内容的分析,结束部分的教学评价是教学系统设计成果趋向完善的调控环节。

除此以外,以学为中心的教学设计模式还包括以教师为主导、学生为主体的双主教学设计模式。

"双主"教学系统设计模式(如图2-7所示)是何克抗教授在总结了以教为主和学为主的

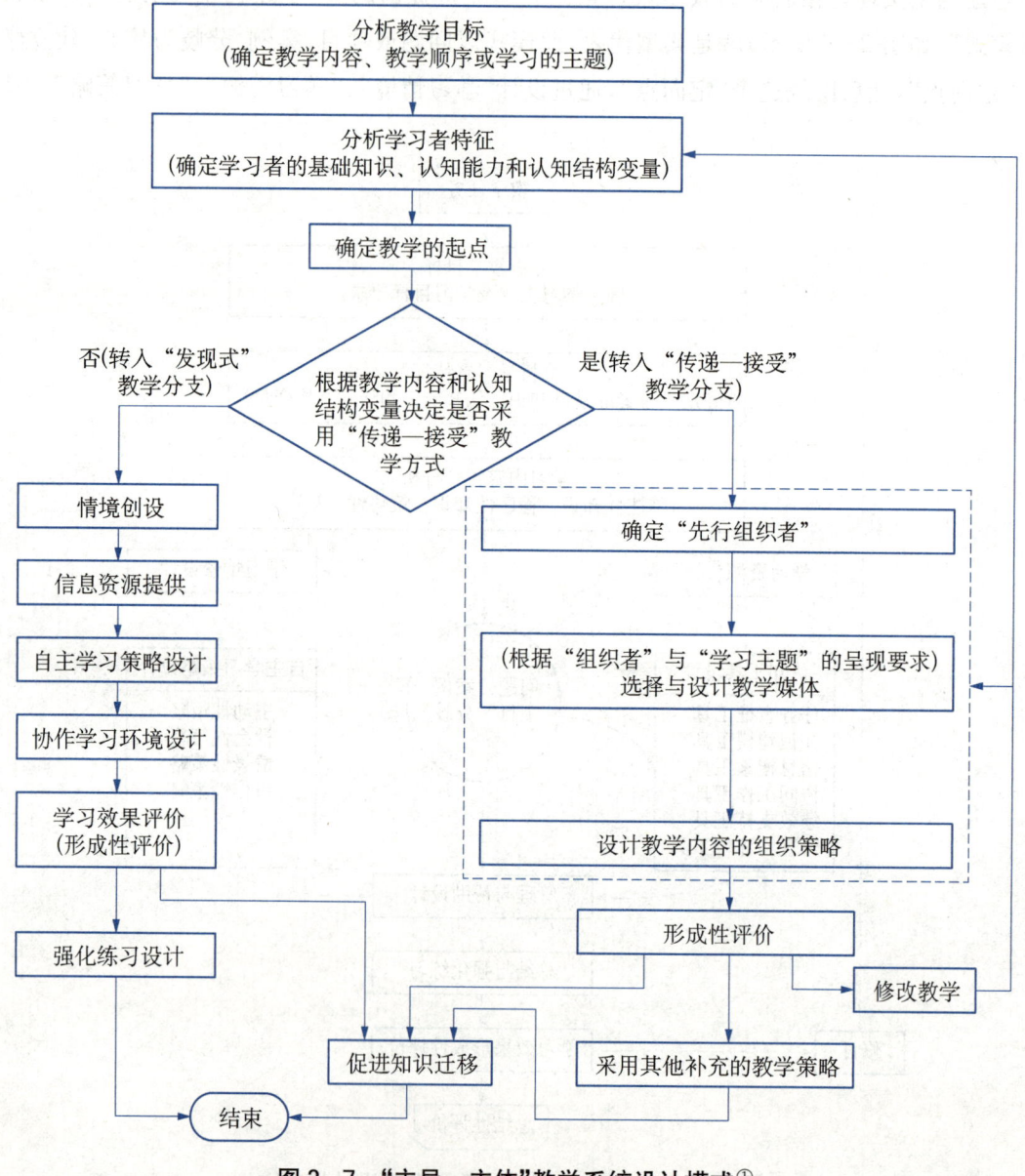

图2-7 "主导—主体"教学系统设计模式①

---

① 何克抗. 教育技术学[M]. 北京:北京师范大学出版社,2002.

教学设计模式的基础上,将两者进行结合的产物。此模式兼取两种教学设计模式的优点,同时具有较强的灵活性,能够很好地适应我国不同地区学校的教育的实际,具有比较科学而全面的理论基础。这不仅适应于指导课堂教学,也可以适用于指导网络教学和多媒体辅助教学课件的设计与开发。

三、教学设计模式的要素

以上教学设计模式分类分析是基于不同视角对教学设计的分类分析。对于教学设计实践而言,我们可以从以上模式中提炼归纳出一个简洁、明了的教学设计的一般模式,该模式的要素有:学习需要分析、学习内容分析、学习者特征分析、教学策略设计、教学过程设计、教学技术设计、评价目标确定与方法选择、形成性评价设计和总结性评价设计等。如图2-8所示:

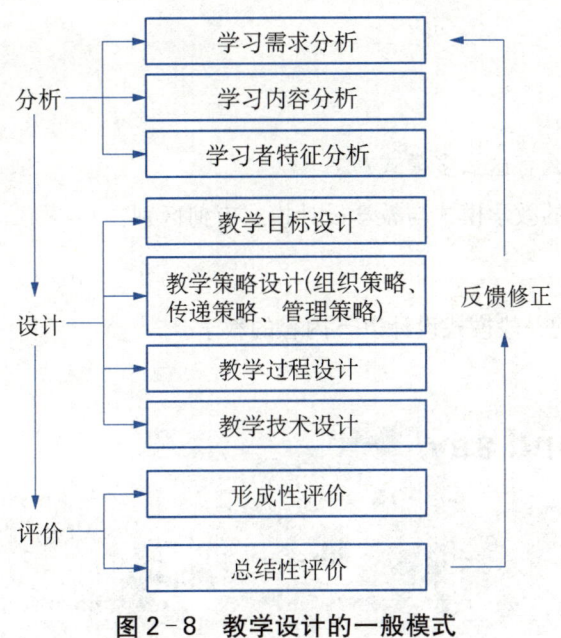

图2-8　教学设计的一般模式

实际上,不论哪一种教学过程设计模式,都包含有四个基本要素:

第一个基本要素是学习者。教学系统的服务对象是学习者。为了作好教学工作,必须认真分析、了解学习者的情况,掌握他们的一般特征和初始能力,这是做好教学设计的基础。

请讨论:
这一教学设计的一般模式似乎没有前面的模式复杂,为什么?

第二个基本要素是学习需求(学习目标)。通过教学活动以后,学习者应该掌握哪些知识和技能,培养何种态度和情感,需用可观察、可测定的行为术语精确地表达出来。同时,也要尽可能地表明学习者内部心理的变化。

第三个基本要素是教学策略。为了完成特定的教学目标,所采用的教学模式、方法、组织形式,以及对教学媒体的选择、使用和开发的总体考虑。

第四个基本要素是教学评价。教学评价包括形成性评价、总结性评价,它的目的是为了了解教学目标是否达到,从而作为修正设计的依据。

我们应该清楚地认识到,划分教学设计的环节的目的是为了更加深入地了解和分析,并发展和掌握整个教学设计过程的技术。因此在实际设计工作中,要从教学系统的整体功能出发,保证"对象、目标、策略、评价"四要素的一致性,使各要素间相辅相成,产生整体效应。

综上所述,我们可以发现,基于不同视角的教学设计模式形态多样,并随着教学设计理论的发展而不断变化,但其核心非常明确,都在于提高教学的有效性。

实 践

【请你回答】

1. 教学设计为什么有这么多模式?
2. 我国名目繁多的教学模式与教学设计模式有何区别?

【设计实践】

请按照教学设计的一般模式设计以下内容的教学。

《英语》(新标准,三年级起点)三年级上学期 Module 4 Unit 2 Activity 2

案例分析

案例：
《英语》(新标准，一年级起点)五年级上学期
Module 4 Unit 1 We are going to sing and dance.
教学设计

一、确定项目与问题

本班计划在感恩节举办感谢师恩活动，需制订活动计划。
需要解决的问题是：如何制订合理的活动计划。

二、基于项目与问题进行定向

基于以上项目，本课时的定向基点确定为：学习如何制定合理的活动计划。

三、基于定向确定情境、资源、策略等

(一) 学习情境

本课时以班级活动、课文中外国学生举办生日庆祝活动的安排为学习情境，让学生体验课文中庆祝生日的活动安排与组织，分析其合理性，然后学习如何合理地设计和组织庆祝活动。

(二) 学习资源

本课时的学习资源首先是课文。

本节课的 be going to 适合学习制订计划，而且学生已经学习过相关结构，大多数学生已经基本能够较为准确地运用。学生对课文学习的真正困难在于理解活动设计的合理性。课文最后妈妈要求孩子们先收拾屋子，然后才能去看电影，而课文没有明确说明为什么设计吃午饭、讲故事、看电影这些活动，这恰恰可以用来引导学生开展讨论、发展学生思维品质和文化意识。

本课时的学习资源还包括本模块第二单元的课文，是关于 Amy 写的生日庆祝活动的邀请函，可以帮助学生学习安排活动，写邀请函。

本课时的学习资源还有学生的生活。学生在以前的学习过程中已经学习过感恩节的内容，了解感恩节，而且有开展感恩活动的意愿，因此可以很好地组织学生学习设计这类活动。

本课时的学习资源还有学生已经习得的英语知识和已经形成的英语运用能力。

(三)学习策略

本课时的最基本学习策略是支架策略。

本课时以学生已有的运用 be going to do 表达打算的能力为支架,发展学生通过学习课文理解 be going to 说明计划的能力,在完成使命后撤掉支架,从语言发展到思维,通过分析为什么要先收拾举行生日活动后的屋子再去看电影以及每一计划的原因、条件,发展学生的思维能力。

本课时的学习策略还有社会性策略,使非课堂学习的学校社会性活动成为学习的定向基点,让学生感知其社会交往需求与目标,并通过学习课文,形成设计、组织和开展这一学校社会性活动的能力。

分析:

我们知道,建构主义教学设计的模式以问题或项目、案例、分歧为核心,建立学习"定向点",然后围绕这个"定向点",通过设计"学习情境"、"学习资源"、"学习策略"、"认知工具"、"管理和帮助"而展开教学。

这一教学设计案例以学生需要解决的一个问题"设计感恩节活动"为定向基点,设计学习情境、学习资源、学习策略等,发展学生的语言运用能力、思维能力和社会责任意识,具有较为显著的建构主义特征。

这一教学设计案例合理搭建了语言能力发展的支架、思维能力发展的支架,而且语言能力支架的撤除,有助于学生更好地从语言这个角度来发展思维能力。

这一教学设计案例没有拘泥于课文的语言进行语言学习,而是基于课文的情境与功能,设计了基于真实问题的任务活动,这样能更好地通过建构发展学生的语言能力。

附课文:

Lingling: What are we going to do?
Amy: We're going to have lunch together.
Lingling: Are you going to have a birthday cake?
Amy: Yes, I am. Mum is going to make a birthday cake for me.

Sam: After lunch, we're going to tell stories.
Amy: And then we're going to see a film.

Ms Smart: But before that, you are going to help me tidy up!
Sam, Amy and Lingling: Oh, yes!

第二节 小学英语教学设计的模式

【请你思考】

L老师在自己所在学校就Two Monkeys故事进行了教学,效果非常好,她应邀到同一城市的另一所较为薄弱学校的同一年级学生进行教学展示。L老师选择了这个自己已经熟悉的内容,运用了在自己学校教学效果很好的教学设计,然而在教学过程中,学生很快就完成了学习任务,L老师只好增加了新的活动。这一现象引起了两所学校老师的热议。

你认为是什么使薄弱学校学生提前完成了学习任务?

【学习目标】

学习本节后,你能:
1. 了解小学英语教学设计的基本结构;
2. 理解分析学习者特征、确定教学目标对于小学英语教学设计的重要性。

【本节概念】

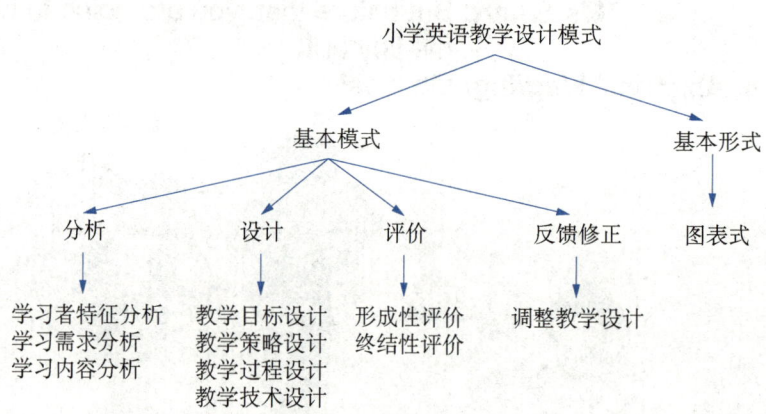

【请你回答】

1. 为何对不同学生要有不同的教学设计?

2. 在课堂上，你的教学设计无法推进，这时，你怎么办？

一、小学英语教学设计的基本模式

基于教学设计的一般模式，小学英语教学设计的基本模式应该是：

（一）分析

1. 学习者分析

准确分析学习者是成功开展教学设计的一项决定性因素。学习者分析是通过分析、调查，把握学习者的心理特征、学习风格、已有知识和技能等，为教学内容的选择和组织、学习目标的编写、教学活动的设计、教学方法与媒体的选择和运用等提供依据。

学习者分析是整个教学设计的起点，因为只有准确地把握学习者的英语学习特征，才可能设计出符合这一特征的教学目标、教学策略、教学技术和教学过程与评价标准。显然，教学设计的一切都基于学习者的特征分析。

对于小学英语教学设计，学习者分析要准确把握学生的真实学习目的、真实学习动机、已有知识技能、知识认知机制、学习心理顺序、学习逻辑顺序、英语学习机制等，因为这些要素都对小学英语教学设计有着根本性的影响。

2. 学习需求分析

学习需求就是学习活动要达到的学习目标与学生现有的学习起点水平之间的差距。学习需求分析就是通过科学、系统的调查与分析，确定学习目标与学生起点水平之间的差距。

学习目标的确定是学习需求分析的关键。确定学习目标需要结合社会需求和个人发展需求，充分考虑可以利用的各种资源（教师、学生、教学设施、教学媒体、教学材料、教学经费等）和各种相关的促进与制约因素，才能确定合理的、科学的学习目标。

> 请讨论：
> 为什么在进行学习者分析之后，还有必要进行学习需求分析？

学习目标的确定需要考虑长期的目标、中期的目标、近期的目标,或者是整个学习期间的目标、学段的学习目标、学年的学习目标、学期的学习目标、单元的学习目标、课时的学习目标,只有形成科学、合理的目标体系,才可能进行合理的教学设计。

确定学生现有学习起点水平则需要调查、评价与分析学生已经达到的学习水平,尤其是与学习目标直接关联的学习水平。

对于小学英语教学设计,开展学习需求分析是非常重要的。我们需要依据社会需求、个人发展需求,科学地确定小学英语学习的目标。

可以说,当前我国基础教育英语教学的很多困难,来自于学习目标的不合理。事实上,社会需求层面确定了面向全体受教育者的、以培养外语运用能力为总目标主要内容的外语教育目标,然而,在我国当前发展阶段,并不需要全体国民都成为外语使用者。对于个人来说,我们绝大多数的英语学习者确定了高考、中考等外语学习目标,绝大多数学生是考什么就学什么,只有很少学生会为了外语运用能力放弃外语考试分数。在课时目标层面,我们很多教师和学生都会把词汇、语法作为基本的重点学习目标,而且要在一课时之内就彻底掌握所学词汇和语法项目,而不考虑学习者的学习能力。可以说,小学英语教学设计最为关键的是设计科学、合理的小学英语教育教学目标。

3. 学习内容分析

学习内容就是教学活动中为实现学习目标而学习的知识与技能、过程与方法、情感态度与价值观的总和。国家《义务教育英语课程标准(2011年版)》的规定,小学英语课程的学习内容包括语言知识、语言技能、情感态度、文化意识、学习策略五个层面。具体的学习内容是课程标准规定、通过教材实现的语言材料。

分析学习内容是要使教师、学生明确,教学活动要让学生学什么,与教学目标密不可分。当前,在小学英语教学中,英语教师在进行学习内容分析时都能很好地把握教学内容的语义内容,很多也能比较好地把握语境内容,但大多数英语教师都存在把握语用内容的困难,甚至普遍出现在分析教学内容时,只分析到语义内容,或者分析到语境内容,却没有分析到语用内容,这导致语用学习目标的严重缺失。分析教学内容时,我们必须把握教学内容的语义、语境、语用内容,尤其是语用内容,如此才有可能培养学生的英语运用能力。

(二) 设计

1. 教学目标设计

教育是人类有目的的社会实践,目标设计是教学设计的关键,因为若目标迷失甚至错误,教学分析做得再全面,教学策略、过程、技术与评价设计得再合理,反馈修正再认真,也没有意义,甚至会有很大的负面作用,因为方向已经错误。教学目标要基于教育目标、课程目标设计,小学英语教学目标设计要充分考虑小学生的认知能力,因为他们的心智还在发展之中。

核心素养是我国教育目标的重要内容,小学英语教学设计要将教学目标首先定位在发展学生的核心素养上。课程标准是核心素养在英语课程领域要求的具体体现,课程标准所规定的课程目标、教学要求、评价要求、教学案例、评价案例等，均是小学英语教学目标设计的基本依据。

核心素养与课程标准的规定是面向我国全体学生的规定，而课堂教学则是面向我们自己的学生的教学实践。所以我们在小学英语教学目标设计时，还需非常充分地分析我们自己的学生的发展需求，这些需求可能高于面向全面学生的要求，也可能等于或低于这些要求。

> **请思考：**
> 调查发现，小学英语教学目标设计中，普遍存在语言知识与语言技能目标超过课程标准对小学英语语言知识与语言技能的目标设定。为什么会出现这一现象？

2. 教学策略设计

教学策略是为了完成教学任务，实现教学目标而采取的对教学活动的程序、方法、形式和媒体等教学因素的总体设计，包括对知识与技能教学内容的序列设计，对教学活动过程的系统问题和期望的学生反应的设计，对教学的组织形式和媒体呈现信息方式的设计，具体包括课时的划分、教学顺序的设计、教学活动的设计及教学组织形式的选择与设计。

教学策略设计必须基于教学目标，切合教学内容，适合学习者特征，还要考虑实际教学条件的可能性，创造性地设计，灵活地安排教学活动，巧妙地设计各个环节，合理地安排各有关因素，形成系统的、总体的设计，使之能够发挥整体的教学功能。

教学策略有多种分类方法，常见的分类为：组织教学过程、安排教学顺序、呈现特定教学内容的教学组织策略，确定教学信息传播形式和媒体、教学内容传递顺序的教学传递策略，将教学组织策略和教学内容传递策略协调起来（包括时间的安排与组织、教学资源的分配等）的教学管理策略。对于小学英语教学设计，这些策略都是不可或缺的。

3. 教学过程设计

教学组织策略的设计包括教学过程的设计，但教学过程对于小学英语教学设计非常重要，需要专门探讨。所以，小学英语教学设计单列出教学过程设计，以突出其重要性。

教学过程是为实现教学目标而开展的多个教学活动组成的连续过程，英语教学理念形成了强调学习过程的任务教学，这也是国家《义务教育英语课程标准（2011年版）》倡导的英语教学途径。

任务教学的教学过程设计应该包括以下内容：

（1）任务介绍。这是一个向学习者介绍任务的环节，目的是：让学生知道学习语言之后要用所学语言完成的任务，让学生明确语言学习的目标。

（2）任务准备。这是语言学习的过程，分为接触（exposure）和吸收（intake）两个主要环节。

语言接触是教师呈现所学语言，让学生学习所学语言的环节。语言吸收是学生经过练习内化所学语言项目的环节。吸收是影响语言学习效果的最为关键的环节，没有吸收就不可能有语言学习的结果，学生也就不可能形成语言运用能力。

> **请讨论：**
> 小学英语教学中，技术有时比教师能对学生产生更大、更深的影响。我们如何基于这一技术优势，进行教学设计？

（3）任务完成。这是学生在学习所学语言之后，运用所学语言做事的环节，也是语言输出的环节。

（4）语言巩固。这是在学生用语言做事之后，对其语言运用中存在的问题，有针对性地进行巩固强化，达到促进语言内化的目的。

4. 教学技术设计

教学离不开技术，无论是传统的黑板、粉笔等形成的彩色粉笔使用和板书技术，还是现代信息技术、互联网技术、多媒体技术的使用，都有助于提高教学的有效性。所以教学设计需要教学技术设计。

教学技术设计包括对教学媒体选择与使用、运用教学媒体辅助活动的设计。我们应基于学习目标、学习内容、学习者特征和教学策略与教学过程的设计，依据各种教学媒体所具有的教学功能和特性，选择教学媒体和设计教学媒体辅助活动，因为各种教学媒体对于教学的功能不同，效果不同，各有所长，因而没有适用于所有教学内容和教学情境的媒体。教学中也没有必不可少的媒体，只有有效的媒体和媒体的有效使用。

教学媒体选择与教学媒体辅助教学活动的设计，直接影响学习目标的达成以及教学策略的实施。

在英语教学设计中，由于视频、音频是语言教学的重要媒体，所以对于这些媒体的设计与选择是非常重要的，但是不能为了媒体而媒体、为了技术而技术，而应以教学需要为依据，来选择和使用教学媒体。

（三）评价

教学设计是提高教学有效性的过程，教学目标达成情况是评价教学设计有效性的关键，而学习成效的评价是评价教学有效性的基础，确定学习成效的评价标准，是开展教学评价的前提。从评价目的分，学习成效评价可分为诊断评价、学业成就评价等；从形式分，可分为形成性评价、终结性评价。

确定学习成效评价标准应该以学习目标为基础，评价的标准要以根据学习过程中的实际学习情形确定，学业成就评价的标准则可以直接依据学习目标确定。

> 请讨论：
> 我们经常看到地方统一监测教学质量的小学英语期末试题往往与课程标准建议的试题形式有很大不同。我们该怎么办？

形成性评价常用于对于学习过程的评价，评价标准可根据评价需要确定；终结性评价常用于对于学业成就的评价，评价标准主要基于学习目标确定。

我国当前小学英语教学的评价存在很多问题，主要是评价标准过偏，评价手段单一，往往用单一的语言知识目标代替语言综合运用目标，用终结性评价作为学习过程中的评价。

基于国家《义务教育英语课程标准（2011年版）》确定的综合语言运用能力这一课程总体目

标,小学英语教学设计的总结性评价试题应以具有语境的应用型试题为主,合理配置主观题和客观题,对语言知识的考查不能孤立地局限于某些知识点,更不能考查对知识的机械记忆。

针对当前我国基础教育英语教学中广泛存在总结性评价目标过偏的问题,小学英语教学设计,尤其需要强调基于综合语言运用能力这一总体目标设计和开展终结性评价。

(四) 反馈修正

反馈修正就是根据评价提供的反馈信息,对教学设计进行调整,从而提高教学的有效性。

教学设计作为一种预设,自然可能因为分析的误差、设计的失误,而出现教学过程中的不适切性,而教学评价可以提供大量的教学信息,反映教学目标的达成度。教学设计不应该是一成不变的、僵化的预设,教师应该根据教学过程中反馈的各种教学信息,不断调整教学策略,甚至在教学设计中预测可能出现的问题,预设一些预案,从而在教学过程中根据教学反馈不断修正教学活动,以提高教学有效性。

在小学英语教学实践中,一些经验丰富的老师往往根据自己的经验积累形成大量案例,随时捕捉教学信息的反馈,调整教学策略,促进教学有效性的提高。

> 请讨论:
> 反馈修正对于新教师特别有价值。在教学已经完成之后,我们为什么还需要基于反馈对教学设计进行修正?

教学设计是一种理性化的教学准备活动,可以促进教学实践从经历到经验的提升,帮助教学经验不足的教师在较短时间成长为经验丰富的教师,达到可以随时捕捉教学信息反馈、根据教学信息反馈随时调整教学策略的程度。

小学英语教学设计作为外语学习,存在学生已有知识与技能不足、教学环境与条件不充分等特定困难,尤其需要根据教学信息反馈随时修正教学策略。

综上所述,小学英语教学设计的一般模式为分析、设计、评价、修正模式,其中学习目标的分析、教学过程的设计、评价目标的确定、依据反馈不断修正教学策略,是至为关键的要素。

在以上一般模式之外,建构主义的教学模式也具有独特价值,尤其是以学习为中心的教学设计理念,有助于我们深度改革我们的教学。建构主义的教学设计模式强调以学生为中心,强调"情境"对意义建构的作用,强调"协作学习"对意义建构的关键作用,强调对学习环境(而非教学环境)的设计,强调利用各种信息资源来支持"学"(而非支持"教"),强调学习过程的最终目的是完成意义建构(而非完成教学目标)。

如图2-6所示(本书第43页),基于建构主义的教学设计模型通常以问题或项目、案例、分歧为核心,建立学习"定向点",然后围绕这个"定向点",通过设计"学习情境"、"学习资源"、"学习策略"、"认知工具"、"管理和帮助"而展开。问题、案例、项目、分歧的提出基于对教学目标、学习者特征和学习内容的分析,结束部分的教学评价是教学系统设计成果趋向完善的调控环节。

二、小学英语教学设计的基本形式

在具体运用中,小学英语教学设计的结构应以新课程标准作为指导思想,以简要的形式

(即稳定的操作样式)向使用者说明小学英语教学设计应该做什么,怎样去做。因此,我们可将小学英语教学设计的结构分为"分析"、"设计"、"评价"、"修正"四个阶段(如图 2-9 所示):

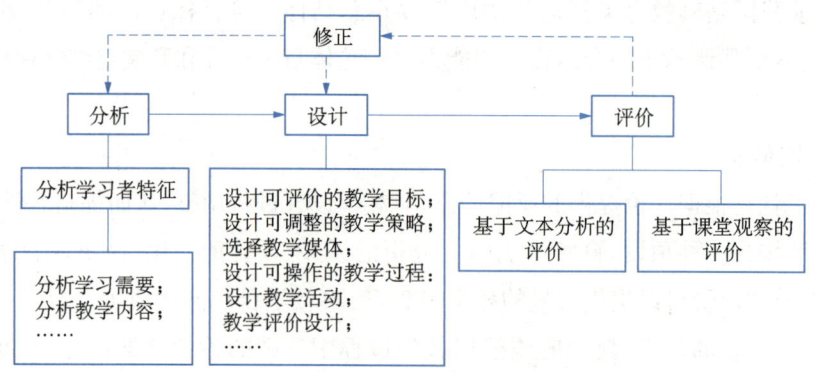

图 2-9 小学英语教学设计的基本结构

对该结构模型各环节的说明如下所述:

(1) 在"分析"环节,学习者分析与学习需要、学习内容等其他要素分析一样同属于前期分析阶段完成的主要任务,但由于学习者分析是教学设计各个环节的前提和基础,尤其在预设阶段和教学实施过程中,每一项任务都应以学习者为中心来开展,因此,将学习者特征分析单独列出,以突出它的重要性。

(2) 在"设计"环节,既包括传统教学模式下的教学目标、教学策略、教学过程设计、教学活动设计、教学媒体、评价设计等要素的设计与准备,更强调基于建构主义理论教学模式下的情景教学的预设。

(3) 在"评价"环节,主要包括基于文本分析的评价、基于课堂观察的评价。

(4) "修改"环节与传统教学设计模式一致,在评价和反馈的基础上,对上述各环节进行不断修正,以使整个教学设计过程趋于完善。在具体设计中,小学英语教学设计的基本形式主要采用表格式,如:

《英语》(新标准,三年级起点)三年级上学期
Module 1 Unit1 第一课时教学设计

一、分析

(一) 学习者分析

学习者认知风格	学生大多为少数民族学生,能歌善舞,性格开朗,愿意积极参与歌舞活动;自主学习能力、反思能力尚在形成之中;但自尊心很强,害怕被批评,通过外在评价促进学习的学习策略尚在发展之中。
学习环境因素分析	学生生活在民族旅游风景区,外文标识非常多,学生几乎每天都能见到外国旅行团在本村旅游。 学生大多非独生子女,全部有略年长于自己的哥哥、姐姐或堂哥、堂姐或表哥、表姐,这些人都学习过英语,或者还正在学习英语,而且常常与来村里旅行的外

续表

	国人打招呼,以销售自己的土特产,这使得该村学生都有很强的学习英语的直接动机,而且有很好的榜样,甚至有"小老师"。但由于这些哥哥姐姐很多存在英语学习困难,尤其是到了初中阶段,有的甚至完全放弃了英语学习,所以,他们也可能将英语学习的畏难情绪传染给新开始学习英语的学生。 该地基础教育质量偏弱,学生小学毕业后全部升入本地民族中学,但初二开始出现辍学外出打工、在本地打工、参与自家旅游服务经营等现象,升入重点高中、最终上大学的比例不足当年小学生人数的15%,这些学生大学毕业后基本全部回到本地工作,甚至回到自家的旅游服务企业工作。这使得学生没有很强的升学尤其是上重点高中从而最终上大学的动机,很多家长也不以学生考上大学为荣,因为学生考上大学需要家长负担四年数万元的学费,而最终大多数学生毕业后的收入还不如在本村做旅游服务工作的没有上过大学的人收入高。
学习优势分析	学生在学习方式(运用歌舞进行学习)上具有显著优势。 学习环境(经常接待外国游客,且有"小老师"带教)具有显著优势。
学习者起始水平	学习者是贵州省××市××民族小学三年级学生,此前所有学生都没有正式学习过英语,这是学生第一节英语课。

(二) 学习内容分析

教学任务	教学内容为《英语》(新标准,三年级起点)三年级上学期 Module 1 Unit1 活动 1、2、3,此为第一课时,具体教学计划内容为完成活动 1 的学习,开展活动 2、活动 3 的学习,不要求完全掌握,到第二课时再进行复习巩固,作为活动 4 的准备活动。
语言分析	活动 1 的语境是中国学生上学第一天在校门口遇到外国(英国)学生,外国学生主动向中国学生打招呼,中国学生略迟疑之后,模仿着外国学生的话,向外国学生打招呼。活动语言非常真实,语用也很实际,外国学生来到中国,希望结识很多中国朋友,所以主动向中国学生问好,中国学生之前可能与外国学生没有直接接触,甚至可能还不会英语,但这句英语并不难,所以中国学生略迟疑后能立即模仿学说。 活动 2 的语境是接着活动 1 的,外国学生与中国学生相互问候之后,分别向对方介绍自己的名字。这里的中国学生显然不再是完全不会英语,而是因为之前学过一些英语而已经会使用英语了,即:教材中的中国学生的英语不是零起点,而是足以和外国学生进行交谈。所以他们能主动向外国孩子介绍自己,到放学时,他们也能与外国孩子告别。
技术分析	(教材有配套的语音、视频,可通过网站、光盘、APP、点读笔、录音机等使用,录音是由英国小学生专门录制的,视频为专业儿童动画设计人员设计制作。)(以上括号中内容为一般分析,不必每次设计说明。) 教师本人语音与本课时教学内容的录音有一定差距。教师本人英语语音不够纯正、准确,尤其是语调与录音有较大的差距。听录音后,教师本人发现 hello 中的 o 自己发音不准确,录音中 hi 与 goodbye 的尾音/i/比较明显,教师本人自己发音时这个音没那么明显。

MODULE 1

Unit 1 I'm Sam.

1 Listen, point and say.

2 Listen, point and find "I'm..."

（三）学习需求分析

个人需求	根据调查，所有学生都愿意学习英语，也都很想学好英语，不过大多是为了职业，尤其是为本地旅游服务需求而学习。不到 30%的学生有上大学意愿，获得好的英语考试成绩的愿望不强烈。 学生希望发出纯正的英语语音。根据教师本人以前教学经验，hello 中的 o，hi 与 goodbye 的尾音/i/，Sam 中 a 的读音以及不把 m 读成 mu，都会是需要重点训练的内容。
社会需求	本地社会经济正在快速发展，对人才的外语需求非常高，各行业都需要能够熟练运用外语交流的人才。本地特别重视旅游，国际游客越来越多。国家需要每一位学生都具有"国际理解、尊重差异"等核心素养，外语能力是国家综合实力的重要组成部分，既是国家硬实力的组成部分，也是国家软实力的组成部分，需要至少 10%的受教育者未来能熟练运用外语进行国际交往，至少 1%的受教育者未来成为外语专业人才和精通外语的其他专业人才。国家希望每一位学生尤其是贫困地区学生，通过教育改变命运，提高生活质量。 社会希望学生快乐地学习，希望教师让学生从第一节课就开始爱上英语，消除畏难的情绪，而且能非常准确地说出本节课所学的这些最基本的英语语句。

二、设计

（一）教学目标设计

语言能力（知识）目标	功能	打招呼,介绍自己,告别,问候
	语法	全体学生能初步运用：Hello/Hi, I'm ... Good morning. Goodbye/Bye-bye. 部分学生能初步运用：How are you? I'm fine, thank you.
	词汇	全体学生能理解：hello (hi), I, am (I'm = I am), goodbye (bye-bye), fine, thank, you, good, morning 以及 How are you? 中的 how, are, you 全体学生能初步运用：hello (hi), I, am (I'm = I am), goodbye (bye-bye), fine, thank, you, good, morning 部分学生能初步运用：How are you? 中的 how, are, you。
	语音	全体学生开始感知英语语音的基本特性。
语言能力（技能）目标	听	全体学生能听懂：Hello/Hi, I'm ... Goodbye! Bye-bye! Good morning. How are you? I'm fine, thank you.
	说	全体学生能说：Hello/Hi, I'm ... Goodbye! Bye-bye! Good morning. 部分学生能说：How are you? I'm fine, thank you.
	读	全体学生能初步整体认知：hello, hi, I'm, goodbye, bye-bye。
	写	全体学生能视觉感知 hello, hi, I'm, goodbye, bye-bye 的书写形式。
	运用	全体学生能运用 Hello! 和 Hi! 打招呼,用 I'm ... 介绍自己。 大部分学生能运用 How are you? I'm fine, thank you. 进行问答。
文化意识		知道英语中最简单的问候语和告别语,开始形成积极认真的英语学习态度。 听老师说 Thank you,感知其使用,为第三课时学习打下基础。
思维品质		感知英语、汉语、民族语言的共性与差异,开始形成对英语语言特性的认知。
学习能力	兴趣	通过对英语特性的感知,给自己选择一个英语活动中使用的英语名字,逐步形成学习英语的兴趣。
	交际	自我介绍前,用打招呼引起对方注意。
任务		Unit 1：运用 Hello! 和 Hi! 向新同学打招呼,并用 I'm ... 介绍自己。 Unit 2：运用 How are you? 问候朋友,并用 I'm fine, thank you 回应。

(二) 教学过程设计

环节与时间	教师活动	学生活动	设计意图
课前准备	教师在课前制作班级"英语明星"榜单。 **英语明星 English Stars** 	姓名 Name	奖励 Prizes
---	---
	| 为每个学生制作一张 32 开(教材一半大小)的英语明星卡,上课前按学生座位顺序准备好明星卡。为学生准备了"大拇指、小星星、爱心、花朵、足球"评价贴纸。 **英语明星卡** **English Star Card** 姓名:李大明　　Name:Li Daming 班级:三年级一班　Class:Class 1 Grade 3 称号:英语明星　　Title:English Star		本校学生存在上课害怕说错被批评的现象,设计学生获得课堂奖励记录卡,有助于强化对自己优秀表现的记忆和认知,也提醒老师自己尽量不批评学生。 用于奖励的贴纸有多种,让学生根据自己喜好选择。鉴于学生刚刚开始学习英语,所有奖励不分级别,只要参与就奖励。 下节课开始启动挑战奖,包括挑战老师奖,挑战大明、玲玲、Sam、Amy 奖(即挑战教材中主要人物的录音),挑战哥哥姐姐奖。
导入	走进教室,对学生说:Good morning, boys and girls. 同学们好! Welcome to my English class. 欢迎大家上英语课。Do you love English? 大家喜欢英语吗? Oh, good! Let's feel some English. 好,我们来感受一下英语。Now take a look at your English book. 我们一起来看看我们的英语书吧。然后带学生感受英语教材,发现其特点。让学生用汉语说说其发现。 向学生说明明星卡、明星榜的使用,并展示各种奖励贴纸。	听老师讲,感受英语。 看教材,发现教材特点,尤其是自己特别喜欢的内容。 了解评价方式。	为让学生尽可能多地接触到英语,教学中尽可能使用英语组织教学,三年级上学期基本采用先英语、后汉语解释的方式进行教学,同时根据教学进度确定教学语言的难度。
学习(活动1)	播放 SB Unit 1 活动 1 的动画,并请学生看教材图,请学生看外国孩子和中国孩子的对话。然后按照座位顺序叫每一位学生的姓名,让他们走到学生中间发放明星卡,并热情地用英语和学生打招呼。教师对一半学生说:"Hi,…"对另一半学生	翻开教材,看图,自己尝试理解语境、语用,听老师讲解进一步理解语境、语用。 听录音跟读。 接受自己的明星卡。	在发送明星卡过程中问候学生,以使学生感知真实的问候。 强化评价的积极作用。

续 表

环节与时间	教师活动	学生活动	设计意图
	说："Hello，…"若有学生回复说："Hi！/Hello！"教师则说："Good！"并在其明星卡上贴上小星星。 请学生看 SB Unit 1 活动 1 的动画，问：为什么 Daming 和 Lingling 没有马上回答？ 说明：这是因为他们是第一次和外国小朋友说话，有点不大习惯。 引导学生在外语交谈时积极参与。 提醒学生认真听录音，认真模仿 hello 和 hi 的读音，若发现 o，i 不准确，及时引导，争取第一次就读得比较准确。	接受老师的评价。 看图，思考。 尝试回答老师的问题。 进一步理解语境。 端正外语学习态度。 听老师说明。 模仿发音，发现自己的问题，进一步模仿强化，直到基本准确。	引导学生感知英语发音方法。 引导学生开始形成有效的英语学习策略。
学习（活动2、活动3）	请学生看教材中活动 2 的图片，播放 SB Unit 1 活动 2 的动画，请学生边听录音边指图。在完整看一遍课文动画后，请学生圈出"I'm …"，向学生解释可以在"I'm"后面直接加上自己的名字，用来介绍自己。 之后，与学生讨论每一幅图的内容，播放动画，请学生逐图模仿录音中的语音语调。对模仿得好的学生，可在学生明星卡上贴上一颗小星星作为奖励。 在学习过程中，请学生重点模仿 SB Unit 1 活动 3 的语句，教师对模仿得像的学生进行表扬。	看活动 2 图，理解语境。 看动画、听录音，感知语句。 圈出 I'm，理解语义。 听老师讲。 跟读，模仿。 听老师评价。	让学生理解语境，引导学生逐步形成基于语境理解英语语义的语言策略。
训练	把全班分为四大组表演对话，每组扮演一个人物；再分成四人一小组，每组四个角色，进行角色扮演；最后选两组为代表为全班表演。 拿出 Daming、Lingling、Sam 和 Amy 的头饰，让四名在模仿中表现较好的学生戴上头饰，不听录音进行对话。学生若有困难，可给予适当帮助。如果有学生边说边做动作，给该学生的明星卡上贴上一颗小星星作为奖励，并鼓励其他学生也这样做。	小组角色扮演。 挑战其他小组。 参与角色扮演，争取扮演其中角色，获得奖励。	小组扮演有助于带动还不能很好运用所学英语的学生积极参与。

续 表

环节与时间	教师活动	学生活动	设计意图
展示	请学生四人一组，两两相互分角色朗读SB Unit 1 活动3的对话。 下课时，教师尽可能向每一位学生说Good bye！或Bye-bye！，并要求学生回应。	争取展示机会，积极参与展示。 积极回应老师。	让学生形成即学即用的好习惯。
布置课后学习	让学生回家挑战哥哥姐姐。 让学生回家向家人展示自己模仿跟读课文录音。	完成课后学习。 挑战哥哥姐姐。	充分利用已有优势，引导学生养成良好的学习习惯。

三、评价

在集体备课中，有老师提出教学设备运用不够充分，学校为学生配备的点读笔没有使用。

自己发现：挑战哥哥姐姐没有标准，无法培养自信心。

在教学实践中发现，学生对于学了这些语句可以怎么与外国游客交流特别感兴趣。

四、修正

在让学生翻看英语教材时，教师向学生说明英语学习对学生未来的可能影响，无论是考大学，还是从事旅游，都需要学好英语。

在活动1、2学习过程中，增加点读、模仿的环节。

在布置课后学习环节，让学生通知家长下载教材APP，在APP上进行录音挑战。

同时增加：挑战老师的课后学习活动。老师把自己跟读录音的分数截屏放在学生家长微信群中，让学生也如此做。对分数超过老师的学生进行奖励（看英语动画3分钟）。

以上这一完整的教学设计案例，展示了小学英语教学设计的整体结构，其中很多工作不需要每一课时的教学设计都进行，如学习者分析、社会需求分析等，不过每一课时的教学设计都应有此意识，遵循分析、设计、评价、修正的基本过程，方能真正实现教学设计促进有效教学的功能。

实 践

【请你回答】

1. 教学设计的一般模式有哪些基本环节？
2. 教学设计的环节中，哪些对你最为关键？为什么？

【设计实践】

请分析以上教学设计案例中的反思评价与修正，说明教学设计的特性。

案例分析

案例：

导入活动教学设计

教学内容：

这是三年级开始学习英语的学生开学约一个月之后的一节英语课。

第一次设计：

本课时学习内容是 How many? 以及 one, two, three, four, five, six, seven, eight 八个数词，其中 how many 结构不要求掌握，而要求基本掌握八个数字，能用其中至少四个进行口头表达。

第一次教学设计时，教师要求学生一次学习四个数字，难度可能有些大，于是改为 One, two, one. 的齐步走口令，这样只学两个数字，难度降低，可以在 3—5 分钟导入活动中完全掌握。

第二次设计：

后来在集体备课时，有经验的老师指出：英语中不使用 One, two, one 作为齐步走口令，而英语中使用的是 Left, right, left。这种 One, two, one 的设计虽然降低了学习难度，但语言运用完全不真实,而且使学生基于汉语生活经验学习英语,可能因此导致以后出现更多的汉语负迁移影响英语真实表达的可能情形。这种设计没有直接指向英语语言运用能力,不符合课程标准的理念和要求。

为此,教学设计回到教材的 One, two, three, four. 即按照教材内容,使用教材中兔子妈妈带着小兔子过马路的动画,让学生看动画学习,增强学习兴趣。

第三次设计:

有老师提出,在自己之前的教学经历中发现,刚刚开始学习英语一个月之后的这个时候,学生开始广泛出现英语学习心理焦虑显著增加的现象,感觉英语学习难度超过预期,开始出现记不住所学的全部内容等现象。这时一个导入活动学习四个数字,对本校学生可能难度偏大,应降低难度,保证学习焦虑回到一个适度的水平。

于是,教学设计再次调整为:

教师让学生看图,理解活动内容,然后播放教材中兔子妈妈带着小兔子过马路的动画,让学生四人一组看动画学习,每人学习一个数字,并进行四人一组表演,每个学生能听懂四个数字并按照顺序说出自己该说的一个数字。

这一设计使导入活动的难度大幅度降低,从学说四个数字调整为四人一组学说四个数字,每人听懂四个数字、学说一个数字。

后来基于这一设计进行教学实施,教学成效显著。

分析:

这一导入活动的教学设计的三次设计、两次修改,都是基于学生为中心而进行,三次设计使得教学设计既符合学生的真实基础、学习心理,也符合语言运用的真实性。

显然,这一案例说明基于教学反馈(以前的教学经历形成的反馈)修正教学设计,具有较为突出的价值。

进一步阅读参考

何克抗. 教学系统设计[M]. 北京:北京师范大学出版社,2002.

皮连生,王小明,胡谊. 教学设计(第 2 版)[M]. 北京:高等教育出版社,2009.

普赖斯,纳尔逊. 有效教学设计[M]. 李文岩,刘佳琪,梁陶英,田爽,译. 北京:中国人民大学出版社,2016.

第三章 小学英语教学要素分析

第一节 小学英语学习者与学习需求分析

【请你思考】

A 老师是一位刚到小学任教的特岗教师,学生特别喜欢她的教学,学习成效也非常好。教研员听课时发现,A 老师几乎能把握学生的所有思维特性和兴趣特性,开展的教学活动并非特别设计,但仍然特别受欢迎。A 老师把这归因于她四年多来一直辅导侄子学习的经历。她的哥哥、嫂子没有能力辅导他们的孩子学习英语,于是就让在大学英语教育专业学习的 A 老师辅导。

你认为 A 老师的经历说明什么?

_____
_____
_____

【学习目标】

学习本节后,你能:

1. 比较准确地理解学习者与学习需求分析的内涵;
2. 了解学习者内在要素分析的领域;
3. 了解学习者学习优势分析的方法。

【本节概念】

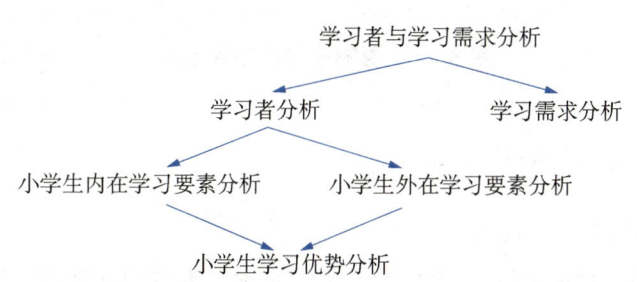

【请你回答】

1. 教学设计为什么需要学习者分析？

2. 如何把握小学生的学习优势？

一切教学的起点是学习者，没有学习者，学习就不可能发生，教学也就不可能发生。即使我们面对摄像机录制一节没有学生的课，仍然是基于学习者的教学，只是此时学习者或许不在现场而已，但他们却依然在我们心里，在我们的设计中。所以，学习者分析是一切教学设计的前提。

学习者分析可以从学习者的内在要素分析、外在要素分析展开，内在学习要素包括学习者的心理要素（认知特征及其发展过程等）、经历要素（起始水平、经验教训、学习策略等）、生理要素（年龄、性别、健康、身体发展等），外在学习要素包括与学习者的学习相关的国家战略、政策、课程标准等国家要素，学校制度、师资、办学条件、学校文化、同学友谊等学校要素，父母教育理念与方法、经济条件、亲友交往等家庭要素，经济发展、文化、教材、教育技术、朋友同伴交往等社会要素（具体如图 3-1 所示）。

影响学习的要素
- 内在要素
  - 学习者心理要素（人格特征、认知风格、学习兴趣、学习动机等）
  - 学习者经历要素（起始水平、经验教训、学习策略等）
  - 学习者生理要素（年龄、性别、健康、身体发展等）
- 外在要素
  - 国家要素（战略、政策、课程标准等）
  - 学校要素（制度、师资、办学条件、学校文化、同学友谊等）
  - 家庭要素（父母教育理念与方法、经济条件、亲友交往等）
  - 社会要素（经济发展、文化、教材、教育技术、朋友同伴交往等）

图 3-1　影响学习的主要因素

一、小学生内在学习要素分析

（一）小学生英语学习心理要素分析

学习，本质上是一种个人行为，起关键作用的是学习者的内在要素。影响小学生英语学习的内在学习要素主要是学生的心理要素,包括学习风格、学习方式、动机兴趣等心理特征,以及心理发展的过程特性。

> 请讨论:
> 对于小学英语教学而言,哪些要素更加重要?

学习者的学习风格是指学习者在学习中表现出来的一种整体的、持久的并具有个性化的认知方式和处理问题的方式,是学习者所采用的吸收、处理和储存新的信息,掌握新的技能的方式。由于社会因素、文化因素、学习环境、家庭背景等方面的差异,不同的学习者学习风格也不同。根据不同的分类方式大体可以分为以下两种:基于感知模式的学习风格和基于认知方式的学习风格。基于感知模式的学习风格根据人们感知模式的不同分为视觉学习(visual learning)、听觉学习(auditory learning)、动觉学习(kinesthetic learning)和触觉学习(tactile learning)。基于认知方式的学习风格根据学习者认知方式的差异分为分析型学习风格(analytic learning style)和综合型学习风格(global learning)、审慎型学习风格(reflective learning)和冲动型学习风格(impulsive learning)、场依存型学习风格(field-dependent learning)和场独立型学习风格(field-independent learning)。

只要学习活动恰当,无论哪一种风格的学生,都可以学好英语,尤其是小学生,更容易基于学习风格的优势进行学习,越是与学习风格一致的活动,学生的学习成效越高。但任何一种风格都对学习有局限性,如动觉风格的学生可能在静静的阅读中感受到风格制约,视觉型学习者在身体对抗性游戏这类学习活动中则可能感到不适应,等等。所以,我们需要注意不同风格之间的互补,这在我国英语教学中,尤其容易实现。由于我国社会文化更加强调共性,我国学生的学习风格往往不是鲜明的单一风格,而是复合型的风格。这使得我们可以在课堂上让学生适当调整自己的风格,以开展学习。我们既要在教学设计时设计适应不同学习风格的学习活动,也要在教学过程中引导学生适应不同学习风格的学习活动。

我们可以运用已有的多种学习风格测量的量表,测量学生的学习风格。但由于小学生对于心理测量量表的使用还可能存在一定困难,我们还需要通过观察发现学生的学习风格特征。

学习者学习方式是指学生在完成学习任务过程中基本的行为和认知取向,如接受型学习、体验型学习、合作学习、探究式学习、反思学习等。对于小学生的英语学习,适合引导学生开展体验型学习,尤其是语音、文化等内容,对于语言知识则可采用接受型学习、探究式学习等,到了高年级,可以采用合作、反思等学习方式。

> 请分析:
> 分析几种常用的学习风格量表,发现各自优势与不足。

学习者的内在学习要素中还应考虑的一个特征是学习者的动机兴趣。它可以使学习者将注意力集中在特定的学习目标上,或在一个指定任务中做额外的工作。动机兴趣因起因不同而可被划分为学习者内部的和外部的,内部的动机兴趣是主体的好奇心,外部的动机兴趣的诱因是社会赞许。我们可以通过学生的行为来推知动机兴趣。小学生大多在开始学习英语时对英语学习有浓厚兴趣,这时尽可能延续学生的兴趣,将其转化为一种更有持久性的动机,是小学英语教学设计中理应考虑到的。

(二) 小学生认知与社会心理发展过程

认知发展是指个体自出生以后在适应环境的活动中,对事物的认知及面对问题情景时的思维方式与能力表现,随着年龄增长而改变的历程。人的认知能力是一种行为能力,这种能力能够获得知识和解决问题。它随着时间的变化而变化,年龄阶段不同,认知水平也不同,接收信息、处理信息的能力也不同,解决问题的能力和方式也不尽相同,当然对语言学习活动的要求也就不同。

1. 小学生认知发展过程与英语学习

小学生在学龄初期对事物的感知较为笼统,在这个年龄阶段,他们只注意表面现象和个别特征,他们的时空性知觉并不完善。随着年龄增长、学习不断深入,小学生知觉的有意识性和目的性明显增强。在这个时期,他们的无意注意和有意注意有着很大的区别,无意注意会起着很大的作用,而有意注意则会随着年龄的增长而迅速发展,并且会逐渐在学习和从事其他活动中占主导地位,小学生的有意记忆能力不断增强,并在记忆活动中占主要地位。随着年龄增长、学习不断深入,他们的词汇量也迅速增加,言语表达越来越连贯、生动,对词义的掌握越来越精确。在这个过程中小学生的抽象逻辑思维逐渐发展,小学生在适龄阶段可以理解反映分类、序列等内化心理操作的命题之间的各种逻辑关系,并可以通过假设来进行推理。

小学生在整个学习阶段中,他们的感知觉、注意、记忆、思维和言语逐渐显著发展。他们的感知觉发展较快,从开始只能笼统地注意表面现象和个别特征,到知觉有意识性和目的性显著发展,对于空间关系和时间单位的辨别能力增强,对事物把握的准确性和系统性不断提高。

> 请讨论:
> 小学生课堂纪律约束往往偏弱。怎么办?

小学生的注意力的发展主要表现在注意的目的性和注意品质的发展两个方面。总体来说,小学生的注意力水平有限,注意的目的性很低,尤其表现为很容易被教学的直观性、形象性和教师所创设的教学情境吸引。基于小学生的注意力特点进行教学设计,非常必要,也才能使教学设计具有针对性,形成有效的教学。小学生的注意品质也在不断发展,主要表现在注意的集中性和稳定性增加,注意的范围有所扩大,注意分配和转移能力逐渐提高。注意的品质特征主要体现在第一注意集中性的深度不足,第二注意集中的时间较短。实验表明,在一般情况下,7—10岁儿童可以连续集中注意20分钟左右,10—12岁儿童可以集中注意25分钟左右,12岁以上儿童可以集中注意30分钟左右。如果教学组织良好,小学高年级学生可以保持注意30—45分钟。因此,了解不同年龄段学习者的注意的特点特别重要,基于小学生注意品质的这些特点,进行小学英语教学设计,方能设计出更好的课堂教学过程。

小学生的记忆发展也有显著特点。英语教学需了解小学生无意记忆和有意记忆的特点,结合小学生思维发展中的其他特点,进行教学设计,使小学生随着英语学习的不断深入,发展抽象记忆,达到小学生最大可能的记忆发展。

在小学阶段,学生的思维发展会出现两次飞跃。一是6—7岁,这是一个从前运算思维向具体运算思维的飞跃;二是11—12岁,这是从具体运算思维向形式运算思维的飞跃,7—11岁就是具体运算思维向形式运算思维发展的过程。小学英语教学设计要基于学生的思维发展特点,设计相应的学习,促进学生学习英语,同时也一定要设计相应的活动,促进学生思维发展。

在言语方面,小学生对口头言语中语音的细微差别逐渐掌握,并开始进入书写言语发展时期。在教育和教学的影响下,小学生的言语能力,能够随着词汇数量的增强而加快,并且词义掌握越来越准确、连贯、多样化。小学生不仅在母语的运用上取得长足进步,对于外语的学习潜力也非常巨大。

> 请讨论:
> 如何基于小学生思维发展的特征设计促进学生思维品质发展的活动?

2. 小学生社会心理发展与英语学习

根据埃里克森的社会心理发展理论,人的自我意识形成和发展过程可以分为八个阶段,即:婴儿期(约0—1岁),基本信任对基本不信任阶段;幼儿期(约1—3岁),自主性对羞怯和疑虑阶段;学龄初期(约3—6岁),主动性对内疚感阶段;学龄期(约6—12岁),勤奋对自卑阶段;青少年期(12—20岁),自我同一性对角色混乱阶段;成年早期(约20—24岁),亲密对孤立阶段;成年中期(约25—65岁),繁殖对停滞阶段;成年后期(老年期,约65—死亡),圆满对失望阶段。

此八个阶段的顺序由遗传决定,但每一阶段能否顺利度过,却由环境决定,所以这个理论被称为社会心理阶段理论。人的社会心理发展的这八个阶段每一个阶段都不可忽视,每一个阶段的良好发展,会为下一个阶段的发展打下基础。每一个阶段都有一个独特的发展任务,若外在的环境有利于个体顺利实现这个发展任务,那么人格则会健康发展。若外在的环境妨碍了个体实现这个发展任务,则个体的发展就会出现"危机",个体人格就不能形成,并且妨碍以后各期人格的健康发展。了解小学生社会心理发展的第四阶段的特征,有助于进行教学设计。在这一阶段男女儿童各自据守自己的疆界,并不断在用自己的知觉、身体技能和不断增长的知识去改善自我。在勤奋学习期望得到认可的同时,又担心自己遭遇失败,勤奋心理和自卑感相互冲突。

小学英语教学设计要充分强化小学生的自主、主动基础,充分利用其勤奋心理促进其学习英语,要刻意规避羞怯与顾虑、内疚、自卑等负面社会心理。

(三) 小学生英语学习的经历与生理要素

所有学习都是基于已有基础的学习,即使是婴儿的第一次学习,也是基于婴儿已有的生理基础、神经发育、遗传基因,以及作为胎儿已经积累的学习经历的学习。小学生的英语学习,无论是从一年级开始,还是从二年级、三年级等开始,都是基于小学生在开始学习英语之前已有的基础,这种基础包括他们的生活经历、之前已有的学习策略(儿童从胎儿阶段即已开始学习),甚至之前成功与不成功的学习经历,以及他们接触英语的经历(听人说"拜拜"、OK等,以及听他人谈及英语是否难学、学习英语是否有趣等)。我们必须知道,学生开始学习英语之前已有很丰富的学习经历,已经接触了一定的英语,形成了对英语学习的一些感知。

小学生的生理因素(年龄、性别、健康、身体发展等)对英语学习有很大影响。起始年龄对英语学习的影响一直是一个争议不断的话题,无论哪一种观点,都说明年龄对英语学习存在影响,只是影响大小而已。

小学生处于生理快速发展时期,其生理发展对英语学习有很大影响。小学是儿童增长知识的重要阶段。人的生理发展就是人的生物因素的发展,指人类个体的生理结构与机能及其本能的变化。个体生理发展过程是一种内发过程,即个体按照自身预定的程序和节奏而自然成长、成熟的过程。

小学生的生理发展,从一年级到六年级大致分为三个阶段,即一、二年级(小学低年级阶段),三、四年级(小学中年级阶段)和五、六年级(小学高年级阶段)。小学低年级的学生在身体发育上处于平稳发展的时期,而脑功能发育处于飞跃发展的阶段,大脑神经活动的兴奋性水平很高,表现为爱说爱动,注意力不持久(一般只在20—30分钟)。他们的形象思维占主导,逻辑思维很不发达,很难理解抽象概念。三、四年级(小学中年级阶段)的各项指标和低年级小学生比较有所提高,最为显著的是他们的大脑迅速发展,比低年级的学生更容易集中注意力听课,在语言能力上也有一定的提高,注意力大概集中在半小时左右。在五、六年级阶段,小学生的身体发育再次进入一个高速发展期,他们不仅身高体重明显增长,骨骼肌的力量也迅速增强,注意力完全可以集中在40到45分钟左右。

显然,小学英语教学设计要注意不同年龄学生的生理发展的过程性特征,基于此开展设计,让他们在爱说爱动的年龄用说和动来学英语,在形象思维的年龄用形象思维来学英语。

二、小学生外在学习要素分析

小学英语教学设计应分析小学生的外在学习要素,包括:国家、学校、家庭、社会等方面要素。

分析国家层面的要素主要是从国家层面来看小学英语教育,总体把握小学英语教育的发展和目标。国家2001年颁布《关于积极推进小学开设英语课程的指导意见》、《小学英语课程教学基本要求(试行)》、《全日制义务教育普通高中英语课程标准(实验稿)》,开始全面推进小学英语课程,2011年颁布《义务教育英语课程标准(2011年版)》,说明英语课程的个人价值与国家价值,明确规定小学英语课程成为工具性与人文性相结合的课程性质,以及小学英语课程"发展学生的初步综合语言运用能力、促进学生心智发展、提高学生综合人文素养"的目标等具体内容。

基于国家政策,我们可知,小学英语教学设计必须准确把握小学英语课程的一个基本特性:小学英语课程并非以英语语言知识、语言技能为主的课程,而是以语言能力、心智发展、综合素质提高等为目标的课程,语言能力、文化意识、思维品质、学习能力等核心素养是小学英语课程的基本目标、核心目标。

> 请讨论:
> 教师应该如何建设校园、班级学习环境促进学生学习?

小学英语教学设计必须基于学校要素,如学校开设的英语课时数量,学校是否有英语校本课程,学校确定的英语课程和教学目标,教师自身的水平与获取教育教学资源的可能,甚至教室里是否有电子白板、网络是否畅通、是否有英语学习张贴画等等。把握这些要素,我们方可以设计充分基于学校条件的英语教学过程与活动。

家庭是学习者学习英语的最重要和最初始的地方,家长对英语学习的重视及其英语辅导能力无疑是对小学生学习英语的重要基础,但家长辅导学生的时间往往并不多。所以,小学英语教学设计可以设计一定的亲子活动,但不宜设计需要较多时间的亲子活动。

我国社会快速发展,对英语人才和人才英语能力有着巨大需求,小学英语教学设计可以与社会取向形成密切联系。同时,教育技术的快速发展,使英语学习可以更加高效,如可以安装在智能手机上的英语教材录音跟读运用软件,使小学生可以从英语学习一开始就听到纯正的英语读音,并进行录音跟读比对,发现自己读音的进步与需要修正之处。小学英语教学设计要充分运用有利的各种社会因素,促进小学生的英语学习,尤其是充分利用教育技术,使小学生可以高效地进行英语学习。

三、小学生英语学习优势分析[①]

所谓优势,就是一个人持续以近乎完美的水平完成具体任务的能力,学习优势就是学习者持续以近乎完美的水平完成具体的学习任务的能力。优势来源于内在因素和外在因素,内在因素是人先天获得的天分等,外在因素是外在环境因素。这些因素并非必然是优势,因为只有这些因素得到充分运用,方才有可能成为优势。

用一个公式表示,就是:

$$\frac{\text{天分与环境(天分指人的非学习形成的思维、感受和行为方式;环境指人的家庭、社会、时代、自然等环境因素)} \times \text{运用(投入时间、精力、资源等,运用天分与环境,主动追求自我发展的行为)}}{\text{优势(人持续以近乎完美的水平完成具体任务的能力)}}$$

前两节分析了小学生的内在学习要素和外在学习要素,这些要素在学习中充分运用,就能成为小学生的英语学习优势。对于内在因素,我们可以直接观察学生,发现学生已经表现出来的优势,包括学生在行为中已经表现出但自己却不知的优势,同时我们可以通过观察之

[①] 鲁子问. 试论优势教育[J]. 教育科学研究,2015(03).

后对学生行为进行进一步询问,发现学生的潜在优势。若班级较大、学生较多,或者教师对于通过观察和询问发现优势的方法尚不能自如运用,或者希望获得关于优势的客观分析,则可以使用问卷。对于外在因素,我们可以通过客观分析发现。

> 请讨论:
> 那些英语学习有困难的小学生也具有英语学习优势吗?若是,是什么优势?为什么这些优势没有促进他们的英语学习?

小学英语教学设计应该为学生创造充分发挥其内在学习要素和外在学习要素的机会,使小学生可以基于其优势学习英语,从而可以通过努力顺利达成英语学习目标。

四、小学生英语学习需求分析

(一)学习需求的内涵

需求分析(needs analysis)运用于外语教学过程在外语教学领域已经有一定的历史,主要指如何满足外语学习者在未来的语言使用环境中的交际需求的系列范畴。需求分析可以用于了解学生对外语教学的要求,分析学生成绩中的薄弱环节,确定外语教学过程中存在的问题,以便能引起重视。但是从不同的层面分析的话,需求分析有不同的含义:首先是目标需求论,即需求可以指学生目前的学习要求及未来的工作要求,也就是说学完外语后能用什么语言做什么事情。其次是外语使用者所处的整个社会环境和社会机制所认为的外语学习中有必要或者说是最好应该掌握的内容。再次是以学习过程为导向的需求,即外语学习者要真正习得一门语言所必须要做的事情。最后是学习者本人,也就是说他们自己希望从外语课堂中获取什么。

教学设计首先要考虑的问题是需求分析,如果在教学设计中没有需求分析,就很难保证教学设计的适应性。教学设计中所说的学习需求,是指学习者目前的状况与所期望达到的状况之间的距离,即:

$$学习需求 = 学习目标期望 - 现有水平$$

亦即,学习者的差距在于他们知识、能力、素质等的现有水平与学习目标所期望的知识、能力、素质等的距离,学习者的这一差距必然存在,正是这一距离构成了学习需求的必然存在。

(二)小学生学习需求分析

学习需求分析是一个系统化的调查研究过程,它的基本分析方法主要分三步进行:首先分析学生学习的现有基础,然后分析学生学习的外在需要,最后分析学生学习的内在需要。分析学生学习的现有基础首先要进行需求调查,了解学生的情况。调查可以通过不同的方式进行,如用问卷,或者面谈,或者测试等方法,可根据具体情况选择不同的调查方式。针对学生英语学习的外在需要分析,我们首先要了解社会,解读社会对学生在英语学习方面的需求。然后需要解读课程标准等国家文件和教育教学要求,课程标准是英语教学的纲领性文件,具体反映了国家对英语教学的要求。最后需要分析教材,教材是学生学习英语的平台,它需要老师去解读与分析。而针对学生学习的内部需要分析,我们可以建立在对学生现有基础和外在需要的分析的基础上,通过比较、判断,发现问题,并明确设计教学方案来解决问题的可行性。不过,这里的学习需求指的是群体的学习需求,非学生个体的需求,因为我们需要探讨的教学设计是针对整个班级的教学设计,而不是单个学生的教学设计。对于学生的个别需要,需要的是针对学生个体的教学设计,此时则需对个体进行学习需求分析。

对学习需求进行系统化的调查研究,其目的是揭示学习需要,发现问题,分析问题产生的原因,确定问题的性质,并分析教学设计是否有解决这个问题的办法和途径。小学生有其独特的生理和心理特点,教师需要在教学过程中关注到学生的学习需求,以便满足学生的发展需求,尤其是突出延伸到小学生的全面发展及未来学业发展需求、未来职业发展需求、未来生活需求、兴趣需求,促进学生健康成长,实现小学阶段的教学目标。

小学生的英语学习有着共同的学习需求,这既有国家、社会对所有小学生的共同要求,也有一代人基于时代的共同需求。国家《义务教育英语课程标准》(2011年版)、国家审定通过的小学英语教材等都规定和体现了这些基本需求。小学英语教育也要满足小学生个性化的、可能不同的英语学习需求,这需要设计较为丰富的、可选择的教学内容、教学活动、教学评价等。让学生可以基于个人的不同需求而选择性地进行学习,从而促进每一个学生的发展。

【请你回答】

1. 对学习者进行分析应包括哪些方面?
2. 如何引导小学生建构学习优势?
3. 如何合理把握小学生英语学习需求?

【设计实践】

1. 请分析以下活动是否符合学习者内在学习要素。

《英语》(新标准,一年级起点)一年级下学期 Module 4 Unit 2 活动 1

2. 请分析以下活动是否符合学习者外在学习要素。

《英语》(新标准,三年级起点)三年级下学期 Module 6 Unit 2 活动 7

案例:

学习者起始水平调查分析

一、故事阅读

孔融让梨的故事有着不同的版本。请你阅读下面这四个版本,选择你喜欢的,喜欢几个就选几个。

故事版本	选择人次与比例
孔融让梨故事 1: 《续汉书·孔融别传》:"融四岁,与兄食梨,辄引小者。人问其故。答曰:'小儿,法当取小者。'"	8 人次,占 25%
孔融让梨故事 2: 《三字经》:融四岁,能让梨。	14 人次,占 44%
孔融让梨故事 3: 人教版小学一年级《语文》教材 (内容略)	22 人次,占 69%

续 表

故 事 版 本	选择人次与比例
孔融让梨故事4： 《英语》四年级下册 （内容略）	23次，占72%

二、思考与选择

阅读四个不同版本的孔融故事后，请思考以下问题，并选择符合你的想法的答案，或写出你的回答。

1. 你认为，孔融让梨的故事说明了什么道理？

选 项	人次与比例
A. 我们应尊重孝敬老人、长辈、兄长，比如把好的给他们吃，自己吃没那么好的。	26人次，占81%
B. 我们应该根据自己的需要获取食物。比如你是小学生，不需要太多食物，你给自己分10个饺子就够了，爸爸需要更多食物，我们应该给爸爸分20个饺子。	5人次，占16%
C. 你自己的看法（用中文或英文写都可以！）： 学生的看法：我们应该尊重长辈，谦让别人，给自己吃小的。（原文照抄）	1人次，占3%

2. 你认为，我们应该如何向外国小朋友解释中国人孝敬长辈的文化？

选 项	人次与比例
A. 孝敬长辈，因为这样我们可以为长辈提供足够的食物、舒适的居住条件等。	10人次，占31%
B. 孝敬长辈，因为这样长辈丰富的社会经验可以帮助我们解决问题、克服困难、减少危险。	13人次，占40%
C. 你自己的看法（用中文或英文写都可以！）： 学生的看法： 尊重长辈是我们中华民族的美德。（3人次） 孝敬长辈，是因为他们养大了我们。（2人次） 孝敬长辈，是因为感谢长辈给予的生命和照顾。（3人次） 孝敬长辈，没有长辈就没有自己，所以要体谅长辈，自己解决问题，不让长辈担心。（1人次） 本来就该孝敬长辈，不为什么。（1人次）（原文照抄）	10人次，占31%

3. 孔融吃梨的选择方式,值得我们学习吗?

选　　项	人次与比例
A. 孔融四岁就懂得合理分配食物,的确值得我们学习。研究发现,4 岁儿童在分配食物时,总是要求自己获得最多,5—6 岁儿童认为物品平均分配是公平的,6—7 岁开始考虑按照特点等分配,7—9 岁儿童才有意识按照特点分配,12 岁儿童才能按照贡献分配。	21 人次,66%
B. 这是一个虚假的、腐朽的宣扬封建传统孝道的故事,不值得我们学习。这个故事推崇父母长辈应该吃大的、好的这种"特权"思想,违背平等分配食物的思想,而且历史记载孔融是一个虚情假意的人。	7 人次,占 22%
C. 你自己的看法(用中文或英文皆可): 学生的看法: 两者相结合; 4 岁就懂得谦让,值得学习; 做法值得学习,但要真正尊敬长辈; If every people in China learned what Kong Rong do, families will love each other, and there won't be people getting divorced.(原文照抄)	4 人次,占 12%

4. 有人提出以下不同的吃梨方式,你怎么看这些方式?

选　　项	人次与比例
A. 应该把梨做成梨子果汁,可以每人倒相同分量的梨汁,这样不再因为梨的大小而出现分配不均。	12 人次,占 38%
B. 把梨做成果汁会损坏梨的营养,比如纤维成分,所以应该整个儿分配,按照大小,自己选择。	8 人次,占 25%
C. 你自己的看法(用中文或英文皆可): 把梨切成块,长辈多吃几块,晚辈少吃几块。(选择切 4 块,3 人) 按个分,长辈先选。 平均分。 把大的让给别人。 可以买同样大小的梨。 I think it's better to do what Kong Rong do.(原文照抄)	9 人次,占 28%

三、准备

请你们为他们制作中国传统故事绘本。你可以和同学开展小组合作,制作一个绘本。

你们可以先进行小组讨论,从你们在小学 1—4 年级已经学过的中国传统故事中,选择一个你们希望外国小学生阅读的中国故事,确定故事主题(可以根据外国小学生的理解调整故事原有的主题)。

学生按照平时上课状态就近 4 人一组。

学生选择的故事：

掩耳盗铃、司马光砸缸、凿壁借光、盲人摸象、闻鸡起舞、程门立雪、对症下药、亡羊补牢。

评价：

尽管这一学习者分析没有调查分析学习者的学习风格与学习方式，没有调查分析北京市优质小学四年级学生的认知水平，但对学生的起始水平进行了深度调查，从而成为一个非常有代表性的起始水平调查案例。

这一案例对学生的语言知识、文化知识(孔融故事、中国传统故事)的起始水平进行了深度调查，不仅引导学生阅读不同版本的故事，而且选择了计划为外国小学生讲述的中国故事，这一组数据有助于发现学生的基础。

这一案例还对学生的思维能力、价值取向的起始水平进行了深度调查，显然可以有助于随后的教学设计，尤其是学生自选答案的丰富性，说明学生的思维广度的起始水平非常好，但一些问题的答案也说明学生思维的深度尚需进一步强化。事实上，在课堂教学实施时，学生对为什么故事中没有提到孔融给姐姐、妹妹分梨，以及孔融是否有姐姐、妹妹，若有，她们在故事发生时为什么不在现场、她们在哪里等等，展开了非常广泛的讨论，不过思维的深度在老师引领下才有较为显著的发展。这一讨论恰恰是因为课前调查分析数据，使教师做了相应准备，而引导学生展开这一话题的讨论。

这一案例还对学生的文化意识的起始水平进行了深度调查，学生愿意为外国小学生讲述中国故事、为他们制作绘本，而且选择了相应的故事。这一调查发现为任务顺利完成奠定了基础，也实现了发展学生积极传播中国文化、乐于开展国际交往的品格目标。

这一案例说明，对于学生进行学习要素分析，不仅要进行学习风格等常规要素的调查分析，更需要结合具体教学内容，对学生起始水平进行调查分析，这样才能设计出真正适合学生的最近发展区的教学目标与教学活动。

第二节　小学英语教学内容分析

【请你思考】

Y 老师是一位有十多年教龄的老师，每次备课时都会认真分析教材，不仅反复琢磨确定教学内容的语法目标，而且根据学生情况确定不同的词汇目标，他将课文里的词汇清楚地分为运用词汇、理解词汇。之后再基于教学内容分析，精心设计目标，认真进行教学。然而，他学生的英语运用能力尤其是阅读能力，没有显著发展。

你认为 Y 老师的问题出在哪里？

【学习目标】

学习本节后，你能：
1. 理解教学内容分析的框架；
2. 掌握根据教学需要进行教学内容分析的方法。

【本节概念】

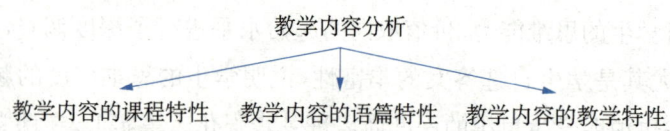

【请你回答】

1. 你认为教学内容分析为什么需要分析课程特性？

2. 教学内容有哪些语篇特性？

有效的教学设计，需要进行学习内容分析。在现阶段，我国小学英语的教学内容主要是教材，教材中的核心是课文以及相关学习活动，包括课文之前的准备性的学习活动、课文学习理解活动、课文学习训练活动、课文学习之后的运用活动。[1]

准确分析把握教学内容，是有效教学设计乃至有效教学的基础。教学内容分析一般都

---

[1] 鲁子问. 课文分析基本框架[J]. 英语学习教师版，2015(04).

有定性分析和量化分析两类，或者感性分析、理性分析两类。

教学内容分析应从三个方面进行：课程、语篇、教学。

一、教学内容的课程特性分析

课程是教育的载体，是教学的基础，是教学内容的指南；教学是课程的实施，是达成课程目标的努力。所以，分析教学内容，首先要分析其课程特性，分析教学内容与课程要求、课程目标的关联特征。

项　目	分析
教学内容预期实现的课程目标（语言综合运用能力、心智发展、综合人文素养或语言能力、文化意识、思维品质、学习能力）是什么？指向课程标准哪些内容？在教材体系中，还有哪些教学内容也是关联于相同的课程目标内容？前后顺序如何？此教学内容处于什么目标节点？	
教学内容设定的课程语言技能（听、说、读、看、写）学习目标是什么？在教材体系中，还有哪些教学内容也是关联于相同目标内容？前后顺序如何？此教学内容处于什么目标节点？	
教学内容设定的课程语言知识（语音、词汇、语法、功能、话题、篇章知识、语用知识等）学习目标是什么？在教材体系中，还有哪些教学内容也是关联于相同目标内容？前后顺序如何？此教学内容处于什么目标节点？	
教学内容设定的课程其他（文化意识、思维品质、学习能力等）学习目标是什么？在教材体系中，还有哪些教学内容也是关联于相同目标内容？前后顺序如何？此教学内容处于什么目标节点？	
教材对本教学内容预设目标的实现有哪些相关设计？是否符合课程标准？是否符合其关键需求？是否具有评价设计？请根据需要进行描述。	
教学内容以上预设目标是否符合英语课程发展规律、英语学习规律、学生心理发展规律？请根据需要进行描述。	
教学内容以上预设目标是否与学生英语课程发展目标一致？请根据需要进行描述。	
教学内容以上预设目标是否与学校英语课程总体规划一致？请根据需要进行描述。	

二、教学内容的语篇特性分析

语篇是教学的基础，任何教学内容严格意义上都是语篇。我们要把握语篇的结构、内容、语境、语用目的等，基于此进行教学。

从教学需求而言，对教学内容进行教学性的话语分析应包括以下内容：

项　目	分析
教学内容作者是谁？有无显著的写作背景？作者的写作意图是什么？	
教学内容的语言内容是什么？教学内容介绍对象是谁？具有什么特征？说明了谁与谁的关系？说明了什么内容？教学内容呈现的什么时间、什么地方、什么方式、什么原因、什么结果、什么逻辑关联特性？教学内容本身的真实语义功能是什么？	
作者为什么介绍这些内容/人？为什么如此描述？	
教学内容作为非教学内容语篇，是否可能出现在真实语境？若是，会出现在什么语境中？具有什么语用特征和语用目的？	
教学内容作为非教学内容语篇，具有什么价值取向、文化特性（尤其是文化偏向、文化歧视、刻板印象等）、政治特性、社会特性（尤其是职业歧视、财富歧视、性别歧视、地域歧视等）？教学内容作为教学内容语篇，具有什么价值取向、文化特性、政治特性、社会特性、教育意义？	
教学内容表述是否符合逻辑？是否符合科学精神？是否符合科学事实（必要的文学描述除外）？请根据需要具体描述。	
教学内容结构是什么？内容是如何发展的？为什么如此发展？	
教学内容主要的语言结构是什么？作者/主人公为什么选择这一/这些结构进行表达？教学内容特色是什么？	
教师作为读者对教学内容有什么读后感受或收获？学生作为读者可能对教学内容有什么读后感受或收获？	

三、教学内容的教学特性分析

项　目	分析
教学内容的课程特性、语篇特性、教学特性陈述是否清晰？请根据需要具体描述。	
教学内容在单元/模块处于什么节点？是否具有系统的学习活动、评价活动支撑教学内容教学？此一系统活动是否符合课程理念？请根据需要具体描述。	
教学内容系列活动是否符合教师教学习惯？是否可以促进教师发展？是否具有一定的选择性、开放性、启发性？请根据需要具体描述。	
教学内容系列活动是否符合学生学习习惯？是否符合学习心理发展阶段性规律，尤其是认知规律？是否更倾向于女学生的心理特征？是否具有一定的选择性、开放性和启发性？是否可以促进学生自主学习？是否有助于学生心智发展、综合人文素养的提高？请根据需要具体描述。	
教学内容语言难度是否适合本班学生的语言水平？请根据需要具体描述。	
教学内容、话题、形式、排版、插图是否与学生倾向性一致？请根据需要具体描述。	
本班学生是否具备教学内容学习所需的学习方法、学习工具、学习资源和学习策略？请根据需要具体描述。	

续 表

项　目	分析
教学内容及系列活动，是否适合实现教学内容预设目标？是否适合实现教师预设的教学目标？是否适合实现学生预设的学习目标？请根据需要具体描述。	
教学内容是否具有可以帮助学生扩展学习的线上/线下资源？是否符合学生线上/线下学习特性？请根据需要具体描述。	
教学内容是否具有可以帮助教师进行教学和专业发展的线上/线下资源？是否符合教师线上/线下学习特性？请根据需要具体描述。	

小学英语教学内容分析根本意义上是对教材的分析，以上三个方面是必须分析的内容，但具体的分析则需要把握一个基本原则：根据教学需要进行分析，而不是对每一教学内容进行复杂的全面的分析。当然我们不需要对教材中每一篇课文、每一个活动都进行如此全面的分析，一是因为有些内容只需要从学段分析、从全册书分析，不需要对每一篇课文的每一个项目进行分析；二是有时教学设计不需要进行全面分析，比如字母表作为教学内容，则不需要进行全面的分析，只需要进行部分项目的分析。

> 请讨论：
> 教师应该如何建构自己分析教材的能力？

分析教学内容的课程、语篇、教学特性，需要我们首先把握课程、语篇、教学的特性，然后分析教学内容是否、多大程度上、在哪些方面体现了这些特性。我们可以通过学习课程标准、语篇分析方法，把握这些特性，更需要提供案例分析，把握教材本身的教学内容特性呈现方式，从而较为准确、快捷地把握教学内容的课程、语篇、教学特性。

教学内容分析的目的是教学设计，在教学内容分析之后，我们应根据分析结果进行教学设计。当然，由于语言本身内涵非常丰富，我们不可能在教学中对教学内容的每一项目都进行教学设计，我们应基于学段、学生起始水平等，选择相应的教学内容项目进行教学设计，尤其是教学目标设计。

【请你回答】

1. 教学内容分析应包括哪些方面？
2. 对教学内容进行分析的基本原则是什么？

【设计实践】

请对以下教学内容进行分析。

《英语》(新标准,一年级起点)六年级上学期 Module 9 Unit 2 活动 2

案例:

《英语》(新标准,一年级起点)
六年级上学期 Module 9 Unit 2 课文分析

班翔(山东省青岛市实验小学)

本课文(见本节"教学设计")是外研社《英语》(新标准,一年级起点)六年级上学期 Module 9 Unit 2 I want to go to Shanghai 的主要内容,下面将从三个维度对本课文进行教材分析。

一、课文的课程性质分析

(一)课程语言知识学习目标

功能:介绍值得参观或旅行的地方,并讨论旅行计划。

语法:全体学生能运用 I want to go to shanghai. 。

词汇:全体学生能够运用 famous。

语音:巩固已学语音,进一步强化尚存在的困难的语音。

在外研社《英语》一年级起点的 12 册教材体系中,很多课文的语言功能和话题涉及了旅行计划。如:第三册上 Module 10 Unit 1 Are you going to Hong Kong? 第三册下 Module 2 Unit 2 You'll see Tower Bridge、第四册下 Module 10 Unit 1 I'll send you a post card 和 Module 10 Unit 2 I'm going to go to London。六年级再次出现这个内容和话题,显然是需要学生运用学过的语言结构再次进行真实的会话。

(二) 课程语言技能学习目标

听:全体学生能够听懂 I want to go to Shanghai. 。

说:全体学生能够说 I want to go to Shanghai. 。

读:全体学生能够朗读课文,阅读相关短文。

写:全体学生能够拼写 3—4 个自选单词。

在整个教材体系中,就听说技能目标而言,与之相同的还有三年级下册 Module 2 Unit 2 You'll see Tower Bridge 一课,其中要求学生能够用句型 I want to ... 来描述自己旅行时想去的城市,并做出计划。对于六年级的学生而言,可以结合自己在三年级已学词汇和句型来更娴熟地进行听和说的语言输出训练,进一步巩固本课的基础目标的学习。

(三) 课程情感态度和文化意识学习目标

六年级上册 Module 9 整个模块的教学目标,则是通过学习文本内容,使学生乐于接触外国文化,了解英国国家的重要标志物。其中本模块 Unit 2 中则重点突出中国地理文化,增强祖国意识,激发学生热爱祖国大好河山的积极情感。这一模块的情感态度和文化意识和四年级下册 Module 8 Unit 1 New York is in the East 及 Module 8 Unit 2 The capital of America is Washington,D. C. 这两课有相同之处。在四年级下册第八模块学习时,既涉及美国国家地理文化的了解,又有中国城市地理位置的介绍。在整个 12 册新标准教材体系中反复出现这些话题的学习,可不断增强学生的国家意识和爱国情怀。

二、课文的语篇特性分析

在六年级上册 Module 9 Unit 2 I want to go to Shanghai 这单元中,主要课文情境是 Smart 一家讨论去中国哪个城市旅行。Mr. Smart 说中国有很多地方可以去。Sam 想去上海,因为上海很大、很有名。而 Mr. Smart 则强调昆明是个美丽的地方,位于中国南部,那里有一个漂亮的湖泊。Amy 说桂林有很多山川和湖泊。最后,Sam 说这些地方都应该去,Ms. Smart 也表示这是一个好主意。通过语境了解和内容的学习,学生能够了解 Smart 一家的出行计划,并通过对 beautiful places 的讨论切实抓住语篇的特性。本课作为课文语篇来讲,也具有真实的语境和真实的语义功能。例如,当我们的学生假期带外国朋友出行,或是到外国游学时,孩子们就可以围坐在一起,拿出地图运用所学知识来谈论自己想去的地方,并像课文中那样尝试抓取"beautiful, interesting, famous"等几个关键点简单地谈论并介绍这些城市或地方。同时,作为课文语篇,学生还可以通过对本篇课文的学习,了解中国地理文化、中国行政区域划分等,对于学生认识社会和了解国家地理知识有着重要的教育意义,最终也可激发中国学生的爱国情怀,并提高孩子们的民族自豪感。

三、课文的教学特性分析

(一)系统的学习活动和评价活动支撑教学

本课设置于六年级上学期的第九模块第二单元,在第一单元中,学生已了解并学习了联合国的相关知识,通过运用语言知识结构 Do you want to go to...？Yes, I do. / No, I don't. It's very... 介绍旅游景点,如本册书第 52 页第 4 题 Practice、第 55 页第 4 题 Ask and Answer、第 55 页第 5 题 Do a survey and then write 就为第二单元的学习和操练做了铺垫,并提供有效的学习活动和评价活动。

(二)系列文本统筹,改变传统教学习惯

本册教材的 Module 1 Unit 1 How long is the Great Wall? Module 3 Unit 1 Have you got any stamps from China? 和 Module 6 Unit 1 I've got some Chinese chopsticks 这几课也涉及中国特色文化事物的介绍,教师可以一改平时"从前往后"定向的教学思维,尝试将这些课文按照话题统筹起来,并作适当的信息整合、知识拓展、文本再构,让学生通过系统地学习相关知识,反复运用真实有效的生活语境操练语言,运用语言。

(三)合理单元设置,降低语言学习的难度

从语言难度来看,因为有了前面单元的知识铺垫,学生前期进行了大量听和说的操练。所以在第二单元中,学生对于基础的语言结构能百分之百达到听说读写的四个技能目标,较为简单,符合大部分六年级学生的已有知识、技能水平。

(四)合理内容和话题设计,符合学生倾向性

从课文的内容和话题设置来看,较为贴近学生的真实生活,通过讨论旅行对中国大好河山进行了介绍,学生对于中国地理文化有了更好的了解,学习动机和学习热情受到了激发。合理的图片排版和插图设计,让学生在学习文本时,可以借助图片清晰地理解文章内容,使学生有一个清楚的逻辑思维顺序。

分析:

这一案例对教学内容进行了非常全面而且有深度的分析。

在分析教学内容时,这一案例从课程的宏观视角进行分析,而不只是看到这一篇课文。如:本篇课文的语言运用目的是使用 I want to 语句和说明特征语句参与讨论,I want to 语句说明选择,特征语句说明选择原因。这也是课文的心智发展目标,在说明选择时,一定要

说明原因,才能说服他人。该课文的人文素养发展目标很明显:平等参与讨论。课文中孩子与父母平等讨论,每个人说出自己的想法,父母没有做出强行决定;同时,在讨论中,每个人以理服人。这是非常重要的素养。这种分析非常有利于教师把握课文的教育价值。在课文与英语教育中,语言运用与心智、素养是完全可以统一的,我们若只见语言,不知心智与素养,是对外语教育的自我贬低。

这一案例采用话语分析的方法,分析了课文的语篇特性。这一语篇是家庭讨论的现场记录,如何表达,如何说明,如何衔接他人话语,等等,都是表达观点、说明原因、参与讨论、说服他人的综合语言运用形态。既然爸爸一开始就说的是 beautiful places to go,Sam 和 Amy 就没有提到西安的兵马俑等历史文化景点,而是围绕爸爸说的 beautiful 展开讨论,这是一种讨论的策略。如果我们问学生 What other places do they want to go? 我们可能会发现,我们的孩子可能根本不围绕 beautiful places 展开讨论,而是各说各的想法。这时,我们就可以提醒学生:What other beautiful places do they want to go? 这样才能真正抓住语篇的特性。

这是六年级教学,学生已经学习五年英语,这一语句结构学生已经学习过四次。所以,我们还可以进一步关注以下两点:

(1) 适当归纳学生已学的各种讨论活动,归纳有效的讨论方法,如在本课学习如何平等讨论、有效参与、合理说明、表达观点等等,促进学生综合语言运用能力发展,同时发展学生的心智,提高其综合人文素养。

(2) 帮助尚未达到学习目标的六年级学生达到目标,如书写目标、准确性目标等。

 进一步阅读参考

教育部. 义务教育英语课程标准[Z].北京:北京师范大学出版社,2012.

陈琳.《义务教育英语课程标准(2011 年版)》解读[M].北京:北京师范大学出版社,2012.

鲁子问. 英语教学论(第三版)[M].上海:华东师范大学出版社,2018.(待出版)

Long, M. Second Language Needs Analysis [M].北京:外语教学与研究出版社,2011.

第四章　小学英语教学目标设计

第一节　小学英语教学目标内涵

【请你思考】

K老师是从音乐老师转岗到英语老师工作岗位的小学英语教师,她很喜欢英语,英语基础也还不错,转岗到英语教师岗位后,参加了多次培训。她在进行自我分析后,选择了多开展英语歌曲教学这一可以结合她的音乐教学经验到小学英语教学之中的方法,几乎每周她都教会学生一首英语歌曲,并教学生用动作等方式加深对歌词的理解,她还向学生介绍歌曲文化背景,通过相应的练习发展学生运用歌词所学语言的能力。所以她的学生很喜欢上英语课,学习成绩也不错。

你认为她为什么能实现教学目标?

【学习目标】

学习本节后,你能:
1. 理解教学目标的内涵;
2. 理解英语教学目标的内涵。

【本节概念】

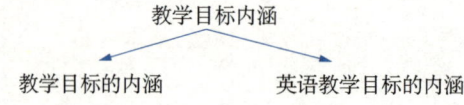

【请你回答】

1. 你认为教学目标的内涵是什么?

2. 如何界定英语教学目标的内涵？

一、教学目标的内涵

当人类追问"我为了什么目的而活着"的时候，人类是在追问自己生存的目的，因为目的是人类存在的本质之一。人类之所以组成社会，形成社会实践，在于实现人类繁衍这一目的。也正因为此，人类形成了教育这一社会实践形态。

教育作为人类的一种生存实践活动，其本质在于其目的性。"每一项教育行动都是指向某个目的的一个过程的一部分。"[①]在课程教学之中，教育目的落实为具体的教学目标。

从教育目的到教学目标，通常有着如图 4-1 所显示的落到实处的过程。

这些不同层次的教育目的有着内在的从属关系，也就是说，课堂教学中每一个具体的教学活动、教学环节的教学目标应全面充分体现单元目标，每个单元目标应全面充分体现学期目标，学年、学段目标，再进而应全面充分体现学科教育目的，学科教育目的应全面充分体现地方、学校教育目的和当前宏观教育目的，地方、学校教育目的也应充分体现当前宏观教育目的，而当前宏观教育目的应全面充分体现终极教育目的。

> 请思考：
> 如何把课程目标落实为课堂教学活动的目标？

基于此，教学目标应充分体现教育目的。核心素养作为我国教育的基础，教学目标的内涵也就必然应指向核心素养的三大领域、六大素养，形成如表 4-1 及图 4-1 所示的教学目标的基本内涵。

表 4-1　教学目标的基本内涵

领域	目标
文化基础领域教学目标	促进学生文化底蕴、科学精神素养发展
自主发展领域教学目标	促进学生学会学习、健康生活素养发展
社会参与领域教学目标	促进学生责任担当、实践创新素养发展

---

① UNESCO. 学会生存[R]. 华东师范大学比较教育研究所译. 北京：教育科学出版社，1996.

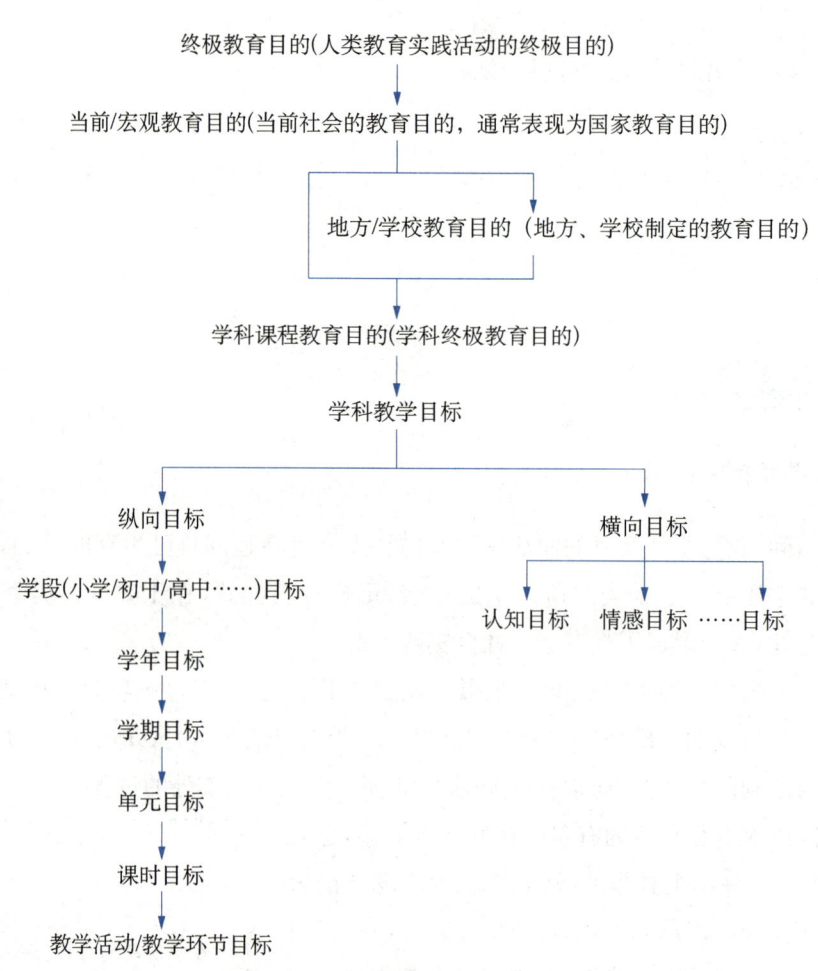

图 4-1 从教育目的到教学目标

当然,这是总体的教学目标内涵,并非每一节课、每一教学活动都需要实现每一领域的每一目标,而往往是根据学科不同、教学内容与重点不同,而可能有所侧重。

二、英语教学目标的内涵

作为有目的的活动,人类的教育实践必须确定正确的教育目的,并通过学科课程教学的教学目标实现。英语课程的教学目标是总体的教学目标在英语课程的全面充分体现。

著名课程学家塔巴、泰勒研制的学科课程开发流程图(如图 4-2 所示)①,就明确指出在课程设计中必须设定学科的总体目的,确定课程的课程目标。

基于英语学科的内容优势,英语学科形成了自身的学科素养发展目标,即:语言能力、文化意识、思维品质、学习能力。

---

① White, R. V. *The ELT Curriculum: Design, Innovation and Management* [M]. New York: Basil Blackwell, 1988.

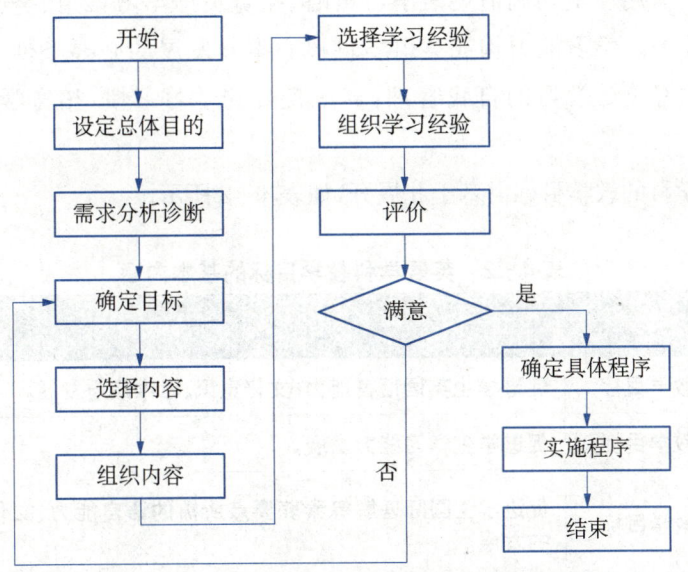

图 4-2 塔巴等研制的学科课程设计流程图

教学目标是指教学活动实施的方向和预期达成的结果,是一切教学活动的出发点和最终归宿,它是教育目的在具体教学中的体现。教学目标必须体现促进学生发展这一根本性的教育目的,也就必须落实我国学生发展的核心素养这一目标体系,小学英语教学目标应体现英语学科核心素养的要求,即应包括语言能力、文化意识、思维品质、学习能力四项基本内涵。

作为英语学科的核心素养的语言能力,是指在社会情境中,以听、说、读、写等方式理解和表达意义、意图和情感态度的初步能力。英语语言能力构成英语学科核心素养的基础,是学生发展文化意识、思维品质和学习能力的依托。英语语言能力的提高有助于学生拓宽文化视野,丰富思维方式,在全球化背景下开展跨文化交流。

文化意识作为英语学科核心素养,是指对中外文化的理解和对优秀文化的认同,是学生在全球化背景下表现出的文化意识、人文修养和行为取向。文化意识体现英语学科核心素养的育人价值取向。文化意识的培育有助于培养学生跨文化视野,增强国家认同感和家国情怀,学会做人做事,成长为有文化修养和社会责任感的人。

语言与思维密切关联,思维品质是英语学科不可或缺的核心素养。作为英语学科的核心素养,思维品质是指人的思维个性特征,反映其在思维的逻辑性、批判性、创造性等方面所表现的能力和水平。思维品质体现英语学科核心素养的心智发展。思维品质的发展有助于提升学生分析问题和解决问题的能力,从跨文化的视角观察和认识世界,对事物作出正确的价值判断,促进学生的深度学习。

> 请思考:
> 如何避免把小学英语教学目标被高考"绑架"?

小学英语学习是学生终生英语学习的起点,学习能力是小学英语教学应该发展的学生核心素养。学习能力是指学生积极运用和主动调适英语学习策略、拓宽英语学习渠道、努力提升英语学习效率的意识和能力。学习能力构成英语学科核心素养发展的必要条件。学习能力的形成有助于学生做好英语学习的自我管理,养成良好的学习习惯,拓宽学习渠道,提高学习效率。

所以,英语学科的教学目标需基于此展开,如表4-2所示。

表4-2 英语学科教学目标的基本内涵

领域	目标
文化基础领域教学目标	促进学生英语语言能力、文化意识、思维品质发展。
自主发展领域教学目标	促进学生学习能力发展。
社会参与领域教学目标	促进学生国际理解等素养要点所需的语言能力、文化意识、思维品质的发展。

这是英语学科的总体目标。在每一单元之上的教学目标,必须全面充分体现总体目标的每一维度。之于每一课时、每一环节、每一活动的教学目标,则是一个单元的总体目标的组成部分,可能是总体目标的每一维度的落实,也可能只是其中一部分维度的落实,尤其是落实到每一课时,可能需要包含所有维度的目标,也可能只是其中一部分维度的目标,我们需要根据第三章所讨论的教学要素进行确定。

当然,小学英语教学目标的内涵不仅包含核心素养,也不仅包含英语学科的核心素养,更是核心素养的具体化。小学英语学科目标的具体内容很丰富,在《义务教育英语课程标准(2011年版)》中有详细规定,小学英语教材以教学内容形式详细、全面、深度解读了《义务教育英语课程标准(2011年版)》所规定的小学英语教学目标,我们需要基于课程标准、教材把握教学目标。

教学设计强调学习者作为起点,教学目标设计也必须基于学习者进行规定,将核心素养、课程标准、教材所规定的小学英语教学目标整合为以学习者为中心的教学目标。

【请你回答】

1. 如何理解作为英语学科核心素养的思维品质?
2. 小学英语每一课时的教学目标应包含什么?

【设计实践】

请为以下课文设计教学目标。

《英语》(新标准,一年级起点)六年级上学期 Module 9

案例:

《英语》(新标准,一年级起点)六年级上学期
Module 9 教学目标

目标项目	模块/单元目标内容	课时	课时目标内容
模块语言能力目标	学生能尽可能全面巩固运用一般现在时、所学单词介绍某一地方的能力;使尚有困难学生能进一步形成用一般现在时介绍一个地方的能力;使已能运用的学生能得到进一步巩固。	第一课时目标	全体学生能深度理解课文对于联合国大厦的介绍,通过词汇学习、语法巩固,掌握联合国大厦的基本信息,了解如何介绍一个地方。
		第二课时目标	有困难学生能进一步巩固一般现在时并用其介绍一个地方的特点,其他学生能进一步拓展视野。

续　表

目标项目	模块/单元目标内容	课时	课时目标内容
		第三课时目标	全体学生能通过介绍一个地方说明选择去这个地方旅行的原因。
模块文化品格目标	学生能了解联合国促进世界和平的功能,并能进一步学习通过陈述事实而做出推荐。	第一课时目标	全体学生能了解联合国促进世界和平的功能。
		第二课时目标	感兴趣的学生能进一步了解联合国。
		第三课时目标	全体学生能学习如何介绍一个地方并推荐大家到这个地方去旅游。
模块思维品质目标	学生能发展基于事实陈述理由的思维能力。	第一课时目标	学生能进一步强化英语中通过动词时态表达时间的思维特性。
		第二课时目标	学生能通过时间副词而不用动词时态表达时间的思维特性。
		第三课时目标	学生能发展基于事实陈述理由的思维能力。
模块学习能力目标	强化六年级学生复习巩固、读写能力发展。	第一课时目标	进一步巩固听说能力,进一步形成归纳总结一般现在时用于陈述事实的能力。
		第二课时目标	促进听说能力向读写能力发展。
		第三课时目标	促进听说能力向读写能力发展。

分析：

这一案例首先呈现了全面的教学目标,其中不只是设计了语言能力目标,而且设计了文化意识、思维品质、学习能力的目标,从而保证了教学目标的全面性。而且这四个领域的目标都基于学习内容而设计,非常合理,不牵强附会。课文本身对联合国的介绍、对推荐去某个地方旅游的理由的说明,使教学具有非常清晰、合理的文化意识目标、思维品质目标,六年级复习巩固学习的阶段性特征,也使学习能力发展目标非常合理。

这些目标非常符合学生的学习要素,既符合六年级学生的学习要素,尤其是强化困难学生达到学习目标的要求,也符合中国学生需要发展通过陈述事实说明推荐理由的品格与思维能力的起始水平。

这些目标的阶段性、过程性也非常突出,模块整体目标,基于学习内容、学生、学习过程,而合理、清晰地分解、落实到每一课时,从而保证教学目标贯穿于整个学习过程,而且可以确保目标的尽可能实现。

第二节　小学英语教学目标确定与表述

【请你思考】

　　B老师一直因为一件事而痛苦,即每节课的教学任务总是无法完成,一节课连课文中的单词都教不完,学生根本无法读出、写出每个单词,更不用说教语法、阅读技能、写语句,所以教学进度都不断拖延,每学期到结束还无法完成教学进度。

　　你认为他的教学目标设计存在什么问题?

【学习目标】

学习本节后,你能:

1. 了解小学英语教学目标的确定方法;
2. 科学地表述小学英语教学目标。

【本节概念】

```
          小学英语教学目标确定与表述
           ↙              ↘
小学英语教学目标确定    小学英语教学目标表述
```

【请你回答】

　　1. 如何确定小学英语教学目标?

　　2. 你认为如何表述教学目标比较合理?

一、小学英语教学目标的确定

教学目标对课堂教学的作用是引导教学活动的展开,通过分析教学内容、教学重难点和学生的原有学习基础,设定学生可以达到的目标,以引导学生自主、积极地参与到实现目标的教学过程之中。教学过程中的任何教学活动都是为了实践某一或某些教学目标而开展的,设计指向目标的教学活动,须从每个单元、每一堂课,甚至是每一个活动的目标着手。

确定教学目标,首先必须明确课程目标,将教材中的单元目标与课程目标进行比较,建立联系,然后根据教材的具体内容确定单元教学目标,进而基于学习需求等,设计出课时教学目标、活动教学目标。

如果教材与课程标准的要求是一致的,那么,在确定单元教学目标和课堂教学目标时,应依据以下评价标准和依据确定教学目标。

第一,以单元为长度单位分析教材,确定基于单元的课时语言知识和技能目标。教师在教学设计时,需要考虑到单元整体的教学目标,并以打牢学习者的学习基础为原则,以促进学生知识的综合运用为目的。

第二,基于学生已有水平确定恰当的语言知识和技能目标。学生是教学目标的主体,教学目标主要体现学习者学习前后知识与技能的变化。在这个基础上,教师确定教学目标,制订恰当的教学内容,实现学习者在语言知识和技能上的提升。

第三,结合语料将宏观和具体的情感态度目标相结合,并在教学中显性或隐性渗透。小学英语中主要是对学习者的情感态度目标加以强调,要让学习者有兴趣听英语、说英语、唱歌、讲故事、玩游戏等。学生个体的兴趣培养和自信心建立是小学阶段英语教学十分重要的宏观的学科教学目标,所以应该在课堂教学中注重学生的德育培养、价值观建构,并自然而然地进行渗透。

第四,要尽可能挖掘教材文本语料中已有的隐性学习策略和文化意识目标,并将其显性化。语言和文化密不可分,所以教师应注重学习策略目标和文化意识目标,这样才有利于学生形成自主学习能力,实现个性化学习。

应在理解教学目标内涵的基础上确定小学英语教学目标,这就要求教师对教材进行研究,对学习者的特点进行分析,制订出合理、恰当、具体的课堂教学目标,以此促进学生的学习和自我发展。

单元教学具有单元整体性,所以单元教学目标需要覆盖核心素养的各个领域,但课时教学目标则是单元目标的具体化,则可以基于教学内容、学习过程、学生特点,而细化到不

> 请思考:
> 为什么单元教学目标应该包含英语学科核心素养的各个方面?

同领域，每一课时有所侧重，一个单元所有课时的目标共同实现单元目标，而不是每一课时都落实单元每一领域的目标。

单元目标落实到课时，不仅要分析教材设计中单元整体的教学过程，还要考虑符合学生学习过程规律，既包括从语言接触到语言学习再到语言运用的一般过程规律，也包括各个环节、活动的过程性。

课时目标也需要考虑到每一教学环节、教学活动自身的过程性，不仅要符合课堂教学从导入、学习、训练、运用等一般环节过程的特性，还要符合每一活动自身的过程特性。

二、小学英语教学目标的表述

在教学设计中，应采用表现性目标取向表述教学目标，具体到每一单元的整体教学目标和每一堂课的具体教学目标采用行为动词的表述方式，如"说出，读准，熟悉"等，表述学生学习的行为表现。

行为动词的表述要以学习者的学习所得为对象，采用"学习、体验、了解、运用"等，而不能以教学行为为对象，如"教授，练习，引导学生"等。

在表述教学目标时要注意教学目标的层次性。不论是阅读、听力、词汇还是语法，都包含不同等级的教学目标，如理解、记忆、应用、分析、评价、创造。

在描述教学目标时，可以基于《义务教育英语课程标准》（2011年版）表述学习目标的形式，从教学视角进行描述，如：

培养学生对英语有好奇心，引导学生喜欢听他人说英语。

培养学生根据教师的简单指令做动作、做游戏、做事情（如涂颜色、连线）的能力。

培养学生做简单的角色表演的能力。

培养学生交流简单的个人信息、表达简单的感觉和情感的能力。

培养学生在学习中乐于模仿、敢于表达的情感，形成一定的英语感知能力。

培养学生用简单的英语互致问候的能力，交换有关个人、家庭和朋友简单信息的能力，并能就日常生活话题作简短叙述的能力。

引导学生学会模仿范例书写词句。

引导学生在图片的帮助下听懂、读懂并讲述简单的故事，在教师的帮助下表演小故事或小短剧，演唱简单的英语歌曲和歌谣。

引导学生学唱简单的英文歌曲，说简单的英语歌谣。

引导学生在图片的帮助下听懂和读懂简单的小故事。

引导学生根据图片、词语或例句的提示，写出简短的描述。

发展学生在学习中乐于参与、积极合作、主动请教的态度，初步形成对英语的感知能力和养成良好的学习习惯。

发展学生对学习中接触的外国文化习俗的兴趣。

> 请思考：
> 如何基于《义务教育英语课程标准（2011年版）》所描述的小学英语课程目标，描述具体的课时教学目标？

引导学生乐于了解外国文化和习俗。

以上是从课程视角对教学目标的描述,我们还可以从学生学习行为视角描述教学目标。此时,我们可采用以下常用的说明行为目标的动词及其搭配形式,描述教学目标:

学习(课文、语词、语句……)

识别(语词、不同语句结构、图形……)

了解(知识、过程、原因……)

知道(相同与不同、分类……)

区分(不同语义、不同过程……)

感知(语音、语调、色彩之美……)

朗读(单词、基于语用目的的不同语调……)

记忆(所学单词、故事情节……)

理解(故事主旨大意、人物关系、因果关系……)

听懂(语义、人物语气、时间、地点……)

运用(所学单词、语句结构……)

掌握(所学语词、语句结构……)

书写(语词、语句结构……)

评价(朗读的正确性、书写的正确性……)

写作(日常生活对话、介绍自己的短文……)

修改(自己的写作、他人的语法错误……)

发展(思维能力、判断能力……)

当然,具体的目标不同,动词则不同,搭配也不同。

目标表述方式很多,比较简洁的方式是"ABCD"表述方式:目标表述还要注意对象(audience),教学对象是几年级的学习者。目标要针对主要行为(behaviour),说明学习者通过学习后能做什么。目标还要有明确的实现条件(condition),说明教学过程中的行为在什么条件下产生。最后还要说明目标实现的程度(degree),是哪一层面的学习者,多少学习者,掌握到什么程度等等。

如:本班全体学生通过学习课文,感知运用形容词说明理由的表达方式和思维特性,80%学生在训练之后能口头运用,其中30%能书面运用所学形容词说明理由。

在英语学习中词汇、语法、句型等作为知识也表现出不同的层次。例如,知识可以分为事实性知识、概念性知识、程序性知识和元认知知识,所有这些知识都要表现记忆、理解、应用、分析、评价和创造六个层次,所以词汇教学也应该包含对词汇信息、意义和功能的表述,对词汇意义的理解以及词汇的应用,甚至是词汇的创造性运用。

【请你回答】

1. 如何确定小学英语教学目标？
2. 如何合理描述小学英语教学目标？

【设计实践】

请为以下活动设计教学目标。

Listen and say. Then chant.

Left foot, right foot,
left foot, right.

Marching all day,
and marching all night.

Go straight on,
now turn right.

Left foot, right foot,
left foot, right.

Come on, kids!
You're doing all right!

《英语》（新标准，一年级起点）六年级上学期 Module 9 Unit 3

案例：

《英语》（新标准，一年级起点）六年级上学期
Module 9 Unit 3

教学环节与活动教学目标设计

教学环节	教学活动	教学目标
导入	完成教材导入活动1，为运用 I want to 说明意愿与选择做准备； 选择在第一、第二课时学习中已发现的运用 want to 表达	100%学生能了解任务，以实现任务驱动学习过程，明确"说出旅行目的地意愿，说

续 表

教学环节	教学活动	教学目标
	意愿尚有困难5名学生,询问他们 Where do you want to go? 鼓励他们回答 I want to go to ... 但也允许他们只回答地名,把说出自己意愿的学生的姓名和选择想去的地方记录在黑板上,为随后训练活动做准备; 告诉学生:老师在设计寒假作业,其中有旅游日记,今天调查大家想去哪里玩儿的意愿,看如何设计旅游日记的寒假作业要求,要求大家说出自己想去的地点和选择的理由。	明理由"的学习目标;100%学生能基于所复习内容,为新学内容进行必要准备;100%最困难学生都有机会展示准备情况,以便老师随后给予帮助。
学习	让学生看课文图,理解语境:Sam 一家人在讨论去哪里旅游,每个人想去的地方不同,但都有合理的理由,于是决定去大家想去的每一个地方; 看动画,跟读课文,进一步巩固所学内容; 将问答语句板书在黑板上,并以思维图形式展示人物旅行意愿与理由的思维联系; 请尚有困难学生跟读,进行朗读正确性计算机比对,提高准确性。	100%学生能通过学习课文,练习如何说出自己的旅行目的地意愿、并说明理由,并通过说明理由,发展理性思维能力; 困难学生能基本掌握所学内容。
训练	让全班基于板书语句,根据导入环节的5名学生的问答,两人一组进行问答,并找出合理理由; 每人记录下本组找出的合理理由,相互检查,纠正错误; 通过计算机查看正确率,若全班正确率超过50%,则继续下一活动;若低于50%,则迅速进入巩固活动。	促进100%学生听说能力向读写能力发展;50%以上学生基本能基于听说所学内容写出说明原因的简单语句;100%学生能通过参加理由的讨论,发展理性思维能力。
巩固	老师询问5名尚有困难学生,并查看记录,运用思维图进行板书; 老师陈述自己想去的不同地方及其理由,丰富思维图,并让学生巩固说明理由的语词,尤其是引导学生关注,旅行可以是去家附近的某个地方,甚至是去图书馆等,拓展学生思维; 通过计算机查看正确率,若全班正确率超过75%,则继续下一活动;若低于75%,则进行理由相关词汇的归纳、总结、板书,然后再给出新的地点,全班说出理由,学生写下理由,再检查正确率,直到正确率高于75%。	促进100%学生听说能力向读写能力发展;75%以上学生基本能基于听说所学内容写出说明原因的简单语句;100%学生通过看老师完成思维图,进一步拓展思维能力。
运用	让学生分组完成调查寒假旅行目的地意愿及其理由调查表,每人说出自己的意愿和理由,并在表中写出,小组检查所说与所写是否一致,相互纠正语法和词汇错误; 小组汇报本组旅行目的地和理由。	100%学生能通过介绍一个地方说明选择去这个地方旅行的原因;100%学生通过看老师完成思维图,进一步拓展思维能力,尤其是基于事实陈述理由的思维能力。
布置作业	调查朋友旅行目的地意愿与理由,寻找是否有和自己想去同一地方的人,以便寒假结伴同行;或者基于相同理由去不同地方的人,以便判断自己是否要更改旅行目的地。 填写调查表。	100%学生能完成作业,全班正确率达到80%以上,个人正确率不低于60%。

分析：

这一案例的教学目标的确定，充分考虑到了教学内容的特点，没有全面设计每一领域的教学目标，而是基于教学内容特点，只设计了语言能力、思维品质、学习能力的目标，而这一设计非常符合本课时的教学内容。这说明课时教学目标与单元教学目标并不相同，单元目标必须全面覆盖核心素养所有领域，而课时目标则可以有所侧重。

这一案例的教学目标的表述非常合理，既有明确的对象、实现程度的要求，如100％学生、75％学生、5名学生等，也有具体的行为与条件说明，如"通过课文学习"，"进一步拓展思维能力"等。

这一案例非常好地呈现了每一教学环节和活动的教学目标，以确保每一教学环节与活动符合总体目标要求，从而提高教学的目的性，提高教学效率，不浪费时间和精力。

这一案例每一活动的目的都有不同，而整合起来共同实现总体目标，从而确保各个环节和活动合理地分工，促进目标实现。

这一案例充分考虑到学习困难学生，自始至终给5名尚有困难学生特殊关照，并确保他们基本达到预设教学目标。

这一案例还特别基于六年级学生英语学习特点，设计了使英语听说能力迁移为读写能力的活动和目标，从而确保《义务教育英语课程标准》（2011年版）二级目标在六年级的实现。

进一步阅读参考

教育部. 义务教育英语课程标准（2011年版）[Z]. 北京：北京师范大学出版社，2012.

鲁子问. 英语教学论（第三版）[M]. 上海：华东师范大学出版社，2018.（待出版）

鲁子问. 小学英语活动设计与教学[M]. 北京：高等教育出版社，2010.

第五章　小学英语教学策略设计

第一节　小学英语教学组织策略设计

【请你思考】

M老师的教学效果非常好,因为其语法教学在当地独树一帜。他总是将各种看似不相干的语法项目整合起来进行教学,这样学生就能很快地基于已学语法掌握新的语法。比如他在教 I'm playing football 时,用 I like playing football 作为导入,就能让学生对新语法结构掌握非常快速,而且准确。

你认为M老师的做法好在哪里?

_____
_____
_____
_____

【学习目标】

学习本节后,你能:

1. 了解并掌握小学英语教学组织形式策略;
2. 了解并掌握小学英语教学活动组织策略;
3. 了解并掌握小学英语教学内容组织策略。

【本节概念】

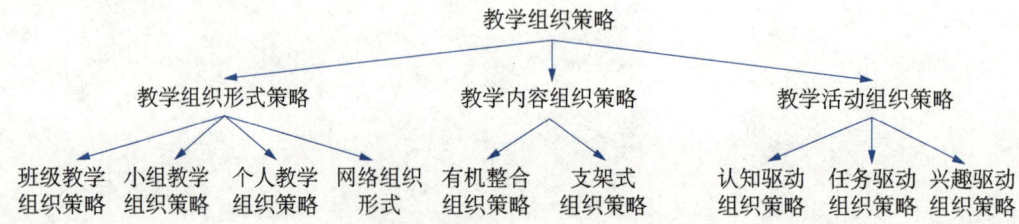

【请你回答】

1. 你认为应该如何组织小学英语语法知识教学?请举例说明。

2. 你平时组织课堂活动的策略包括哪些？请举例说明。

3. 你平时组织课外活动的策略包括哪些？请举例说明。

教学是有组织的活动，班级教学需要对学生进行组织，通常有班级、小组、个人等不同的组织形式，而且不同组织形式有着不同的策略。教学也需要对教学内容、教学活动进行组织，如什么内容先讲，什么活动随后进行等等。显然，小学英语教学设计的组织策略首先是对教学形式的组织，即根据教学目的选择集体授课、小组学习、个人学习等形式实施教学，以实现教学教育目标；然后是对教学内容、教学活动的组织，主要是学习与活动材料的教学顺序和教学活动形式的设计，以帮助学习理解、记忆、掌握、运用所学知识，形成语言能力，实现文化意识、思维品质、学习能力的发展目标。

教学设计要求对教学形式、教学内容、教学活动进行必要的组织，这种组织有着不同的策略。教学组织策略是指教师在一定教学理论指导下，根据对具体教学任务以及教学情境的理解和认识，为实现教学目标、达到合理的教学效率，对教学形式、教学内容、教学活动的选择与安排进行设计的系统行为。

一、小学英语教学组织形式

在当代教育实践中，教学组织形式有四种基本形式：班级教学、小组教学、个人学习、网络组织形式。班级教学是教师向一个班级的学生传递教学信息的教学组织形式；小组教学是教师通过组织班级内的学生形成不同的小组传递和分享教学信息的教学组织形式；个人学习是教师指导学生个人根据学生自己的选择接受和获得教学信息的教学组织形式；网络组织形式是基于信息技术尤其是互联网技术发展带来的新的教学组织形式，学生可以与计算机进行互动学习，也可以与同一网络空间的同伴组成虚拟小组、班级进行学习，当然也可以与实际小组、班级同学在网上进行互动学习。

个人学习是人类历史上最早出现，也是最本质的学习形式。随着人类的社会化分工，教学需要强调规模效益，班级就开始出现了。在班级教学中，教师可以根据不同的学习风格、学习基础等，把学生分成若干小组，进行教学。

> 请思考：
> 为什么我们说"个人学习是最本质的学习形式"？这对我们进行教学设计有什么启示？

在具体的教学中，我们往往会根据学生情况、教学内容等，综合使用上文提到的前三种不同的组织形式，因为教学的这三种组织形式各有所长，也各有所短，适合使用的条件和对象也不同相同。

在英语课堂教学中，我们讲解课文或说明语法内容时，通常会采用班级授课的方式；在组织任务实施时，我们通常会将学生分成小组；而对于需要记忆、背诵的内容的学习，我们只能依靠学生自己个人的努力去完成。

当然，我们应该根据教学需要，最大效度地使用不同的教学形式。以小组教学为例，我们应该尽可能根据教学目标，将学生分成小组。若任务需要不同能力学生的配合才能完成，我们应该根据学生能力水平，把不同能力的学生分在同一小组，而不是把同一能力水平的学生分在同一小组。但若任务是需要同一能力水平的学生才能完成，就自然应该根据学生水平分小组。

只有一切从学生实际出发、一切从学习目标出发，我们才能最大效度地选择恰当的组织形式。课堂教学活动是最主要的学校教学活动，与课外活动相比较，其目的性更强，学习效率更高。根据小学英语课堂教学活动可分为知识与技能的展示与呈现、语言知识与技能训练、语言应用实践及策略、学习评价等环节。这些环节可以根据具体的教学要求，按照不同的顺序展开，而且常常在课堂教学中交替进行。此处从班级教学活动组织策略、小组教学活动组织策略、个人学习活动组织策略、网络学习组织策略等方面进行说明。

（一）班级教学组织策略

班级活动组织策略是指为完成特定教学任务把一定数量的学生按年龄与知识程度编成固定的班级开展的一系列教学活动组织形式。在班级组织授课中，同一个班的每一个学生学习内容与进度必须一致，班级组织活动注重集体化、同步化、标准化，其最大优点是效率高，便于统一管理、统一教学、节约资源等；而缺点是不能照顾到学生的个别差异，不能对学生进行个别指导，不利于培养学生的兴趣、特长，不利于发展学生的个性。因此，教师在组织班级活动教学过程中应充分运用其优势避开其缺点。小学英语教学属于语言教学，教师在教学过程中更要利用其特点。

班级教学是小学英语教学的最基本形式，但小学英语教学往往需要针对个人的学习成效检查与指导，甚至示范，同时很多活动可能以小组形式展开。所以，班级活动本身也包括班级活动中的小组活动、个人学习活动。尤其是在班额较大的时候，班级教学更需要通过小组活动、个人学习等，达到预设的教学成效。

(二) 小组教学组织策略

小组教学打破传统的年龄编组方法,按学生能力或学习成绩、学习风格、学习优势等的异同进行分组教学,目的是为了解决班级授课不易照顾学生个别差异的弊病。

分组教学类型主要有:能力分组、作业分组、优势分组、风格分组等。能力分组是根据学生的能力发展水平来分组教学的,各组课程相同,学习年限各不相同。作业分组是根据学生的特点和意愿来分组教学的,各组学习年限相同,课程则各有不同。优势分组是根据学生完成学习任务所需的优势,进行合理的分组,包括相同优势小组、不同优势小组等。风格分析与优势分组相同,即根据学生完成学习任务所需的风格,进行合理的分组,包括相同风格的同质小组、不同风格的异质小组等。

分组教学一般有内部分组和外部分组。内部分组是在传统的按年龄编班的班级内部,根据学生能力或学习成绩的发展变化情况分组教学。外部分组是在班级外部进行分组。一种是在新生入校时按考试成绩分班;另一种是对已学习了一定年限的平行班的学生重新按现时的考试成绩分班,然后开设不同层次的课程,如英语 A、英语 B 等。

分组教学最显著的优点在于它比班级上课更切合学习个人的水平和特点,便于因材施教,有利于人才的培养。但是,它仍存在一些较严重问题,一是很难科学地鉴别学生的能力和水平;二是在对待分组教学上,学生、家长和教师的意愿常常与学校的要求相矛盾;三是分组后造成的弊端较大,往往导致学习困难学生的学习积极性受损。合理的分组教学的组别设计,应该是分目标的组别,而不是分成绩的组别。

> 请讨论:
> 分组教学中,按照学习目标分组为什么比按照学习成绩分组更加合理?

小组学习的关键在于开展合作,而不是小组内的个人学习。合作学习是一种教学活动和教学策略体系,是教师以学习小组为单位组织教学的一种手段,通过指导小组成员展开合作,发挥群体的积极功能,提高个体的学习动力和能力达到完成特定教学任务的目的。小组合作学习一般包含五个基本要素:根据学习目标需要进行编组,确定小组共同目标与组员个人目标,小组成员之间形成积极互动,每个成员承担相应个体责任,在活动过程中和最后进行小组评价。

1. 组建小组

组建小组就是指在组建合作小组时,应按"组内异质、组间同质"的原则进行分组。所谓"组内异质"是指合作学习小组必须是由两名以上学生(通常是 4—6 人)根据性别、学业成绩、个性特点、家庭—社会背景、守纪状况等方面的合理差异而建立的相对稳定的学习小组,以保证组内各成员之间的差异性和互补性。"组间同质"是指各小组的总体水平要基本一致,从而保证各小组之间公平竞赛的开展。小组合作学习这种"组内异质、组间同质"的分组原则,一方面使得各异质小组的构成达到合理配置,另一方面又使各小组处于大体均衡的水平上,增强了小组优胜的信心,促进了组内成员对学习任务和学业竞赛参与的积极性和主动性，有利于学生主体能动性的发展。

2. 确定小组目标

合作学习以小组为主体来设置目标，并以此保障和促进课堂教学的互助、合作气氛。小组的共同目标把小组内部每一个成员的个人利益与小组的集体利益统一起来。为了达成一个共同的目标，小组内的每一个成员必须通过分工合作、资源共享、角色轮换、集体奖励等手段，创造和谐有效的学习环境和依赖关系。

3. 积极互动

合作学习中学生以小组为单位开展学习活动，在没有教师直接管理的情况下进行学习，小组成员相互依赖，相互沟通，相互合作，共同负责地学习某些材料，从而达到共同目标。在全体组员所认同的角色目标下，每个成员承担不同的角色和子目标，为了小组的成功，小组成员不仅要对自己的学习活动负责，还要为小组的其他成员负责，实现共同发展。

4. 明确个体责任

在合作学习中，每一个人都被视为完成学习任务不可缺少的个体，小组成员必须明确自己在小组合作、实现目标中的角色定位，承担起自己的责任。这种责任承担主要体现在两方面：一是做好自己在组内分工的任务，因为这份工作成为实现小组学习目标过程中不可或缺的一环；二是在做好"本职工作"的同时，积极主动地协助他人，因为在小组合作学习中，没有个人的成功，就没有小组共同目标的达成。

5. 开展小组自评

为了保持小组活动的有效性，合作小组必须定期评价小组成员的活动情况，这就是"小组自评"。在进行小组自评时，至少应包含如下内容：总结有益的经验，对小组活动中存在的问题和原因进行分析，对小组的发展方向和目标提出明确的要求。

（三）个人学习组织策略

个人学习活动的组织策略就是指在教学中根据学习者个体差异选择特定的教学方法，为完成一定的教学任务而采取的教学与管理方法。个体的差异包括生理和心理上的差异，情感和非情感方面的因素影响着个体学习效率。尊重个体差异，因材施教是人类教育经久不衰的话题，因为这是促进教学成效提高的重要途径。

个人学习的关键在于自主学习。自主学习强调应根据自主学习的理念为学习者创建支持性的学习环境，使学习者学会自我管理和自我评价，逐渐成为自主学习者。因此，为学习者创设和谐、互助、自主的环境是自主学习教学过程的核心部分。也就是说，教师向学习者提供一定的学

> 请讨论：
> 个人学习、分组教学、班级学习各有优势，如何合理地整合各自优势用于小学英语教学设计？

习材料,以学习者自主学习为主,以相互学习和教师指导为辅,促进学习者的知识和能力的发展。由于自主学习教学过程能够促使不同的人获得不同的发展,开展差异性教学,可激发和增强学习者的学习兴趣,有利于学习者主体作用的充分发挥,能较好地实现教学的情感目标。

在自主学习活动组织教学中,教师鼓励学习者采用不同的学习途径或方式,不强求一致,尊重并帮助学习者发展自己的个性化学习的途径和方式。每个学习者的认知风格各有不同,有的学习者喜欢独立思考,表现为具有场独立风格(Field independent)的学习特点,而有的学习者则更愿意与他人交流,表现为场依存风格(Field dependent)的学习特点。同一个问题的解决,学习者可以通过独立思考的途径,也可以通过学习者之间的合作交流的途径。同一个观点的认同,学习者可以选择接受式学习方式,也可以选择有意义的发现式学习。

需要强调指出的是,自主学习并非指学习者根据学习材料自学。事实上,自主学习教学模式提倡以合作交流为特征的小组教学。通过小组教学,学习者作为学习活动的积极参与者,在与他人的积极合作过程中,不仅能够实现信息与资源的共享与整合,使自我认知能力得以扩展和完善,而且还能培养学习者的合作精神和群体意识。例如,教师在设置问题时,应向学习者提供符合学习者认知能力水平、有针对性、有层次的问题情景,鼓励学习者主动探索,从不同的角度探究问题中可能隐含的条件和规律,然后在组内交流各自的想法。这样,才能培养学习者独立思考的好习惯,才能达到小组教学的良好效果。

从学习者的全人发展要求看,自主学习教学组织策略应注重教育学习者学会学习,培养学习者科学地提出问题、探索问题、创造性地解决问题的能力。在自主学习教学过程中,教师并非旁观者,在向学习者介绍新材料或新任务、提出新问题时,教师应起到学习活动的组织者或引导者的作用。在开展学习活动时,教师应起到合作者和促进者的作用,在参与学习活动的过程中,发现学习者理解问题的角度、深刻程度以及存在的问题,并适时介入,或肯定学习者在讨论中所持的正确的观点,或引导学习者的讨论活动。当发现学习者遇到困难时,教师就成为点拨者,帮助学习者排除思维过程中的障碍。同时,教师要起到心理咨询者的作用,引导学习者学会倾听、理解、分享,鼓励学习者不断树立参与学习活动的信心。教师还要起到发现者的作用,善于发现学习者提出的富有创意的见解或独具特色的问题解决方式。

思维情境是激发学习者自主学习兴趣的动力源。自主学习教学过程要求教师根据学习者的认知水平、已有的知识和学习体验,设法挖掘学习者原有知识和课本内容之间的联系,并将课本中的结论性知识重新组织成能够得出这一结论的、具有科学性特征的语言信息。这种具有知识性、趣味性和讨论价值的"可学习"特征的材料,如果能够引发学习者好奇心,贴近学习者的知识和体验,落在学习者最近发展区,那么学习者就更容易入情入境,对学习活动产生浓厚的兴趣和强烈的探索欲望,那么自主学习行为的产生也就成为可能。

（四）网络组织形式

基于信息技术发展，尤其是互联网技术的发展，学习可以在网络上进行。基于网络技术建设的外语学习空间，能记录学生学习的全过程，通过人机互动，建构自适应学习过程，还能为外语学习创设真实外语语境。

学生基于网络进行学习，首先是学生自己与计算机的人机互动，计算机对学生的基本信息与学习过程进行记录、分析、处理；然后是学生与网络的互动，学习网络呈现的教学内容，开展相应活动，完成所分配任务等。

> 请讨论：
> 网络组织形式的虚拟班级学习，是否需要教师、家长监控？为什么？

学生基于网络的学习，更是与网络同伴、网络教师的互动，是在网络空间的学习，这种学习更能够适应学生的不同需求、不同兴趣、不同风格等，学生可以非常便捷地基于相同学习要素组成虚拟学习小组、班级，也可非常便捷地基于不同学习要素进行组合，从而进行更个性化的学习。

网络组织形式还在快速发展之中，移动互联网的发展将为网络这种教学组织形式带来更大的变革与更加丰富的可能。

二、小学英语教学内容组织策略

教学内容是教学的基础，小学英语教学内容包括发展学生语言能力、文化意识、思维品质、学习能力等各方面内容，尤其是语言知识、语言技能等显性内容。小学生的思维主要是形象思维，而以观察、发现、归纳语言规则为主的语言知识教学，需要更多的抽象思维。基于小学生的形象思维进行语言知识教学，显然需要对语言知识进行非常合理的组织。其他教学内容亦如此。

基于研究与实践，小学英语教学内容的有效组织策略主要包括有机整合组织策略、支架式组织策略。

（一）有机整合组织策略

语言具有整体性，语言运用是对所需语言知识、语言技能、语言能力的整合，也包括对语言相关的文化、思维的整合，因为没有任何语言运用的形态只是某一种知识、某一种技能的运用，而是多种知识与技能的整合，以及与相关因素的整合。即使是学习朗读字母 A，也需要字母知识、语音知识与听、读（朗读）、看的技能的整合，而实际上朗读字母 A 并不能直接形成语言能力，其实只是字母 A 学习目标的组成部分，更为合理的基于运用的目标则是能运用字母 A 读音进行说明，如 An A（Here's an A. I've got an A）！Hooray！如此而言，朗读字母 A 则包括了字母、语音、词汇、语法知识，以及听、说、读、写的技能，以及对文化、思维、学习能力的整合。当然，这种整合不是随意的，而是基于语言教学内容自身的规律以及语言学习的规律的整合,是一种有机的整合。

对于教学内容进行有机整合的具体方式有以下四种。

1. 基于学习目标进行有机整合组织

学习目标是在有机整合教学内容的基础,无论是知识目标、技能目标、语言综合运用目标,还是文化意识、思维品质、学习能力的目标,都以学习内容为载体,通过学习某一内容实现某一行为或态度的变化。以下以具体内容为基础,说明基于学习目标的有机整合策略的实施。

语音是运用语言在口头交际中传递信息的媒介,或者说,语音是语言的外壳,是整个语言学习的重要基础,学习者的语音水平对于其听、说、读、写、译各项技能的发展都起到直接或间接的制约作用。因此,语音教学是英语教学过程中的一个至关重要的环节,在相当程度上决定了学习者在英语学习方面的发展。不过,语音教学从来不是单独的音的教学,而是基于语词、语句、语境的教学,是与语言技能甚至文化意识、思维品质、学习能力有机整合的教学。确定小学英语语音学习目标,必须整合音素、音标、词汇、句子、语义、语用各个层面的相关知识,而且并非单指关于音素和音标的知识,而是应该把音素、音标、词汇、句子、语义、语用各个层面综合考虑,同时整合所需语言技能,以及文化意识、思维品质、学习能力。

> 请讨论:
> 为什么小学英语教学比高中英语教学更应强调整合学习目标?小学英语教学如何整合学习目标?

如,以歌谣或者看图说话形式进行 e,ee,ea,i 的读音的比较训练:

Listen, listen, listen! Miss Mead is teaching.

She is teaching to read "Meet and see. Eat some meat".

Please listen and read "Meet and see. Eat some meat".

显然,这不是单独教语音,而是基于语音知识进行有机整合,这种组织策略的教学有效性显著高于孤立的语言知识教学,也高于分离的语言技能教学。

语词是语言的基本要素,是组成句子的基本单位。语词包括音、形、义三个结构要素,学习和掌握语词的音、形、义三个要素并能在交际活动中灵活运用语词的过程,是一个复杂的心理认知过程。语词教学包括意义、用法、使用策略等方面的内容,文化与思维更是语词教学的重要内容,而词汇学习能力是决定很多中国学生英语学习成效的关键。

小学英语的语词教学设计要明确语词学习的目标。首先要合理确定词汇量的目标,这也是《义务教育英语课程标准(2011年版)》对小学、初中词汇量进行明确规定的原因。一个成年的非语言文字工作者所掌握的本族语的语词中,他一般只能熟练运用其总词汇量中20%的语词,其余80%的语词则只能理解,不能运用。一般的外语学习者所能熟练运用的外语语词也只是其总语词量的大约30%,其余70%是理解性的语词。所以,我们在语词教学中,可以参考这一比例,基于语言运用的目标,同时考虑语词的文化、思维因素和学生的学习能力因素,合理地确定语词学习的目标,这样可以大幅度提高语词教学的有效性,降低语词教学的难度,尤其是记忆单词拼写形式的难度,也能提高学生的语词运用能力。

在确定以上目标之后,我们可以选择词汇图、单词闪卡、词汇学习软件等不同形式,使学生整合教学内容的各个方面,进行有效的语词学习。

语法是语言学习的重要组成部分,掌握语法知识可以帮助学习者认识语言的规律,主动、积极地学习语言。学习者掌握一定量的语法知识可以加速其对新语言材料的理解,也可以监控、纠正语言的输出,为准确表达提供可靠保证。

与语词学习一样,小学英语语法的学习内容《义务教育英语课程标准(2011年版)》的"二级标准内容"中也有明确规定,我们应基于此规定进行小学英语语法教学。

同时,基于小学生的认知能力,小学英语语法教学应主要采用感知、归纳、发现等隐性的语法教学方法,而不宜采用规则讲解、重复训练、演绎等显性的语法教学方法。语法教学应强调学生形成明确的语法意识,观察与发现近似结构的语义和语用差异等。这显然要求在语法教学中发展学生的思维品质。

2. 基于学习机制进行有机整合组织

学习有着内在机制,外语学习尤其如此。在对教学内容进行有机整合设计时,我们还应基于英语学习机制进行相应的整合。

语音学习有着自身的学习机制。例如,汉语中没有辅音连缀的发音,而辅音连缀在英语中却普遍存在。因此,学习者常常在英语辅音连缀中间增加一个元音/ə/或者/i/,如将/klɑːs/ (class)读成/kəlɑːsi/。同时各地学生的语音困难往往各有不同,如北方学习者存在将[ŋ]泛化的问题,把/n/读作/ŋ/,而南方学习者存在把/ŋ/读为/n/等现象,而且我国很多学生由于方言影响存在把/n/读成/l/的问题,如把 nice 读成 lice,knife 读成 life 等。针对以上这些问题,教师应进行相应的有机整合,如对因方言原因而存在/n/、/l/区分困难的学生,专门训练 nose 中的/n/读音,可能效果并不显著,但若辅之以动作的训练,如 Touch your nose,则可能效果非常显著。这是语音学习中语言能力与文化(英汉语音差异等)、思维品质(通过比较发现差异,发展思维的准确性等)、学习能力的整合。

对于中国学生来说,单词的词形与读音记忆是一大

> 请思考:
> 课程标准要求小学生掌握一定的拼读规则。如何通过拼读规则教学帮助学生解决单词读音记忆困难问题?

困难,因为英语是拼音文字,同时英语的拼写也不是完全规则的,而是由于语言历史的原因形成了同一语音不同拼写形式的现象。不同学习风格的学生有着不同的记忆规律,我们应该基于学生的学习风格,引导他们掌握不同的记忆方法和策略。比如对于视觉学习者,边看边写边拼读可能是有效的,词缀等构词法也是有效的。但是对于听觉学习者,可能需要边听边看边口头拼读单词。同时,我们可以引导学生基于单词的不同文化内涵记忆单词,运用拼读规则、词汇图等记忆单词。显然,这是有机整合的单词记忆。

小学生的英语学习中存在直观性机制,我们可以基于此进行整合。直观性就是指利用实物或教具展示物质名词,利用动作展示动词,利用面部表情或体态动作展示表情词语等。同时,教师还应当引导学习者通过分析阅读或听力材料,自主领悟和推理单词的用法,将语词教学与技能教学融为一体。直观也可以用于语法教学,用时间轴进行时态教学,就是非常有效的直观的时态教学。在直观学习中,可以整合语言学习、各种直观形态的文化差异、观察发现的能力、学习能力等。

语法是语言系统的体现,语法教学也必须符合系统性原则。系统性原则要求语法教学依据教材中的语法系统,同时也要符合语法发展的规律,即语法知识的选择应符合现代交际的原则,满足交际的需求,而避免一些交际中较少使用、为语法而语法的教学设计。

语法教学应注重活动的多样性、话题的多样性、课堂组织的多样性、评价方法的多样性以及教师指令的变化性等。例如,归纳法与演绎法相结合,归纳法更有利于鼓励学习者积极探索,以发现规则,以满足他们探求知识的欲望,形成学习的内在动机;隐性语法教学与显性语法教学相结合,以隐性教学为主,适当采用显性教学,通过隐性教学培养学习者的语言使用能力,通过显性教学增强语法意识;语法教学与听、说、读、写、看活动相结合,语法应服务于听、说、读、写、看各项技能,语法教学应该在听、说、读、写、看的活动中培养,以实现服务于交际的目的。这既可整合语言能力,也可整合思维、学习能力,以及英语与汉语语法差异等文化内涵。

在小学生的英语学习中兴趣非常重要。所以,趣味性也是小学英语教学内容有机整合的有效路径。教师可以根据不同学习阶段的学习者的特点,采用游戏、竞赛、歌谣、歌曲、绕口令等方式,或借助动画、图片、录像等教具,增加英语学习的趣味性,以不同教学内容的趣味性,进行有机整合,尤其是当语言内容缺乏趣味性时,可以用漫画、视频等形式,文化差异等内容,思维品质等活动,使语言学习活动本身具有趣味性。

> 请思考:
> 很多人在成年后依然记得小学一年级学过的古诗词,却不记得高中三年级学的古诗词。这说明小学低年级的记忆往往更加牢固。我们如何基于这一优势开展小学英语教学?

学习动机是开展一切学习活动的保证,为了激发学生学习英语的动机,英语教学中要注意选择恰当的语言内容,尽可能创设真实的语境,以适合学生的年龄、认知能力与语言水平,要尽量与学习者的生活经历有联系。

3. 基于课文与学习活动进行有机整合组织

语言学习离不开语境,语言运用能力发展更不离开语境。《义务教育英语课程标准(2011年版)》明确要求在真实语境中进行英语学习。语言不是单纯的知识,教师应将语言教学置于特定的运用语境之中,让学习者领会、分析语言的含义,将所学语言用于语言运用活动中,巩固所掌握的学习内容,以准确传达自己的语用目的。

而课文是最重要的英语学习语境,它不仅深度地呈现语言运用,而且可以让学生形成深刻印象。我们要抓住课文语境,进行英语教学。

如在下面这篇课文中,就可以充分运用基于语音的有机整合组织策略。

这里既可以整合组织 schoolbag, that, cat 中 a 的读音,what 中 a 的读音,一般疑问句的语调,It's a schoolbag, Tom. It's a pencil 中名词语音的差异,还有 Oh! It's a cat! 的强调语调,以及相应的节奏、重音,更有听、说、读、看的有机整合,而且这篇有趣的课文,也会让学生形成深刻印象。由此可以基于学生对课文的深刻印象,有机整合组织语音知识、词汇知识、语法知识、听、说、读、看的教学,甚至可以根据需要进而提升整个文化意识(如在英国人家庭里,姐姐是如何带弟弟的等)、思维品质(如 that 的思维准确性等)。

4. 基于文化进行有机整合组织

在教学内容的整合中，我们不要生硬地整合，而应基于教学需要随机融入，尤其是文化意识、思维品质等教学内容，不能采取"贴膏药"等方式，牵强地在教学内容中增加这些内容，尤其是品格教育，本应就是润物细无声的教育，若牵强附会地灌输，反而适得其反。

（二）支架式组织策略

我国当前的小学英语教学存在着课时偏少的问题，这要求我们合理地搭建脚手架帮助学生学习，让学生在有限的课时掌握所学内容。这种为学生的学习搭建脚手架的方法就是支架式教学。支架式教学（scaffolding instruction）就是先建立情景以使学生容易成功开始学习，然后随着学生逐渐熟练，教师渐次撤除支架，交由学生自主学习的过程。

支架的搭建，要基于学生的最近发展区（Zone of Proximal Development，ZPD），也就是学生现有发展水平与即将达到的发展水平之间的发展区域。学生独立解答问题时反映的是他们现有的发展水平，而在老师的指导下或与能力更强的同伴合作下完成问题所体现的，是学生即将达到的发展水平。因此，支架式教学就是利用最近发展区

> 请讨论：
> 进一步了解最近发展区理论，然后讨论：这一理论对教学设计有哪些指导意义？

进行教学，这也就意味着支架式教学因为给学习者提供了相应的支持，而使其获得比独立学习更高的发展水平。

英语教学可以使用以下六种教学支架方式：
- 提供学习模板或范例（modelling）；
- 桥接新旧知识与认识（bridging）；
- 基于学生经验背景提供教学内容情景（contextualising）；
- 帮助学生建构图式（schema building）；
- 通过改写、改编、表演等形式重组课文（re-presenting text）；
- 发展元认知学习策略（developing metacognition）。

支架式教学需要特别注意的是，教师不仅要为学生的学习搭建支架，还要帮助拆除支架，在语言运用中不依赖支架。支架在英语学习中的功能就像婴儿的学步车，在婴儿学步的时候可以帮助婴儿学习走路，一旦婴儿会走路了，就不再使用学步车。所以，教师应该注意引导学生在掌握语言之后拆除事先搭建的支架。

以下就是一个非常典型的支架式教学的案例。

学生在活动 1 听到 Your name, please 的请求，用自己已经掌握的语言回答，从而学习 your name 的表达方式，进而在活动 2 基于活动 1 已经搭建的支架 your name 学习 What's your name? 用已经掌握的语言 I'm Sam 回答，从而掌握 What's your name?

支架组织策略告诉我们，小学英语教学内容的组织不能单纯考虑教学内容、教学目标

本身,更要充分考虑学生已有语言能力,要在学生现有水平基础上设计支架。支架的密度也是需要考虑的,不能过多、过密,也不能过少、过疏。

三、小学英语教学活动组织策略

教学活动是教学的抓手,教学目标需要通过教学活动实现。小学英语教学活动的组织策略就是选择教学活动,按照促进教学目标实现的顺序安排活动,在需要时为主要活动辅之以相应的活动的策略。需要特别注意的是,活动组织策略不是组织学生开展、实施活动的策略,对学生的组织策略属于教学管理策略,我们会在随后介绍。

(一) 认知驱动的活动组织策略

学生的学习是一种认知发展活动,学习过程也就是认知发展的过程。以认知发展为基础,驱动整个学习活动的开展过程,既符合认知规律,也符合学习规律。

认知驱动的活动,可以按照学习前的认知准备、学习中的认知发展、学习后的认知巩固强化进行组织。

在认知发展过程中,学习前阶段是学生的认知准备阶段,包括教师的教学准备(教学分析、教学设计等)、学生自我准备(课前学习微课的学习、学习活动所需资源与材料的准备等)、课堂上的复习预热准备等。这一阶段包括课堂教学之前的一切准备活动,也包括课堂教学中开始学习新的语言内容之前的导入、启动、复习、激活等活动。这一阶段对学生新的认知发展所需基础的准备是否到位,决定着随后的学习中的认知发展能否顺利进行。

学习中的活动是认知发展活动,学生学习新语言,形成语言能力发展,同时形成文化意识、思维品质、学习能力的发展,从而实现认知发展目标。这一环节一般是在课堂内进行,但也可以是学生在课堂之外的自我学习活动。在这一阶段,教师进行知识呈现、讲解,引导学生进行训练,学生通过学习掌握语言内容,形成运用能力。

认知发展不是一蹴而就的,需要学习后的巩固强化,从而形成稳定的认知能力。这一阶段是学习新语言之后的巩固、运用阶段,这一阶段应该是课堂之外的运用活动阶段,因为课堂内的活动本质上都属于学习阶段的活动,即使是课堂内的运用活动也是促进学习的运用活动。

(二) 任务驱动的活动组织策略

课堂学习活动对学生来说是来自外在世界的任务,所以,任务本身具有一定的外在性,这使得任务不同于认知发展。任务驱动的活动过程可以使学生围绕完成某一既定任务而学习,从而使学习效率更高。

任务驱动的活动过程是一种以具体的学习活动作为学习动力,以完成任务的过程为学习过程,以展示任务成果的方式来体现教学效果的教学过程。因此,任务教学过程强调引导学习者完成真实的学习任务,倡导以语言运用能力为目的。鉴于目前我国外语教学在学习方式、时间限制、生师比例等方面的特点,对于处于基础阶段的学习者来说,切实可行的任务教学的课堂教学程序是任务的设计、任务的准备、任务的呈现、任务的开展、任务的评价四个阶段。

在任务设计阶段,教师应首先确定学习任务必须是有意义的,必须有真实的语境和真实的交际目的。同时,学习任务的设计应该具有一定的层次性,既包括简单的对话练习,也包括类似引导学习者根据听力理解完成图表内容这样较复杂的任务活动。我们知道,兴趣是学习行为的驱动力,可以转化为学习动机,而动机的强弱与学习者参与学习活动的强度成正比。参与任务的兴趣只有转化为参与动机,才能变成实际的来自心理的参与力。因此,学习任务必须要能够引起学习者的兴趣。

任务准备阶段是指在学习者学习新语言之后,运用所学新语言完成任务之前,教师向学习者介绍完成学习任务所需要掌握的语用知识,强调语言表达过程中的正确性(Accuracy)和得体性(Appropriateness),目的是为接下来的任务完成做好准备。从教师角度来说,语言使用呈现的关键就是促使学习者理解完成学习任务所需要的语用要素。要做到这一点,教师自己必须要把握好教学内容的语用内涵,并根据任务的需要加以准备。

在教学实施过程中,语言运用的呈现通常跟在语言学习之后,以引导学习者发现、教师提示、教师讲解或师生合作归纳等方式进行。尤其是那些难以把握或学习者自身难以察觉的语用内涵,教师要采用详细讲解、生动演绎的方式进行,以便于学习者准确把握相关的语用内涵。

在开展学习任务的过程中,教师应认识到任务的教学目的与任务的结果并不相同,认识到这一点对于开展真实运用任务和真实学习任务都是至关重要的。从学习者角度看,不论是一个真实运用任务还是一个真实学习任务,完成任务的目的就是为了达成任务的结果。但从教师角度看,更重要的是任务的完成是否达成教学目的,也就是说,真实运用任务的完成是为了引导学习者接受语言意义和/或运用所学语言功能,而真实学习任务的完成是引导学习者掌握某一(些)语言形式指向现实世界语言运用的有关知识、技能,以培养学习者在现实世界中运用语言的能力。

在任务评价阶段,教师通过观察、访谈、日志、讨论、问卷等方面,引导学习者对学习过程加以反思,即对任务完成过程进行有意识的反思,例如,对照任务的目的反思任务的完成情况如何、关注学习者对所出现的语言形式是否掌握等。

以任务阅读教学为例,教师在借鉴和吸收任务教学的基本理念和方法的基础上,强调阅读目的、阅读活动的真实性,培养学习者的阅读兴趣,学习者通过完成真实的阅读学习任务提高阅读理解能力。教师根据阅读材料布置阅读任务,引导学习者借助网络、图书馆等信息渠道获得相关的背景知识,以多种形式展示阅读任务完成情况,如角色扮演、海报、张贴画、手抄报、图表、专题报道等等。教师结合任务完成的情况,一方面进行词汇、句法方面的专项训练,以巩固语言知识,另一方面,还要引导学习者反思自己在任务完成过程中所使用的学习策略,结合学习者的具体策略使用情况,进行必要的学习策略讲解和策略培训。

(三) 兴趣驱动的活动组织策略

对于小学生,兴趣是最大的学习优势因素。在基于兴趣的学习过程中,小学生的学习焦虑低,成效高。所以,我们可以基于学生的兴趣组织活动的开展。

我们首先应采用问卷、观察等方法,调查发现学生的真实兴趣,然后基于学生兴趣,设计符合学生兴趣的课堂学习活动,或者让学生按自己的真实兴趣组成不同的兴趣小组,开展兴趣小组学习。

兴趣的呵护、强化需要时间,而小学英语课堂学习时间有限,需要大量的课外活动。所以,兴趣活动必须延伸在课外活动之中。

我国小学生的英语学习是在英语作为外语环境下进行的,往往缺少真实的语言环境,而且还存在英语学习时间不足的问题。因此,课外的语言学习活动,如与英语母语者交谈、看英语电影与电视节目(尤其是动画片与儿童节目)、阅读英文绘本、用英语写电子邮件等,是实现英语教学目标的不可或缺的补充性教学活动。通过组织丰富多彩的课外活动,学习者更加理解所学的语言知识和技能,并自觉地将所学知识和技能加以应用,培养自身的英语交际能力。

教师应在组织课外活动的过程中起引导的作用,例如,教师向学生推荐供课外阅读的英语短文。教师在课外活动组织过程中不可干预过多,否则,就有可能减弱学习者的积极性。

课外活动组织分为大型的课外活动和小型的课外活动。戏剧表演是可以定期开展的大型的课外活动之一,用来巩固和评价所学语言知识和技能。这类具有创造性特点的课外活动非常有利于发挥学生的主观能动性,同时还能促进学生之间的团结与合作。开展英语歌曲比赛、英语故事会、英语角,办英语报刊或手抄报等带有综合性特点的实践活动也属于大型的课外活动,为学生运用所学语言知识和技能提供了很好的机会,学习者相互合作,有利于培养学习者的集体荣誉感。

开展这类大型的带有综合性特点的实践项目都应该有一个主题、明确的活动步骤方案、相应的图示和文字说明。由于开展这些活动的目的是巩固已学知识和已经形成的语言技能,因而,这类活动应定期开展,而且安排时间也要适当,通常安排在期中、期末进行,也可以安排在学习者专门举办的英语节、艺术节等活动期间。而且,参与者是否使用英语是对学习者的表现或作品的重要评价标准之一。

经常性的课外活动应该属于小型活动,通常是学习者一个人或一组开展的活动。例如,教师引导学习者参与自己喜爱的游戏开展英语学习活动,能够大大激发学习者学习英语的兴趣;经常采用讲故事的方式呈现或练习所学语言知识,能够非常明显地提高学习效果;学习者用英语写日记,有条件的可以建立自己的英语博客;学唱英语歌曲和歌谣从而练习所学的内容,如语法结构、语音规则、词汇和句子,从而达到提高学习者使用语言的流利程度,并增强学习者对所学内容记忆的效果。

这些课外活动的设计、组织、评价,都需要基于学生的真实兴趣进行设计、组织。

【请你回答】

1. 你认为认知驱动和任务驱动的活动组织策略有什么区别?请结合案例进行分析。

2. 你认为小学英语有效课外活动有哪些？请说明理由。

【设计实践】

请设计英语字母表学习的教学内容组织策略、活动组织策略。

案例：

三年级上学期短剧表演活动方案

一、调查

学校调查发现学生喜欢短剧表演，教师也了解到学习短剧表演有助于学生记忆所学内容、运用表演内容，同时有助于发展学生的自信、自主学习、创意表达等素养。

二、剧本

选择符合学生语言能力的两个剧本。

剧本1：Family

Ben（自豪地向Tom展示父亲的照片）：Look, this is my father.

Tom（不屑地看Ben父亲的照片，自豪地展示自己父亲的照片）：Oh, your father is not strong. Look, this is MY father, and he's VERY strong.

Ben：But my father is very nice.

Ben（自豪地向Pete展示母亲的照片）：Look, this is my mother.

Pete（不屑地看Ben母亲的照片，自豪地展示自己母亲的照片）：Oh, your mother is not tall. Look, this is MY mother, and she's VERY tall.

Ben：But my mother is very nice.

Ben（自豪地向Dave展示祖父的照片）：Look, this is my grandpa.

Dave（不屑地看Ben祖父的照片，自豪地展示自己祖父的照片）：Oh, your grandpa is not rich. Look, this is MY grandpa, and he's VERY rich.

Ben：But my grandpa is very nice.

Ben（自豪地向Finn展示祖母的照片）：Look, this is my grandma.

Finn（欣赏地看Ben祖母的照片）：What a nice grandma!

Ben：Yes, she's very nice. My father, mother and grandpa are all very nice.

Finn：What a nice family!

Ben：Thank you. You're very nice.

剧本 2：Friends

Kelly(高兴地走到小桌子边,一手拿着气球,一手提着一盒子小蛋糕)：What a fine day! (把气球拴挂在苹果树上,在一张小椅子上坐下,把盒子放在小桌子上,然后打开盒子)Mmm, I like cakes. 1, 2, 3, 4, 5. Five cakes. (开始高兴地吃蛋糕)

Billy(一边与Carol交谈一边一起走过来,看到Kelly在吃蛋糕)：Look, it's Kelly!

Carol(嘴馋的样子)：And cakes.

Billy(故意大声地对Carol说,以便让Kelly听到)：Oh, look. Our good friend Kelly is here.

Billy and Carol：Good morning, Kelly.

Kelly：Good morning, Billy and Carol. Sit down, please. (Billy, Carol 坐下)

Belly：Your balloons! Red, yellow, blue, oh, how beautiful!

Carol：And your cakes! 1,2,3,4. Four cakes for you.

Billy：Mmm, I like cakes.

Carol：I like cakes too. And I like Kelly.

Kelly：Oh, you like cakes too. A cake for you(给Billy一块蛋糕)and a cake for you(给Carol一块蛋糕).

Billy and Carol：Oh, thank you, Kelly. You're a good friend.

Sam and Eve(一起走过来,看到三人在吃蛋糕,蛋糕盒子在Kelly身边)：Hello, friends.

Billy and Carol：(Billy 和 Carol 交换眼色,然后站起来)Good bye, Kelly. Goodbye, all.

Kelly：Hello, Sam and Eve. Sit down, please. (Sam and Eve 坐下)

Sam：Waooo, cakes, 1,2 two cakes. I like cakes.

Kelly：Hmmm, a cake for you.

Eve：Kelly is a good friend.

Kelly：And a cake for you.

Sam and Eve：Thank you, good friend.

(这时来了一阵风,Kelly的气球被吹跑了。)

Kelly：Oh, my balloons. Hey, dear friends, come to help me, please.

(Billy, Carol, Sam, Eve 都走了)

Kelly(生气地)：Oh, you're not my friends. (气球又落下来了,Kelly对气球说)Oh, YOU're my friend. (然后拿着气球离开)

三、道具制作与准备

剧本1道具：Ben一家人(祖父、祖母、父、母)的图片,Tom的父亲的图片,Pete的母亲的图片,Dave的祖父的图片。

剧本2道具：5块小蛋糕(是茶杯形的小蛋糕,不是生日蛋糕)装在一个小盒子里,一串不同颜色的气球。

四、排练

（1）老师教学生复习相应词汇、语句，建构词汇图、语句图，引导学生深度掌握词汇、语句。

（2）老师带学生演唱所学过的相关歌曲、歌谣，帮助学生掌握所需词汇、语句。

（3）老师带学生熟悉剧本，理解语义、语境、语用。

（4）老师安排学生自选角色，并根据自选顺序配备角色，然后组成演出小组。

（5）老师引导学生掌握自己需要表演的语句。

（6）老师指导学生进行排练，把握每一角色的每一句台词。

（7）学生试演，修改。

（8）学生在班内演出，选出最佳演员三名，确定为角色1、2、3，然后再度进行排练。每一角色有一个小组进行指导和支持，保证全班学生全部参与准备。

（9）学生准备正式向全校汇报演出。

五、演出

联系学校相关部门，申请表演。

在学校戏剧节期间，作为表演项目进行表演。

分析：

这是一个课外活动的组织策略设计，我们看到一开始的调查是决定开展短剧表演的基础。这是设计课外活动的基础，否则课外活动就不能真正促进学生学习。

这一方案的剧本内容有显著特色，既基于学生已学语言内容，又对其进行了一定的整合，使学生的语言能力可以进一步发展。

这一方案的组织策略的最大特点在于全体学生都可以参与其中。在第一轮表演中，每个学生都有一个角色；在全班选出三名演员之后，全班学生要么担任演员，要么给予演员指导和支持，全班学生在最后的表演中都有明确的任务，从而使角色可能并不多的短剧表演成为全班共同参与的活动。

第二节　小学英语教学传递策略设计

【请你思考】

D老师是一位刚刚走上教学岗位的小学英语教师，他对本职工作十分负责，从备课到上课各个环节都非常认真，设计了很多有趣的运用实践活动。但是，他在教学中逐渐发现，每当学习新知识时,他总是难以调动学生的学习积极性,更不用说激发学生的学习兴趣,有趣的运用实践活动也无法开展。

你认为D老师的困惑该如何解决呢?

【学习目标】

学习本节后,你能:

1. 了解语言接触策略所包含的内容;
2. 了解语言吸收策略所包含的内容;
3. 了解语言产出策略所包含的内容。

【本节概念】

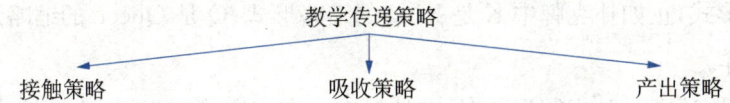

【请你回答】

1. 你认为语言接触策略应包括哪些方面的内容?请举例说明。

2. 你认为语言吸收策略应包括哪些方面的内容?请举例说明。

3. 你认为语言产出策略应包括哪些方面的内容?

一、接触策略

语言接触（exposure）指在语言学习过程中，学习者接触作为学习目标的语言内容的过程。它是语言学习的重要条件和前提。因此，教师应特别注重研究和利用心理学的基本原理，设计学生接触语言的活动，以促进学习者掌握语言。

（一）语言接触的有效策略

语言接触首先接触的语言内容。学生所接触的语言内容的广度、深度与时间频度，决定着语言接触的成效。

学生接触的语言内容的广度直接影响学生语言接触活动的成效，因为语言本身具有使用的无限可能，学生接触得越广，越有助于学生在自己所需语境运用所学英语。以字母 A 为例，学生学习了英语字母表中的字母 A，显然无法正确读出扑克牌中 A，因为扑克牌中的 A 是 Ace 的缩略形式，正如扑克牌中 K 是 King 的缩略形式、Q 是 Queen 的缩略形式、J 是 Jack 的缩略形式一样。

学生在学习字母 Aa 的书写形式时，若接触有一定广度，则对学生在阅读中认出字母 Aa 显然有很大的作用，否则学生可能无法认出以下字母的所有形式。

Aa Aa Aa Aa Aa Aa Aa Aa Aa Aa Aa Aa Aa

这种接触的广度，也有助于发展学生的文化意识（如英语书写的特点与审美特征）、思维品质（如外在形式的差异与本质的相同等）、学习能力（选择自己喜欢的字母书写形式抄写字母，更有助于自己记住字母书写等）。

需要特别说明的是，若只是让学生接触教材，显然不能形成有效的英语语言接触，因为由于各种原因，我国小学英语教材容量有限，无法呈现丰富的语言内容。所以，《义务教育英语课程标准（2011年版）》要求学生有足够量的课外阅读，通过课外阅读形成更为丰富的语言接触。

语言内容的深度也影响着语言接触的成效，因为只有深度地理解，学生才能真正把握英语语言的特质，以及所学内容的语用内涵等要素。

课文是形成语言深度接触的最有效内容，因为课文大多是经过认真编写的语言材料，而且学生需要花一定时间学习课文，从而形成深度的语言接触。

下面这篇课文不仅作为课文有助于学生深度接触英语语言，而且作为故事内容，更有助于学生深度接触英语语言。

> 请思考：
> 接触是一个从学习者视角提出的概念。这对教学设计有什么启示？

Sam came into the classroom and saw some friends there. They had cups on their heads. "Why do you have cups on your heads? Why are you laughing?" he asked.

Daming told him the story. They planned to play a baseball game. Amy asked Lingling to bring some caps for the game. But Lingling brought some cups. They all laughed. Then they put the cups on their heads and laughed more.

Sam smiled. "It's easy to make mistakes with English words," he said. "I make lots of mistakes with Chinese words too. Now look what's in my bag!" Sam opened his bag. There were baseball caps! "Hooray!" everyone shouted. They put the caps on. Then they went to the playground and played baseball together.

学生可以通过课文学习,深度接触一般过去时的运用,同时深度接触英语语音的特征,以及学习能力发展的过程。

时间频度是促进有效接触的关键。小学英语课时较少,而英语学习本身需要足够的时间,所以我们要设计足够时间频度的接触活动。我们可以设计每天的校园英语广播,在教室里挂上英语教学挂图,让学生在家里也挂上英语教学挂图,在校园里设计英语标语,开展英语课间活动等,同时在内容上进行必要的设计,让同一内容在一定时间经常出现,让学生经常接触到所学英语,从而形成有效接触。

(二) 语言接触活动设计

语言接触活动的设计应符合语言学习的基本规律,这样才能保证学生在接触英语时所接触的是可理解的,而且有助于接触之后的吸收和产出。听、说、读、写、看是人类使用语言开展交际活动所需要的主要技能,同时也是人类认识世界、获取知识、发展自身能力、相互交流情感的必不可少的重要途径。从英语教学角度来看,培养学习者听、说、读、写、看英语的能力成为英语教学的主要目标,而且,以上各种技能必须全面发展,不可偏废。事实上,作为言语交际活动的方式,听、说、读、写、看各项仅能相互联系、相互依存。但是,听、说、读、写、看各种言语活动也有它们各自的特点,教师应结合教学实践设计相应的语言接触活动,提高教学的针对性。

1. 基于听的语言接触活动设计

听不仅是接收和理解声音符号信息,更是积极思考、重组语言信息、创造性地理解和吸收信息的心理语言过程,涉及学习者的认知、情感因素,如学习者感知语音,辨别词汇、句法、句意的能力等。因此,设计让学生接触的听的活动时,应注意以下方面:

(1) 听力材料的真实性。真实性指听力材料的语言要力求真实、自然、地道,反映出英语本族语者使用语言的习惯,具有真实交际意义。

(2) 听力材料的可理解性。可理解性指听力材料作为语言输入在难度上以学习者现有的知识结构为基础,但又稍微高出现有能力的特点。

(3) 听力材料的多样性。多样化指听力材料的题材和体裁多样化,目的是促使学习者接触丰富多彩的语言,尤其是在不同交际场景中的使用。为了扩大语言输入量,教师应结合教材内容,为学习者补充适当的辅助听力材料。

(4) 学习者的语言知识、背景知识水平。教师应意识到语言知识是听力理解的基础,听者必须具备一定的语音、词汇、语法知识;同时,学习者还要对听力材料中涉及的人物、场景、文化背景、风俗习惯、生活方式、价值观等方面的背景知识有所了解。

(5) 学习者的情感状态。学习者的学习动机、自信心、焦虑等情感因素直接影响听力理解水平,教师应帮助学习者树立自信,以轻松、愉快的心理去听,保持思维的活跃,提高听力效果。

2. 基于读的语言接触活动设计

读是人类书面交际活动的基本方式,即通过视觉感知语言符号获取书面信息的行为,更是从视觉感知语言符号到完全理解书面材料的意义的过程,也是与语言知识、文化背景知识、个人经验等相联系的认知加工过程。时代的发展,尤其是计算机技术的广泛应用,大大促进了信息的交流,英语阅读愈加凸显出其交际活动的本质特点。因此,在设计让学生接触的读的活动时,应注意以下方面:

(1) 阅读材料的真实性。真实的阅读材料往往为本族语者所用,如英文报纸、电视、电影中的英语使用材料等,非真实的阅读材料指专门为学习外语的人设计的,特别考虑了词汇和语法知识等(如精读材料)。介于两者之间的阅读材料尤其适合外语环境下的学习者,这类材料既兼顾真实性,又考虑到学习者的语言水平,非常有助于提高语言水平和语言技能,为今后阅读理解真实的材料做好充分准备。

(2) 阅读材料的可理解性。阅读材料的可理解性指语言信息输入稍稍高于学习者目前知识水平,旨在传递语言负载的信息,帮助学习者获得交际性阅读技能。真实性与可理解性并非完全对应:真实的材料未必可理解,可理解的材料未必真实。尤其是对初学者来说,材料既应真实,又要具有可理解性,才能有效提高学习者的阅读技能。

(3) 阅读材料题材的广泛性、知识性和趣味性。阅读材料的题材应广泛,文章内容包括不同的知识范畴和文化背景,教师引导学习者了解和掌握不同体裁、题材的作品。同时,阅读材料内容应新颖、有趣,以激发学习者的学习兴趣,提高学习动机,调动他们积极的思维活动。

(4) 学习者的语言水平。阅读过程始于视觉感知语言符号,学习者必须掌握一定的语音、词汇、语法等语言结构知识。学习者的背景知识和个人经验构成了"认知图式",图示知识与语言结构知识共同形成了学习者理解所读内容的前提条件。

(5) 学习者的情感状态。兴趣是影响学习者阅读能力的重要因素之一,学习者的阅读兴趣愈高,其阅读量愈大,阅读面愈广。为了培养学习者的内在阅读兴趣,阅读材料的选择必须难度适当,力求知识性与趣味性的统一,以帮助学习者在提高语言知识的同时,充分享受到阅读带来的愉悦。

> 请讨论:
> 阅读是一种最简便的语言接触活动。绘本阅读对于小学生的英语语言接触具有哪些独特性?

二、吸收策略

外语学习过程中语言接触与语言吸收(intake)有着本质区别,语言吸收是指学习者在接触作为学习目标的语言内容后摄入目标内容的活动过程。

作为接触的语言,如果语速过快或呈现速度过快,或者因为难度过大,学习者不能理解全部的语言,那些无法理解的语言就不能帮助学生吸收语言。

常见的促进语言吸收的有效策略有易上手支架、深刻印象、有效训练、适度负荷等。

语言的吸收需要有学生容易上手的支架,让学生在吸收一开始就能顺利吸收所学内容,这种支架的作用就相当于我们喝饮料的吸管。

易上手支架英语基于学生的现有水平设计,而且应符合学生认知与生理特征。小学生的英语语言吸收活动的易上手支架,还需要考虑到学习内容的容量,学习内容不能超出学生的吸收能力。

这一活动就是一个易上手支架。

这是学生学习 It's red 之前的支架活动,学生已经学过 look,在这一活动中只需要学习单独一个词形态的 red, yellow, blue,然后再在随后的活动中学习 It's red. It's yellow. It's blue. It's black. It's white。

我们对事物的深刻印象有助于理解、记忆,语言吸收也是如此,让学生对所学语言形成深刻印象,尤其是长期深刻影响,非常有助于学生吸收所学语言。

请思考:
为什么说"小步快走"是小学英语搭建语法教学支架的有效方式?

形成深刻印象的活动主要有有趣的内容、获得突破(如第一次开展,游戏积分达到 10000 分等)的活动、非常有意义的奖励等等。

这是一个内容非常有趣的活动,有助于学生产生深刻印象,从而掌握所学语言。

在这个活动中,大明制作了生日牌,很多中国学生可能和大明一样,是第一次制作自己的生日牌,这种第一次有助于形成深刻印象。而且,故事中大明把年龄牌戴倒了,本来是 9

岁,让同学们看到都是 6 岁,由此形成趣味性,从而有助于学生掌握所学内容。

开展有效训练是形成语言吸收的最常见策略。有效训练是基于学生语言基础、语言学习机制、语言内容、活动形式等的综合设计。促进语言吸收的训练活动的有效性,因学生和内容不同而不同。我们可以通过积累,发现对我们学生有效的训练活动,在教学设计中加以使用。

有效的语言吸收活动还需要有适度的负荷,认知负荷、心理负荷、学习焦虑等都应适度,不能超过学生可以承载的有效负荷,而且应根据需要适当调整负荷强度。对于较难的语言内容,我们可以设计歌曲、歌谣、游戏等活动,调整负荷,或者分解教学内容、教学目标等。以下活动负荷适度,有助于促进语言吸收。

这本是一个学习八个身体部位词汇的活动,语言负荷非常大,但采用歌曲形式,而且是一边做动作,一边演唱,就大幅度降低了学习的认知负荷、心理负荷。

三、产出策略

如果说,语言接触是指学习者听到或阅读到的并能作为其学习目标的语言信息,那么据此类推,语言产出(produce)就是指学习者产生语言成果的过程,包括语言知识的输出和语言技能的产出,也包括文化意识、思维品质等相关要素的产出。

促进学生运用所学语言形成语言成果的常见策略有可完成、目标聚焦、源于生活、善用策略等。

语言运用的成果是学生完成运用所学语言的成果,这说明这一任务是可完成的,若任务无法完成,就无法产出语言运用成果。所以,可完成是促进学生产出语言成果的关键性基础。

> 请讨论:
> 这里使用"产出"(produce),而放弃"输出"(output),为什么?

(一) 基于说的语言产出活动设计

说的能力是人类言语交际活动的基本形式。说话者借助已有的语言知识和规则创造性地运用语言，是大脑积极思维的过程。教师应借助一系列的教学活动实现语言规则的内在化，避免从母语到英语的"心译"过程，直接流利地表达思想和情感。因此，在设计作为语言产出活动的说的活动时，应注意以下方面：

（1）先听后说。根据理解先于表达的人类认知特点，教师在展示说的能力时，要本着先听后说的原则，一是要针对语音或规则知识点，教师在展示过程中要求学习者听清听准，然后再口头模仿。二是要重视语言理解，教师在展示过程中促使学习者接触大量语言信息，并逐步实现语言规则的内在化，积极吸收和扩充语言知识，培养语感。

（2）口语活动的多样化。在英语教学中，学习者从学会发音、模仿到在交际场景中运用语言连贯地表达思想是一个漫长的过程，口语活动应多样化，如：模仿、简单地问题回答、机械操练、意义操练、交际活动、小组活动、角色扮演、解决问题、自由表达等等。

（3）学习者的语言水平。口语活动的展示应考虑到学习者的语言水平，如语言能力和语用能力。语言能力是口语表达的前提，正确的语音语调、一定量的词汇和语法知识都是培养学习者口语表达能力的基础。在口语交际过程中，学习者应具备一定的语用能力，即根据具体交际场景和上下文，调动已有的文化背景知识和个人体验，得体地使用语言，实现交际目的。

（4）学习者的情感状态。焦虑是影响学习者口语表达的主要干扰因素，但适度焦虑可以促进学习。教师在展示说的能力时，应尽力创设交际情景，鼓励学习者大胆表达，促使学习者以自信、积极的心态参与学习活动。

小学英语是英语学习起始阶段的学习，学生运用英语的能力尚存在诸多不足，我们设计的任务应在他们可完成的范围之内，这样才能真正形成产出。

(二) 基于写的语言产出活动设计

作为人类日常交际中的一种表达性技能，写是将思想转变成语言文字符号的过程。在英语教学中，不同的学习阶段对写有不同的要求，起始阶段的写作活动为高级阶段的交际性的写作奠定基础，促使学习者最终能够使用英语自由地表达思想。因此，写作既是英语教学的目的，又是英语教学的重要表达手段。因此，在设计作为语言产出活动的写的活动时，应注意以下方面：

（1）写与听说读技能的结合。由于语言的交际性，任何一项语言技能的培养都不可能是孤立的，只不过是在单项训练时有所侧重而已。写的能力应与听、说、读能力呈现相结合，例如，听写既有助于提高学习者写的准确性，又能检验理解的正确程度。又如，学习者对学习内容的仿写、改写、写出摘要等活动都是在阅读基础上完成的，如果让学习者先说再仿写、改写，既减少了口语表达的错误，又降低了写的难度。

（2）学习者的语言水平。写的技能培养受到学习者的语言水平的限制，如语言能力、语用能力。书面语比口语更正式、更复杂，要求表达上的精确程度较高，学习者应掌握丰富的词汇，能够准确、恰当地表达思想，而且学习者还要学会运用不同的语言形式表达特定的意义。同时,学习者还应考虑到读者所处的文化和背景,恰如其分地传递信息。

(3) 写作活动的多样性。写的活动应根据学习者的语言水平采取多种多样的方式:书写、抄写、听写、段落仿写或改写、句子或段落扩写、看图写作、按照提示写作、课文缩写、文章改写、自由的即兴表达。

(4) 激发学习者的写作动机。教师应尽可能地结合学习者的生活实际和思想感情,为学习者创设问题情境,挖掘交际题材,捕捉学习者的兴趣热点,促使学习者产生表达的愿望,使他们有话可说,有情要抒。

(三) 任务活动设计

任务教学倡导通过教师的充分指导促进学习者积极地投入知识的心理建构过程,在促进新旧知识相互联系的同时,引导学习者产生主动学习的心理倾向。

因此,作为语言产出活动的任务活动应包括以下方面:

(1) 有利于学习者先前知识的激活。学习者借助于教师的充分引导将新信息与先前知识整合成更高层次的知识结构,例如,教师提供一些核心概念,以语义联系的方式激活学习者原有知识,作为接受新信息的基本框架;或以提供典型范例的方式使抽象的讲解变得具体、形象,更有利于学习者的理解。

(2) 指向综合语言运用能力。语言教学中的任务的核心是发展语言运用能力,所以,任务的设计必须基于综合性的语言活动,发展学生的语言运用能力,同样的新信息可以通过多种感觉通道展示给学习者。例如,阅读材料的展示既可以通过视觉的形式,也可以通过听觉的形式,也就是说,既涉及读的技能,又涉及听的技能。但是,如果多种感觉通道提供的信息量超过一定的冗余度,或两种感觉通道呈现的信息完全无关且信息量过大时,学习者则难以接纳,从而使教学效果降低。例如,教师留出一定的时间让学习者阅读和理解教材或黑板上的与学习任务有关的内容,如果此时教师还在滔滔不绝地讲解,反而会使学习者无所适从。

(3) 任务难度适中。任务形式非常丰富,不仅听、说、读、写、看这些技能在生活中的运用可以成为真实生活的运用任务活动,任何语言知识的学习也可以成为语言学习任务,因为对于学生而言,学习本身也可以成为任务,尤其是语言学习之后的展示、表演活动。教师在呈现学习任务时应确保任务难度适中,因为学习者对过难的学习任务常常会望而却步,太容易的学习任务又难以引发其学习的兴趣。在任务设计中要安排适度的不确定性,以引发学习者进一步探寻的兴趣。

(4) 引起学习者注意。所呈现的内容应为与学习者新近体验不同的内容,但呈现方式和内容应简洁明了,避免杂乱、无关的信息分散学习者的注意力。例如,在使用多媒体手段呈现信息时,删除无关的背景信息及不必要的细节内容,以突出重点。

(5) 激发学习者的动机。如果任务难度适中,呈现方

> 请讨论:
> 作为语言运用的任务有哪些产出形式?

式灵活且富有趣味性,学习者更有可能产生对学习的兴趣,从而产生积极的、愉快的学习欲望。例如,教师通过布置课前学习任务对学习者的期望施加影响。

任务的可完成特性可以通过语言示例进行规范。下面这个任务可以运用很复杂的语言完成,但也可以只是运用示例所展示的语言完成。正是活动中的语言示例,使得学生可以运用所学语言产出语言成果。

教学是有目的的活动,在教学活动中聚焦目标语言有助于促进学生运用所学语言产出语言成果。无论是课文,还是课堂活动,语言可能都非常丰富,而学生真正需要掌握、能够运用的可能只是其中一部分,因为其他语言是语境语言、活动组织语言等。所以,教学中需引导学生聚焦学习目标,学生可以由此形成语言能力。

下面课文的语言内容非常丰富。

Let's talk.

Amy: What happened?

John: I fell off my bike last Saturday and hurt my foot.

Amy: That's too bad! Are you all right?

John: I'm OK now. Come and look at my photos from the Labour Day holiday.

Amy: Where did you go?

John: Mt. Tianshan, Xinjiang. I rode a horse. Look, it's very small!

Amy: Oh, yes. It looks like a mule. Did you go to Turpan?

John: Yes, we did. We saw lots of grapes there but we couldn't eat them. They won't be ready till August.

但教学目标聚焦在 Where did you go? I went to ... What did you do? I did ... 上,则学生可以聚焦目标,在一节课内通过复习,掌握这一目标。

考试是评价手段之一,可以有效检测学习者对某方面知识或技能的掌握程度。但是,我们反对完全指向考试目标的学习,反对"为考而学、为考而教"的现象,因为考试并非学生学习的全部目标,更不是根本目标,学生的发展才是其根本目标。

源于学生自己生活的语言活动有助于学生运用所学语言产出语言成果,因为他们对自己的生活活动非常了解,没有认知负担,而且具有亲切感,甚至可能非常喜欢。

我们要善于发现、总结源于学生生活的活动,让学生运用所学英语进行产出。以下就是一个源于学生生活的活动。

小学生的英语语言运用能力还存在很多不足,善用策略有助于他们产出语言成果。策略能力的培养不仅仅依靠教师对策略内容和使用的直接讲解,策略能力的培养完全可以渗透到各项语言技能培养中去。以听力策略培养为例,在听力练习中,教师引导学习者采用相关的学习策略提高听力效果,采用的策略包括:寻找关键词和非言语线索;根据听到的语境信息判断交际者的目的,以此将语言信息与学习者作为听者的认知结构相互联系,激活大脑中的图式;根据上下文猜测生词或漏听部分的意义;领会要点和主题,将注意力集中在语言所表达的内容上,而不是语言的形式上。

经过一段时间的策略运用训练,学习者对策略有了初步认识和了解,并且借助相关材料的运用练习,提高自我监控和自我反思能力,不断评估自己的策略使用情况,并作出适当调整,这实质上是在培养学习者的自主学习能力,教会学习者如何学习。随着策略意识的不断增强,学习者逐步将课内掌握的策略延伸至课外学习活动中,自觉地运用相关策略从事言语交际活动。

 实 践

【请你回答】

1. 反思你自己在英语学习中的语言吸收策略,列出至少三类促进你自己吸收所学语言的有效训练活动。

2. 语言产出策略中对你自己最有效的是哪一种或哪几种?请举例说明。

【设计实践】

请设计以下内容的教学传递策略。

 案例分析

案例:

It's red/white/black/yellow/green/blue 的传递策略设计

教学内容为熊猫看到变色龙变化颜色而惊叹,语言内容为 It's 结构加上 red, white, black, yellow, green, blue。

教学对象为刚开始学习英语的一年级或三年级学生。

鉴于学生刚开始学习英语，一次活动同时学习 6 个颜色词有一定难度，特将颜色词分为两组：一组为过马路看到交通灯颜色而说颜色，另一组为看川剧变脸时看到不同颜色的变化而惊叹。

- Look! It's red; it's red.

- Look! It's yellow; it's yellow.

- Look! It's green; it's green.
- Let's go. Let's go.

Look!
It's white;
it's white.

Look!
It's black;
it's black.

Look!
It's blue;
it's blue.
Let's clap.
Let's clap.

分析：

这一传递策略非常有特点，首先根据学生学习难度而对学习内容进行了分组，这样可以减小需传递知识的总量，从而使学生更容易学习和掌握。

其次，这一传递策略采用了学生非常熟悉的交通灯颜色，但又同时采用了川剧变脸这一学生可能不熟悉但有兴趣的颜色变化。这两项活动的颜色变化都是真实的颜色变化，而且都是需要被我们关注到的变化。若不关注交通灯颜色变化，我们就无法安全地过马路；若不关注川剧变脸的颜色变化，我们就不能真正欣赏这一表演的精华。

最后,这一设计的目的是带外国小朋友去看川剧,首先要带外国小朋友过马路,然而带他们看戏。这一设计使得这次的知识传递能成为学生较长时期的记忆,从而使语言内化成为可能,形成长期的传递策略。

显然,基于学生真正生活、真实兴趣、真实语言运用形态的知识传递,有助于实现知识传递策略的目的。

第三节 小学英语教学管理策略设计

【请你思考】

S老师是一位教学经验非常丰富的小学英语教师,被邀请到同一城市的另外一所学校去进行教学展示,这所学校与她所任教的学校都是同一类型的学校,她精心准备了教案和课件。但是,结果令她感到非常意外,她甚至没有完成这节课的教学计划,原因是她感到这个班里的某些学习者不服从教师的管理,在维持课堂秩序方面她花费了过多时间。

你认为这一问题应如何解决?

_____
_____
_____
_____

【学习目标】

学习本节后,你能:

1. 掌握小学英语教学的时间管理策略;
2. 掌握小学英语教学的空间管理策略;
3. 掌握小学英语教学的纪律管理策略。

【本节概念】

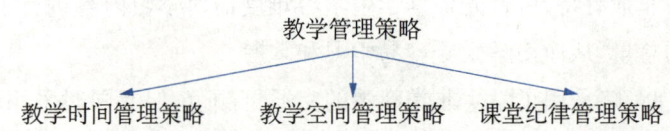

【请你回答】

1. 你认为在开展课堂活动时应采取的时间管理策略有哪些?

2. 你认为在开展课堂活动时应采取的纪律管理策略有哪些？

一、时间管理策略

课堂教学过程是一个动态的过程，教师、学生、教学环境三者之间发生相互作用，以此促进教学目标的实现。现代课堂管理（Classroom management）注重建立良好的课堂环境，保证良好的课堂活动秩序。同时，有效的课堂管理还应当能够保持课堂互动，促进交流，因为课堂活动从本质上来说就是一种寻求师生之间、学习者之间对话的实践交流活动。课堂活动的最终目的是促进学习者的持久发展，因而课堂本身也具有持续发展的特点，课堂管理必须调动各种可能的因素，挖掘课堂的活力。

可见，课堂的有效管理就是在最大程度上参与学习活动，使教师有效地利用教学时间，确保高效率的教学。因此，课堂管理的一个重要目标是尽量将更多的时间用于学习。

（一）课堂时间的分类

教学时间一般划分为四个层次[①]：教师分配时间，即教师按照课程表确定的、为某一特定的学科学习确定的时间，在这里特指为学习英语这门科目所设计的时间；教师教学时间，即教师完成常规管理以及管理任务（如考勤、处理课堂行为问题等）之后所剩余的用于教学的时间；学生投入时间，即学生实际上积极投入学习或专注于学习的时间，属于教学时间，也称专注于功课的时间；学业学习时间，即学生以高度的成功率完成学业功课的时间。

> 请思考：
> 如何引导学生合理地把握学习时间安排？

多项研究表明，学习者课堂时间分配的质量，如投入

[①] 皮连生，王小明，胡谊. 教学设计（第2版）[M]. 北京：高等教育出版社，2009.

时间和学业时间,与他们的成绩呈明显的正相关。分配给教学的时间并不如学习者投入学习的时间对完成学习任务那么关键,因为即使教师安排学习者参与教学活动,但如果他(她)并不配合,这样的安排显然对学习成绩没什么用。可见,所谓在学习中争取更多的学习时间实质上是让学习者参与有价值的学习活动,从而提高单位时间的学习效率。

(二) 时间管理策略

为了提高课堂时间的利用率,教师可采用下列时间管理策略。

(1) 提高学习者参与课堂教学活动的积极性。提高课堂时间利用率的最有效途径就是教学活动要引发学习者的兴趣,提高学习者的参与程度,教师应提供给学习者以较多的积极参与学习活动的机会,尤其要鼓励学习者形成并参与结构完善的合作学习。

(2) 保持课堂活动安排的紧凑性。在上课时尽量避免打断或放慢教学进度,保持教学的合理紧凑性,是保证学习者高度参与学习活动的关键。在一个能够保持课堂活动安排的良好紧凑性的环境下,学习者总是有事可做,并不会被轻易打断。例如,如果教师突然中断上课,花上几分钟去处理一件完全可以课后处理的小事,会对学习者的参与产生极大干扰,这不仅会浪费学习者的时间,而且学习者过后要用更多的时间安定情绪,将思路转回课堂学习上来。

(3) 保持课堂活动安排的流畅性。保持课堂活动安排的流畅性是指教师合理而又富有技巧性地将学习者从一项学习活动引向另外一项学习活动,而不是毫无过渡地从一个主题跳至另外一个主题。教师在课堂上如果缺乏活动安排的流畅性,如重复和复习学习者早已掌握的知识,或无端地停止讲课,思考下一个问题或准备材料,都会影响学习者对学习活动的参与程度,影响单位时间的学习效率。

(4) 形成课堂活动之间的合理过渡。课堂活动之间的良好过渡指学习者从一项学习活动向另一项活动的转换,如从单词讲解到实物演示,从小组讨论到个体发言等。过渡被视为课堂管理的"缝隙",最容易发生课堂问题。因而,教师在引导学习者过渡时,应给学习者一个明确的信号,使学习者理解将从事的活动或内容。

(5) 鼓励学习者进行自我管理。如果学习者学会很好地管理自己,也能够大大提高学习时间的利用率。例如,教师通过让学习者参与课堂规则的制订,反思制订某些规则的原因以及他们不良行为产生的原因,引导学习者考虑他们将如何计划、监督和调节自己的学习行为,并对照规则,反思自己的行为,以补充完善已有规则。当然,鼓励和引导学习者发展自我管理的能力可能要占用额外的时间,教师也要付出更多的精力,但是,从学习者的长远发展看,这些努力都是值得的。

二、空间管理策略

教学总是在一定空间进行的,这种空间既有真实空间,也有虚拟空间,对于教学而言,还有学校空间、家庭空间、社会空间。

小学英语目前大多是在真实的学校空间，而且主要是在教室空间进行的。我们要充分利用和合理管理学校空间和教室空间，使之成为英语学习的空间，我们可以设计校园英语长廊、每个教室外面的英语 poster 专栏等，教室里的英语竞赛红旗榜、英语故事挂图、英语词汇图等都是可以促进学生学习知识、发展能力、建构品格的锚图（anchor charts）。

> 请讨论：
> 锚图（anchor charts）非常有助于学生学习。请进一步了解锚图，并讨论：如何为学生设计适合他们的锚图？

同时我们要合理管理虚拟空间，如学校英语广播、学校网站英语专栏、校外英语学习网站等。

对于英语学习，我们还应合理管理家庭空间，包括真实空间和虚拟空间。我们可以要求学生把家里的图书整理一下，设计一个家庭图书角（如 137 页课文所示）。当然，我们应该要求家长加入孩子可以完成作业、提交作业的微信群等虚拟空间，孩子可以随时与家长沟通，家长也可以了解孩子学习情况。

Ms Smart: A friend sent these books and CDs to us. Let's make a home library.
Lingling: That's a good idea.

Amy: These are all books about science.
Lingling: Let's put them on this shelf.
Amy: Here you are. Let's put them with the CDs.
Lingling: OK.

Amy: What are these big books? They're heavy.
Lingling: They're dictionaries. We can put them here.
Amy: These are the library cards for our friends.
Lingling: Great! Now we can ask them to come.

在当今的英语学习环境中,最为丰富的社会空间环境,也对英语学习产生非常显著的影响。

随着我国改革开放的深入,我们的社会生活中英语已经随处可见,这些都有助于学生接触、吸收、产出英语。我们可以专门设计这类活动,引导学生关注社会生活空间中的英语,如让学生把超市里、村镇小商店里、家里的各种物品的包装上的英语找出来,看看自己能认出哪些,从而促进学生形成英语学习的成就感,或者强化进一步学习英语的目标。

国际交往的空间也是非常重要的社会空间。我们可以鼓励有条件的学生,参与国际间的交流,如短期游学、随父母出国旅游、看外国英语故事与动画片、浏览外国儿童英语学习网站等,促进学生在英语学习的开始阶段,就形成运用英语开展国际交流的意识。

三、纪律管理策略

纪律管理是有效教学的重要保证,课堂管理是指那些能够有效鼓励学习者参与课堂学习的话语、行为和活动,而纪律是指评判学习者行为是否适当的标准。课堂纪律是维持课堂秩序的手段,是课堂活动顺利开展的保证。课堂纪律同时还具有社会功能,起到内化道德规范、促进学习者健康成长的作用。

课堂纪律管理包括正常纪律的维持和违纪处理两个方面。维持正常纪律的目的是要建立课堂上的和谐人际关系,这主要包括师生关系和学习者之间的关系。和谐的师生关系表现为教学相长,积极健康,尊师爱生。学习者之间的和谐关系表现为学习者之间互帮互助、团结合作,同时形成积极的竞争关系,既有利于提高学习者学习积极性,也有利于其潜能的充分发挥。在合作和竞争中达到一种平衡,以建立宽松的教学环境。

作为正常人,都具有自制力,能够管理、调节和控制自己的行为。如果教师过分严格地约束学生的行为,学生反而容易产生抵触心理。可见,纪律的维持既不是采取生硬的措施来控制学生,也不是放任自流,既要采取必要的策略维护和谐的课堂气氛,又要给学生一定的自由度,这样学生才会与教师密切配合,共同维持好课堂教学纪律,使师生在和谐融洽的气氛中愉快地参与教学活动。

就课堂纪律来说,预防学生违反纪律比矫正学生的问题行为更重要。要想保持良好的课堂秩序,教师应采取下列纪律管理策略。

（一）从教师自身角度出发采取的策略

教师采取各种措施促进良好的纪律管理，比如，教师事先知道学生的姓名；提问时按照姓名而不是座次；要求学生在教师讲话前要保持课堂安静；教师更要周密地计划好课堂活动，确保学生在课堂活动中自始至终都有事可做；公平地对待每一个学生等。

（二）从学生角度出发采取的策略

在很多情况下，教师应借助集体的作用维持课堂纪律，例如，教师可以组织小组活动，让学生互相监督。同时，培养学生良好的自我管理能力，也是促进良好课堂秩序的途径，例如，课堂活动的设计应考虑到学生的个性差异，充分利用学生的多元智力倾向特点。此外，值日班长制度也体现了加强学生自我约束从而促成纪律策略的作用。

（三）从学习任务角度出发采取的策略

学习任务的设计能够起到促成良好的纪律策略，比如，教师可以根据所学内容，开放设计一些游戏活动，激发学习者的学习兴趣，促进学生的参与，自然有利于课堂纪律的维持。

> 请讨论：
> 让学生一节课都端正地坐着，真的有助于小学生的英语学习吗？

（四）正确处理课堂管理和教学之间的关系

课堂管理与教学具有不可分割的关系，如果教师只是将精力和时间全部投入到教学活动上一味地追求促使学生解决问题，而忽视了课堂管理系统，后果是极其危险的，因为教会学生有效利用和控制自己的社会行为与教学生管理和控制认知同等重要。

事实上，即使面对学生的问题行为，我们也不应只是进行简单的批评或惩罚，而是要针对学生的具体情况，进行认真细致的思想工作，选择恰当的处理时机，循循善诱，动之以情，晓之以理，针对学生的具体情况，发现问题行为产生的根源，采取适当的措施，使学生真正认识到自己行为的错误所在，从而决心改正课堂上的不良行为。例如，教师采用对待正常学生一样的做法对待有情绪障碍的学习者，这显然不合适。存在情绪障碍的学生往往表现为焦躁、冷漠、自卑、娇气、孤僻、涣散、懒惰等，教师应掌握一定的心理学知识理论，采用心理辅导的方式，帮助学习者正确认识和评价自我，确立自信心，培养其自我调节能力，形成健康的人格。

【请你回答】

1. 如何建设小学英语学习空间？
2. 课堂纪律管理策略难点在哪里？

【设计实践】

1. 请为以下教学活动设计时间管理策略。

2. 请为一所农村小学设计英语学习空间。

案例：

It's red/white/black/yellow/green/blue 的时间管理策略设计

教学内容同第二节的案例分析说明。

为激发学生进一步学习颜色的兴趣,教师设计了颜色变化活动。

教师首先展示一杯蓝色水、一杯黄色水,然后将两杯水倒在一起,让学生观察颜色变化,结果水变成了绿色,如下图：

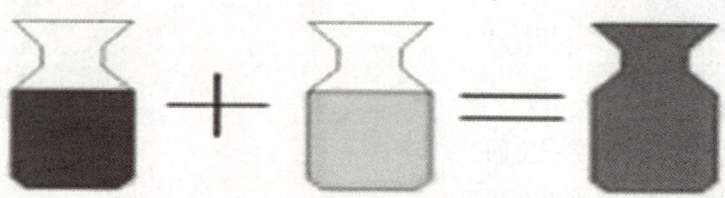

教师呈现 blue+yellow=green 公式，并说出相应语句，即：Look, it's blue. It's yellow. Look! It's green now!

然后让学生各自开展实验，观察颜色变化，并说出语句。

然后给出以下颜色变化表和多种颜色的水，让学生自己开展实验。

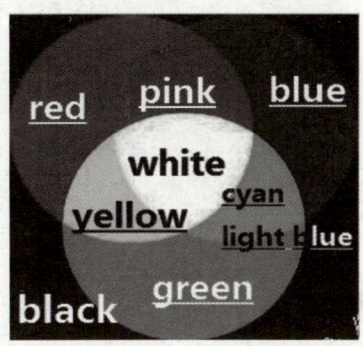

分析：

这一活动非常受学生欢迎。一是学生对其中的颜色变化非常感兴趣；二是这是一个动手活动，学生很高兴自己能亲手做这个实验。

但这个实验会导致教室出现一定的混乱：一是各种颜色的水被学生弄得到处都是；二是可能有些学生会把水杯打翻，弄脏自己或同学的衣服；三是可能学生不再说英语，而专注于实验。

所以，这一活动可以在上课结束之前五分钟开展，通过老师演示，并说明注意事项，然后把学生安排到比较宽敞的地方进行实验，并让学生课后继续开展实验。

教学活动的形式、学生参与情况与教学活动的时间安排密切相关，我们要在正确的时间、正确的地点做正确的事情，从而实现我们预设的教学目标。

 **进一步阅读参考**

皮连生，王小明，胡谊. 教学设计（第2版）[M]. 北京：高等教育出版社，2009.

鲁子问. 英语教学论（第三版）[M]. 上海：华东师范大学出版社，2018.（待出版）

鲁子问，康淑敏. 英语教学方法与策略[M]. 上海：华东师范大学出版社，2010.

第六章　小学英语教学过程设计

第一节　小学英语教学过程的形态与功能

【请你思考】

　　W 老师参加工作已三年多，每次备课都十分认真。她认为小学英语教学重点在于语言的使用，平时要多朗读、多说。所以，她在课堂上让学生采用跟读、个别读、整体读、分角色对话、小组表演对话等方式来操练课文口语对话。W 老师认为，只要大部分学生能正确朗读、表演对话，课堂教学目的就达到了。可是，W 老师发现学生对所学语言知识掌握并不牢固，英语运用能力并没有因此得到有效提高，成绩也并不理想，更关键的是学生对英语的学习热情不是很高。W 老师很困惑。

　　你认为是什么导致了 W 老师的困惑？

_____
_____
_____

【学习目标】

　　学习本节后，你能：

　　1. 了解并掌握英语教学过程的内涵；
　　2. 了解并掌握小学英语教学过程的形态；
　　3. 了解并掌握小学英语教学过程的功能。

【本节概念】

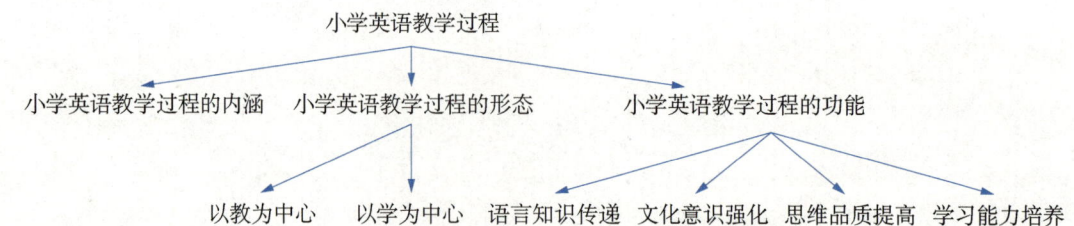

【请你回答】

1. 你认为小学英语教学过程应具有哪些形态？请举例说明。
   _____
   _____
   _____

2. 你认为小学英语教学过程具有哪些功能？请举例说明。
   _____
   _____
   _____

3. 你认为为什么需要掌握小学英语教学过程的功能？
   _____
   _____
   _____

学习

教学是由一系列活动组成的过程，教学过程是一种教育过程，是教与学的双边活动过程。教学是有目的的行为，实现教学目标的关键在于合理的目标、必备的条件与指向目标的过程，没有指向目标的过程，目标再合理、行为条件再齐备，也无法真正实现目标。所以，作为国民教育的重要组成部分，小学英语课堂教学过程的设计，对于小学英语教学，对于学生发展，乃至国民能力，都至为关键。

一、小学英语教学过程的内涵

从中文的字面意思来看，"过程"是指事物发展所经过的程序、阶段。英文的 process 源于拉丁词根 cedere（to go），意为 a particular course of action intended to achieve a result（实现目标的特定的行为过程）。显然，中英文的过程皆关注过程动态的持续性。基于此可知，过程是为达到某种目的而经历的程序。

在哲学层面，过程是一个连续不断的阶段或形态的结构式的序列。怀特海将过程哲学观运用到教育学理论上，他在《教育目的》(1929)一书中指出，教育是一个始终处在形成过程中的难题，需要将教育与课程视为一个形成性的过程。

我国儒家教育传统一般把教学过程看作是在教师循序引导下，学生学习知识和修养道德的统一过程。荀况对孔子"学而知之"的主张进行拓展，从朴素唯物论的认识论

> 请思考：
> 不同学科对过程的理解有哪些共同之处，哪些不同之处？这些相同与不同对我们开展小学英语教学过程设计有哪些启示？

出发,把学习看作是"闻"、"见"、"知"、"行"的统一过程。王廷相继承了古代朴素唯物论认识论传统,他把荀子"学至于行而止"的观点推进一步,认为"行"中出真知:"讲得一事即行一事,行得一事即知一事,所谓真知矣",反对"不于实践处用功"的教学过程。

在心理学层面,"过程"指的是心理现象发生、发展和消失的过程。它具有时间上的延续性,包括认知过程、情感过程和意志过程,是互相关联的一个整体。而在《义务教育英语课程标准》(2011年版)中,情感态度的培养就是其中的一个指标,要求教师在教学过程提高学生的英语学习兴趣,树立信心,增强爱国意识和拓展国际视野。

德国哲学家与教育家赫尔巴特认为教学过程中,学生的一切心理活动都是观念的运动,即概念与概念、主要概念与从属概念之间系统化联结运动;至于概念本身并不是客观世界的反映,而是人类把心灵固有的先验的理性概括,通过沉思默想赋予客观世界的。赫尔巴特把教学过程分为四个阶段:

> **请讨论:**
> 过程不仅是一个行为概念,也是一个哲学概念,比如过程正义与结果正义,甚至有过程哲学这一领域。为什么有必要从哲学高度探讨过程?

明了:即要求学生专心致志地学习新课题的各个要素,达到正确理解为止。

联合:建立新概念与已知概念的联系。

系统:突出主要思想,把知识整理成贯通的系统。

方法:指导学生独立思考,运用系统知识进行练习作业。

赫尔巴特运用心理学来解释教学过程,最早提出和论述了教学阶段问题,明确地把教学当作一个过程来研究,这些是具有一定意义的。

在教育学层面,以美国教育家杜威为代表的实用主义教学论,认为教学过程中必须以儿童个人生活实践或直接经验作为学习的中心,要求围绕特定的生活事务来学习知识,即"由做而学"。杜威根据教学过程的五个要素将其分成不同的阶段,这些要素包括:学生需要真实经验的情境,要有一个对活动本身感兴趣的连续的活动;在这个情境内部产生一个真实的问题,作为思维的刺激物;他要占有知识的资料,从事必要的观察,对付这个问题;他必须负责一步一步地展开他所想出的解决问题的方法;他要有机会通过应用来检验他的想法,使这些想法意义明确,并且让他自己去发现它们是否有效。杜威针对传统教学中对实践重视不足而提出教育要重视学生的主体活动及其亲身经验,对于认识教学活动具有显著意义与作用。

教学是一种有目的的活动过程,是教育者与受教育者共同参与的过程。教学过程与其他各种形式的教育过程,例如团队教育活动过程,各种课外、校外教育活动过程等有所不同,有其自身特点:教学活动是按照课程计划和教学大纲的规定进行的教育活动;教学活动是师生教与学相互作用共同活动的过程;教学过程以传授、学习系统科学知识、基本技能为基础性目标,同时促进学生各方面素质的发展;教学过程是实施智育的组织形式。总而言之,教学过程不仅仅是知识技能的教学过程,同时也是促进核心素养全面发展的过程;不仅仅是实施智育的过程,而同时也是实施德、智、体、美、劳等各方面教育的统一过程;教学过程是集认识过程、心理过程、社会过程为一体的综合过程。

显然,小学英语教学设计中所探讨的过程,就是指在教师的指导下,为实现既定的教学目标,通过师生教与学的共同活动,促进学生语言能力、文化意识、思维品质、学习能力等核心素养各领域发展的教育过程。

作为一个有机的程序阶段,教学过程是由多个环节组成,这些环节相互联系、相互作用,不断延续。一般教学过程的主要环节有:导入、呈现、讲授、设计、巩固、实践、复习等。

> 请讨论:
> 教学过程由若干环节组成。不同环节组成的是不同过程吗?

二、小学英语教学过程的形态与功能

纵观人类悠久的教学历史,教学过程思想可谓百花齐放,各有千秋。从教学思想关注的焦点来看,教学过程主要可分为两种形态:以教为中心的教学过程和以学为中心的教学过程。

(一) 以教为中心的教学过程

在传统的教学模式中,课堂的主要形式是以教师主动向学生传授知识为主,也是教师实施事先准备好的教学方案的过程,主要任务在于努力引导学生学习既定的知识。所以,这种教学过程的特点是以教师为唯一中心的单向表演,即所谓的"独角戏"。久而久之,课堂就变成教学的舞台,教师是"主角",学生是"配角",甚至大多数学生只充当"群众演员"的角色。

以"教"为中心的教学设计主要研究的是"教",强调教学目标的实现,即如何引导教师教好学生,提高教学质量。也就是说,尽管教与学同时贯穿整个课堂,但其中心在"教",更多关注的是教师的教学效果。相对而言,对"学"的关注度就比较少,忽视调动学生的积极性和主动性,对创造型人才的培养带来负面影响。基于学生的认知能力和知识储备,在小学英语低年级阶段,以"教"为中心的教学过程略多。即使是以"教"为中心,也应该是基于"学"的教,是促进学、指导学的教。

(二) 以学为中心的教学过程

自古以来,众多的教育实践者和理论家们都倡导以学为中心的教育理念。美国教育家和哲学家杜威提出"儿童中心论",强调尊重人类自由的天性、尊重儿童的心灵和遵循教育的规律对儿童发展的重要性。这一理论被运用于教学之中,进而发展为"以学生为中心",直至当今的"以学为中心"。

古往今来,中西方的教育大家们早已将"以学为中心"理念渗透到教学过程中去。例如,孔子倡导的"学—思—行"的教学过程,后来的思孟学派提出的"博学之、审问之、慎思之、明辨之、笃行之"的教学过程,以及西方古代和近代的赫尔巴特的"明了—联合—系统—方法"、杜威的"疑难—问题—假设—验证—结论"等各种教学过程,以及当代"激发动机—感知教材—理解教材—巩固复习—运用实践—测试评价"的教学过程,等等。

以学为中心的教学过程强调将学生视为课堂的主体，各项教学环节的设计都应做到尊重学生的个体差异，因材施教。让学生主动参与到课堂活动中去，通过质询、交流、思辨和解决问题等能力去获取并整合相应的信息和知识。

因此，以学为中心的教学过程设计需根据学习过程设计，强调学习过程的最终目标是完成知识意义的建构。这就要保证教学过程按照学生的学习特征开展，从而促进学习。但是，教师所扮演的角色依然非常重要。为了保证课堂顺利有效地开展，教师是以引导者、观察者或监督者的身份贯穿始终。

在小学英语教学过程中，要充分了解学生，尊重学生在性格、年龄、认知方式、生活环境等方面存在的差异，面向全体学生，做到以学生的学习为中心进行教学。教学过程应突出学生在教师的指导下发展语言能力、文化意识、思维能力、学习能力。

教学过程作为一个由教师、学生、教学目标、教学内容、教学方法、教学活动、教学条件等要素构成的系统，具有其自己特定的功能。教学过程是教学的实施，是教育目标达成的根本性因素，教学过程在实现教育目标中所起到的作用就是教学过程的功能。教学过程的功能可划分为促进社会发展的外向功能和促进人发展的内向功能，知识传递功能、智力发展功能、情感培养功能、品德形成功能和个性发展功能。

> 请讨论：
> 如何在教学过程中实现其情感培养功能、品德形成功能？

小学英语课程将培养和发展学生的外语学科核心素养设定为课程的具体目标，旨在培养和发展学生的语言能力、文化意识、思维品质和学习能力。因此，小学英语教学过程主要有语言知识传递功能、文化意识强化功能、思维品质提高功能和学习能力培养功能。

教师的职责就是"传道授业解惑"。所以，在教学过程中，教师通过多样的课堂形式向学生传授听、说、读、看、写等方面的知识，逐渐培养学生的语言意识和英语语感。

文化意识是指对中外文化的理解和对优秀文化的认知，是学生在全球化背景下表现出的包括知识、观念、态度和行为的品质。在小学英语教学过程中，教师通过展示多元化的中西方文化内容，使学生在学习文化知识的同时，不仅要理解文化内涵，还要学会比较其异同之处，进而使跨文化意识和文化传播能力得到强化。

传统的教学往往过于强调知识的传授，而忽略思维能力的发展。思维品质是指人的思维个性特征，反映其在思维的逻辑性、批判性、创新性等方面所表现的水平和特点。在教学过程中，教师引导学生辨析语言和文化表现的各种现象；分类、概括信息；理性表达自己的观点，形成英语思维习惯，提高多元思维能力。

满堂灌的教学模式导致学生过分依赖老师，弱化了自主学习能力。学习能力指主动学习、积极调适及自我提升的意识、品质和潜能。英语学习不能只满足于课堂时间，更多的是体现在平时的学习之中。教师在教学过程中通过提高学生的学习兴趣、明确学习态度和目标，运用恰当的教学方法，引导学生自主学习、合作学习和探究学习，有效监控和管理学习模式，多渠道获取学习资源。

【请你回答】

1. 你认为以学为中心和以教为中心的教学过程的根本区别是什么?
2. 在小学英语教学过程的四项功能中,哪一项最为重要,为什么?

【设计实践】

请根据本节提到的教学形态为以下教学内容设计教学过程。

《英语》(PEP)四年级上学期 Unit 3

案例:

《英语》(PEP)四年级上学期
Unit 3 第一课时教学过程设计

教学内容:What's his name? His name is … He's/She's strong, friendly.

调查分析:

(1) 通过调查发现,学生愿意报名学习舞狮、竞选学校形象大使。

(2) 通过观察可知,本班 46 名学生,其中 5 名男学生、2 名女学生在身高、体重两个因素上都可用 strong 描述。但经过调查发现,5 名男生中 4 名以 strong 而自豪,另 1 名男生、2 名女生都不愿意用 strong 描述自己。老师课前告诉这四名学生,本节课挑选舞狮队队员,建议他们参加。

（3）通过调查发现,本班有 12 名学生在全班同学心目中具有 friendly 特性。

（4）通过调查发现,学生大多不会基于理据做出判断。

教学过程设计：

一、导入

老师告诉学生：根据班里同学们的选择,我们选择至少 4 名同学参加学校舞狮队学习舞狮,要求 strong;展示以前舞狮队学生的照片,介绍 His/Her name is ... He's/She's strong. 引导全班学生基本理解 His/Her name is ... He's/She's strong 的语义。

然后告诉学生,根据班里同学选择,我们要推选几名代表参加学校形象大使竞选,要求 friendly;展示以前学校形象大使的照片,介绍 Look! His/Her name is ... He's/She's friendly,引导全班学生基本理解 His/Her name is ... He's/She's friendly 的语义。

二、呈现与学习

让学生看教材,学习 What's his name? His name is ... He's/She's strong, friendly。

三、完成任务

让愿意参加舞狮队的学生报名,并请课前动员过的四名学生报名,询问全班同学 Is he/she strong? 并进行全班投票,选择舞狮队队员。

若发现学生不能做出合理判断,则再次用以前舞狮队员的照片作为 srtong 案例,引导学生思考和选择。

然后组织选择形象大使,让学生分组推选,询问全班同学 Is he/she friendly? 全班投票,选择 5 名得票最高者代表本班参加学校海选。

若发现学生不能做出合理判断,则再次用以前形象大使的照片作为 friendly 案例,引导学生思考和选择。

老师最后用 He's/She's strong. He's/She's friendly 等进行点评。

分析：

这一案例在教学前就通过学生愿意参加学校哪些活动进行设计,选择了舞狮队、形象大使两项作为教学内容,而且发现其他要素,基于这些要素设计教学过程。全程都是基于学生而设计的,导入是基于学生真实情况,任务完成是基于学生的选择,而通过反复询问引导学生思维能力发展,也是基于学生思维能力不足做出的选择。

这一案例在教学开始,通过描述学生的真实情况,引导学生学习新词汇、新语句。这些描述都是学生非常真实的实际情况,不需要任何汉语帮助,学生就能很好地理解语义,掌握用法。

在运用时,也是引导学生基于学生自己的选择而完成任务,从而发展语言能力。

鉴于学生思维能力存在不能基于理据做出选择判断的严重不足,老师反复询问 Is he strong? Is he friendly? 引导学生学会基于理据做出判断。最后再让学生自主进行投票选择,从而引导学生形成基于理据做出判断的能力。

这一案例基于充分调查发现进行教学设计,在教学过程中,除课文学习之外,全部基于学生真实信息和实际任务展开,并针对学生可能出现的问题进行了预设。

第二节 小学英语课堂教学过程设计

【请你思考】

L老师工作兢兢业业,而且非常喜欢学生。他认为小学英语课堂的氛围十分重要,因此每次备课都要查阅各种幽默的段子和好玩的游戏,然后在课堂上,他先通过幽默诙谐的故事把学生引入新知识的学习中去,再通过让学生做各种有趣的游戏来巩固所学知识。整堂课的确是轻松幽默,学生收获了很多快乐,学习兴趣也高。但是,令L老师头疼的是他的教学效果并不理想,学生成绩也并不好,他所精心讲解的内容,总是换一个语境学生就无法理解了。

你认为L老师的教学存在什么问题?

_____
_____
_____
_____

【学习目标】

学习本节后,你能:

1. 了解并掌握活动式教学过程;
2. 了解并掌握任务教学过程;
3. 分析评价一节英语课的教学过程。

【本节概念】

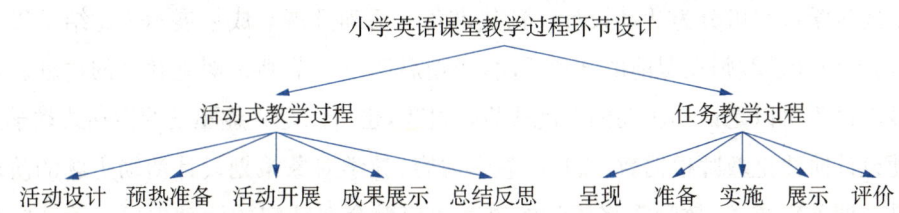

【请你回答】

1. 你认为活动式教学过程为什么具有突出的教学效果?

2. 你认为哪种任务教学模式最适合你自己现在的教学?为什么?

 学 习

教学目标的实现需要其合理性来保障,指向目标的教学活动也需要各项活动是一个相互推进的过程。小学英语中具有较好的教学成效的教学过程主要有"活动式教学过程"和"任务教学过程"两种。

一、活动式教学过程

活动教学,主要是以在教学过程中构建具有教育性、创造性、实践性、操作性的学生主体活动为主要形式,以鼓励学生主动参与、主动探索、主动思考、主动实践为基本特征,以实现学生多方面能力综合全面发展为核心,以促进学生整体素质全面提高为目的的一种教学观和教学形式。

活动教学一般是指教师根据教学要求和学生获取知识的过程为学生提供适当的教学情境,根据学生身心发展的程度和特点设置,让学生凭自己的能力参与阅读、讨论、游戏、学具操作等去学习知识的课堂教学方法或过程。这种教学方法的特点是学生参与活动,通过听觉、视觉、空间知觉、触觉等在大脑指挥下协同活动而获取知识。基于活动教学的教学过程和教育部《小学英语课程教学指导建议》的指导,称为活动式教学过程。

> 请讨论:
> 教学过程就是一系列教学活动,为什么小学英语还需要专门讨论活动式教学过程?带学生读单词是否是活动式教学的活动?

活动式教学过程可分为活动设计—预热准备—活动开展—成果展示—总结反思五个阶段,其中活动设计是教师在课前的准备活动,而随后四个环节则是课堂教学的过程。常见的活动式教学过程可以是认知驱动的活动式教学过程,也可以是兴趣驱动的活动式教学过程。

活动设计阶段是教师根据教学目标、教学内容、教学对象策划设计活动主题的阶段。这一阶段是在课前完成的,教师需将所学的语言知识融合在特定的活动中去。活动应具备实

践性、自主性、开放性、创造性等特点。

预热准备阶段是为达到预设目标而进行的前期准备阶段。教师在上课之前可以通过文、图、声、像等方式创造良好的学习氛围,将学生带入自由学习的状态,激励学生的竞争意识。同时,教师向学生提出相关的指令和要求,以保障活动的顺利开展。总之,让整个课堂的方方面面都处于高度的"备战"状态。

活动开展阶段是学生在教师的指引下有效互动交流的阶段,是整个教学过程的核心部分。一方面,学生根据特定的要求进行互动,完成相应的学习任务。另一方面,教师不仅要以观察者的身份来记录学生的表现情况,还要以调节者的身份把控整堂课,确保活动的顺利进行。

成果展示阶段是学生在完成活动后,将成果公开展示的阶段。在众人面前展现个人或团队的成果需要一定的勇气,学生的自信心会因此得到提升。这一阶段是学生英语口头表达的最佳时机,教师需认真倾听并记录每一位发言者的语言输出情况。教师要在课堂上设置好各种形式的评价栏,组织开展各类评价活动,教师用口头、实物或荣誉奖励激发学生课堂活动的积极性,评价的形式、内容、结果可以灵活处理,目的只是为了激励学生活动参与的热情。

总结反思阶段是师生就活动的收获给出小结的阶段。这一部分的形式可以多种多样,但应和活动主题一致。如,选出最佳辩手、最佳表演者、最佳组织者等。要先鼓励学生积极地发言,表达对活动成果、学生表现、活动本身的意见和建议,锻炼学生的批判性思维。最后,教师要就课堂活动的整体作出评价,对于表现优秀的学生给予奖励,对于表现欠佳的学生给予中肯的评价和激励。最重要的是,教师要对学生在活动期间的语言运用的情况作出详细的分析,指出其中的优缺点,以便日后能恰当地使用英语。总之,这一阶段要使学生发现英语学习的乐趣,学会如何运用英语,以及发现自己存在的不足。

无论是认知驱动的活动过程,还是兴趣驱动的活动过程,都需要按照活动自身的特性,按照其合理的推进过程而进行。

我们通过以下活动教学案例了解活动教学过程。

在教授"What's your favorite vegetable? I like ... Do you like ...? Yes, I do. / No, I don't"句型的运用时,可以采取以下的活动教学模式:

第一步:根据教学目标设计活动,确定主题是在农场表达对蔬菜的喜好。然后,准备蔬菜头饰,售货员工作牌,单词卡等活动材料。

第二步:在课堂开始阶段,先让学生熟悉掌握活动中需要的词汇 tomato, potato, onion, carrot 和固定句型。此外,教师向学生交代游戏规则:六人为一组,其中一位学生戴上工作牌扮演售货员,另一名学生扮演顾客,其他的学生戴上蔬菜的头饰,创建成一个超市的环境。售货员问顾客:"Do you like ...? What's your favorite vegetable?"组员回答:"Yes, I do. / No, I don't. Ma favorite vegetable is ..."其中被提到的戴相应蔬菜头饰的学生就要站出来,并说"I am ..."。

第三步：活动开始，学生开始游戏。教师巡回课堂，观察学生的表现，解答学生的问题，督促学生用英语表达，保证活动的效果。

第四步：教师鼓励学生自愿上讲台为大家展现本组的活动成果，及时记录学生的语言使用情况。

第五步：在小组成果展示完后，教师根据在活动开展和展示过程中所作的记录，评价学生的整体表现。重点指出存在的语言问题，并及时纠正，加以强化巩固。

这堂课是典型的兴趣驱动的活动教学过程，每一步都有一定的目的性，教师和学生的分工较为明确，既体现了活动的趣味性和实践性，也发挥了学生的主体性。

二、任务教学过程

任务教学是以任务组织教学，在任务实施的过程中，以参与、体验、互动、交流、合作的学习方式，充分发挥学习者自身的认知能力，调动他们已有的目的语资源，在实践中感知、认知、应用目的语，在"做"中学，"用"中学，体现了较为先进的教学理念，是一种值得推广的有效的外语教学方法。

由于我国小学英语教学的诸多特性，小学英语教学难以直接照搬国外已有的任务教学模式。基于我国小学英语教学的特性，小学英语任务教学适合采用"任务介绍—任务准备—任务实施—任务成果展示—总结评价"的任务教学过程（具体如表6-1所示）。

> 请讨论：
> 任务教学过程的运用对小学英语教学有什么意义？

任务介绍阶段的目的是向学生介绍任务的主题和要求，利用声、像、图等材料创设情景，引导学生进入任务情景，了解相关背景资讯，以减轻学生在任务执行阶段的认知负荷。

任务准备阶段的目的在于让学生在任务执行前做好"硬件"或"软件"上的准备。"硬件"指的是任务中需要的道具。有些非文具类的道具需要在课前准备好，比如水果、手工制品等。那么文具类的道具就随手可得，比如纸、笔、尺子等。"软件"指的是在执行任务时需要获取、处理、使用的语言内容，这不仅指特定的表达句型，也包括和"硬件"的名称及使用方法有关的英语知识。"软件"的准备需要在教师的引导下完成，对于简单的内容，可以鼓励学生主动获取。这一阶段最为重要的是语言准备，通常需要进行必要的语言学习，而这一语言学习阶段要指向任务，围绕任务需要学习语言。

任务实施阶段的目的是让学生根据要求执行任务，解决相关问题，得出最终的结果。教师一定要使学生在任务的驱动下通过自主或合作学习等方式完成任务。在这过程中学生通过交流运用语言知识，自始至终处于任务情景之中，有利于强化其语言实践能力。教师需要保证学生始终处于一种积极主动的活动状态，真正地实现"做中学"和"用中学"。

任务成果展示阶段目的在于让学生在全班面前将任务的成果展示出来。这一阶段主要涉及到学生的语言输出，教师可以借此验证学生对于特定的语言知识的掌握情况，所以需要作好记录，便于最后的评价。同时，学生的总结概括能力、公开表达能力和自信心都可以得到提升。

总结评价阶段的目的是教师对学生整个任务过程的表现给出评价。教师要针对任务的执行结果给出客观的评价,指出需要改进的地方。另外,教师要针对学生在整个任务过程中的语言运用,指出其中的优势和不足之处。尤其是对于任务成果展示中出现的语言问题、语言错误,教师要及时加以指导、纠正,给出正确的范本。

表6-1 任务教学过程

时间顺序阶段	目的阶段	主要内容
任务前(Pre-task)	(1) 任务介绍	引入任务情景 理解任务要求
	(2) 任务准备	准备内容 准备语言
任务中(While-task)	(3) 任务实施	达成任务结果
	(4) 任务展示	展示任务成果
任务后(Post-task)	(5) 总结评价	总结任务收获 评价学生表现

任务后阶段有三个主要的教学目的:(1)提供重做任务的机会;(2)鼓励学生对任务的完成情况进行反思;(3)鼓励学生注意语言形式,尤其是那些在完成任务过程中证明有问题的同学[①]。所以,在任务后阶段,重点突出"总结评价"的目的在于在学习过程中注重语言运用,适时反思和评价学习效果,形成自主学习、合作学习、探究学习的好习惯,发展有效的学习方法和策略。

以下案例清晰地呈现了任务教学过程。在教授句型:We have a new friend today. I'm from... Where are you from? 词汇:welcome, America, Canada, China 的时候,采用如下的任务型教学模式。

第一步:教师向学生布置任务,通过 PPT 或板书展示任务要求:三人一组,通过抓阄的方式确定自己的"国籍"和"姓名",然后依次向对方介绍自己和身旁的朋友,并指出国家在地图上的位置。然后,利用多媒体,教读学习单词 China, America, Canada 以及句型 We have a new friend today. I'm from... Where are you from?

第二步:教师把事先准备好的中国、美国、加拿大国旗,未标有名称的地图,标有 Amy, John, Mike 的头饰(每组一套)分给大家。

第三步:让学生以小组为单位进行对话,执行任务。教师巡回课堂,为学生解答问题,并观察学生的表现,作好记录。

---

① Ellis, R. *Task-Based Language Learning and Teaching*. Oxford: Oxford University Press, 2003.

第四步：教师鼓励学生以组为单位主动上讲台表现对话。教师既要记录学生的表现状况，又要鼓励和肯定学生的任务成果。

第五步：在小组展示完之后，教师让学生针对其他组的表现情况给予评价，从中指出问题，给出改进的意见或建议。如，有的组在地图上把国家的位置标错，其他同学发现问题，就会加以改正。此时，教师仍需认真记录学生的表现过程。教师针对本次任务的开展情况进行总结归纳，不仅要对大家的参与表示肯定和鼓励，还要对表现优秀的组给予表扬。最重要的是，为学生指出整个过程中出现的语言问题，及时纠正，并引导学生通过朗读、记忆等方式加以强化巩固。

在上述的案例中，教师发挥了观察者、监督者、引导者的多元角色，而学生在任务的执行中体验了自主学习和合作学习带来的乐趣。总之，任务教学模式非常有助于提高学生的语言综合运用能力。

【请你回答】

1. 你认为活动式教学过程与任务教学过程有什么区别？
2. 你认为哪种任务教学模式最适合小学英语教学？为什么？

【设计实践】

请根据本节提到的教学模式结合以下教学内容设计教学过程。

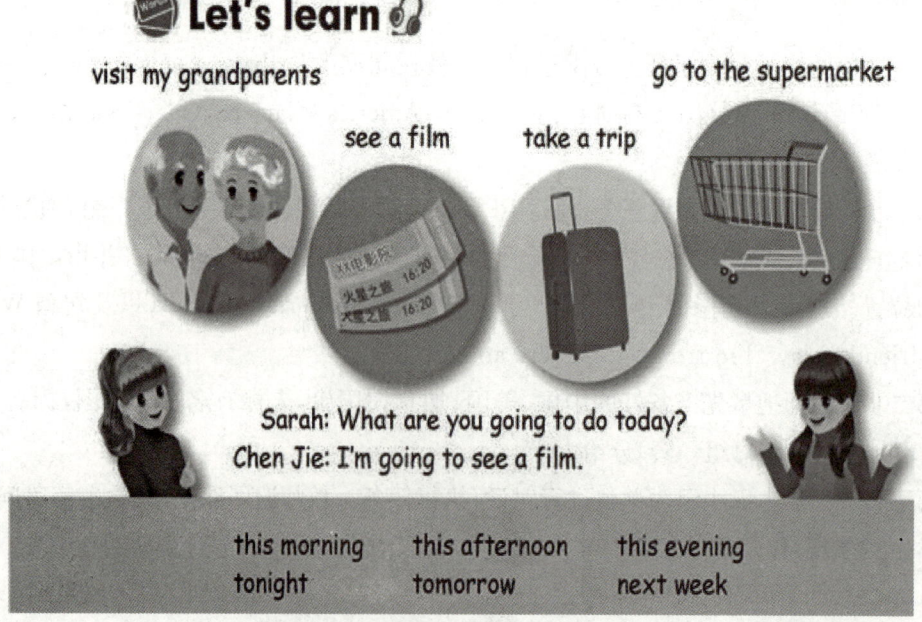

《英语》（新标准，一年级起点）三年级下学期 Module 9 Unit 1

案例:

《英语》(新标准,一年级起点)三年级下学期
Module 9 Unit 1 教学设计

刘青(山东省青岛市嘉定路小学)

教材内容

本节课是《英语》(新标准，一年级起点)三年级下学期 Module 9 Unit 1 Tomorrow is Friday. 第一课时，课型为听说课，主要的授课方法是任务教学，下面呈现本课任务教学过程。

一、任务呈现

课件出示外教 Eric 的照片，然后教师介绍任务的背景：

T：Who is he?

Ss：Eric.

T：Yes，Eric is your foreign teacher. This year，we spent a happy time with him. Eric will go back to America. Next class we will say good-bye to him and have a party for him. What will you do for the party? What will you take to the party?

【设计说明】如何让学生主动运用本课所学语言 Will you take...? Yes，I will. No，I won't 完成一个真实而有意义的任务，是本课教学设计的重点。在设计教学任务时，遵循任务的真实性和本土化原则，任务活动最好是学生身边发生的事情，这样才能在较为真实的语境之下展开任务教学。

二、任务准备

T：What will you take to the party? Before we talk about the party，let's talk about Sam and Amy first. What will they take to the picnic?

在老师的引导下，学习本课对话 Tomorrow is Friday 和重点句：Will you take your kite to the picnic tomorrow? Will you take your ball tomorrow?（对话学习过程略）

【设计说明】学生在得知任务后和执行任务之前，先学习本课对话内容。在了解对话的同时，关注重点句型，练习核心语言，获取必要的语言储备和表达方法，为完成任务做好充分的准备。

三、任务执行

完成文本学习之后，老师把话题带回之前的任务中：

T：Do you remember the party for Eric? What will you do? What will you take? Have you got an idea? You can discuss in groups.

(Before the group work, teacher gives a demo first with two top students.)

T to S1：S1, will you take a card for Eric?

S1：Yes, I will.

S1 to S2：Will you take a card?

S2：No, I won't. I have many stamps, and I will take a stamp for Eric.

T：Can you guess what I will take?

S1 and S2 guess：Will you take...?

T：I will take a CD for him. He likes Chinese music very much.

T summarizes：In our group, S1 will take a card, S2 will take a stamp, and I will take a CD for Eric.

(Students discuss in groups.)

【设计说明】在任务驱动之下，在老师和部分同学的示范下，小组内同学们有针对性地运用所学语言进行问和答。既练习巩固了 Will you take...? 等重点句型，又在讨论中不知不觉用到了所需要的语境语言和旧句型，提高了语用能力。而且，当学生在猜测、讨论的过程中会用到大量的物品，这也是对所学名词的回顾和运用，丰富了对话内容。老师在此过程中对遇到困难的小组进行帮助。

四、成果展示

After the group work, some students come to the front and show their dialogues, and one of the students summarizes what they will take to the party.

【设计说明】通过小组展示，同学们之间相互学习、相互比较、相互补充，更好地促进任务完成效果。教师在此环节进行适当的帮助、评价和补充，并且记录学生在展示中出现的问题，也记录他们的闪光点，为接下来的评价提供依据。

五、总结评价

1. T：You did a wonderful job! We talked about what we will do for Eric and what we will take to the party. When you discussed in your groups, everyone was involved in the discussion. Your expression is good. Most of you used the main drills correctly and fluently. And I'm very happy to see when someone is talking, others listened carefully. Of

course there are some mistakes in your expressions, but never mind, I believe after the practice, you will do it better. And I hope everyone will say something to Eric. He will be very happy for that.

2. What have you learned today?

(Some students say what they have learned today.)

【设计说明】学生们展示结束后,教师结合学生在任务准备、完成任务和展示阶段的表现给予评价,在肯定亮点的同时指出发现的问题,并提出适当的建议。同时,请同学们回顾本课活动,总结自己的收获。

分析：

1. 任务设计合理,关注了真实性和任务本土化,符合本学校实际情况

刘老师所在学校聘请了外教上课,外教 Eric 已经和学生们相处了一年,并建立了较深的感情。如果在外教上最后一节课的时候,为他举行一个送别 party,这种符合学生真实生活的情境,会很容易地让学生产生共鸣,并且积极参与其中,从而在真实的任务驱动下投入学习。既然是送别,自然就会想到带礼物等行为,这就很自然地用到了本课的重点词 take 和重点句型 Will you take ...? Yes, I will. No, I won't,也会用到 why, why not 等语境所需要的词汇。在这种语境下的语言的运用,可谓是水到渠成,很容易被学生理解,既有意义,又真实可操作。

2. 任务教学过程清晰,有助于学生的任务完成效果

本节课教学过程比较清晰,包括任务呈现、任务准备、任务执行、成果展示和总结评价等阶段。主题突出、目的明确。围绕任务主线,引导学生在不同阶段完成不同的任务,具有很好的指向性。任务呈现直截了当,便于学生理解把握;执行任务之前,老师和两位学生的对话为小组活动起到很好的示范作用;小组讨论过程中老师成为同学们的帮助者,适时适度的启发可以让学生的思维更加活跃;展示阶段,老师留意亮点和问题,做好过程性记录;总结阶段,学生们受到了中肯的评价及鼓励,在教师的建议中也渗透了体现人文关怀的情感教育。总体来说,本节课的任务链完整,任务过程有始有终,符合任务教学的基本要求。

不足之处：本节课缺少学生之间的相互评价和交流。也许,刘老师在上课过程中会根据学生的展示情况,增加教师的评价和学生的评价。但是没有留给学生一定的时间,进行他们之间的互动交流和评价。

建议：老师总结评价之前,增加学生之间的创新交流环节。这样做的目的,是给学生提供一个比较以及反思的过程。同学们的相互评价和建议,会使本节课的任务教学活动更加完整。同伴的评价往往是学生们更加在乎的,也是更容易接受的。老师可以先让同学们说说自己的感受,也可以相互评价,相互交流,还可以给其他同学提出建议。例如,What have you learned from others? What do you want to say to someone? Do you have any suggestions to the party? 这时候的语言交流特别真实自然,是同学们发自内心的表达。学生们在对自己小组执行任务时的表现所进行的回顾,以及在观看同伴展示的过程中所得到

的启发,都可以作为本环节的主要内容。在此过程中,学生的语言表达能力可以再次得到强化,同时也更有助于拓展学生们的思维深度和广度,促进思维品质的提升。

第三节 小学英语教学环节设计

【请你思考】

　　S老师有十年的教龄,形成了一套自己特有的教学程序。每次上课,都是先进行课堂导入,然后讲授所学知识,再通过游戏或情景对话等方式进行操练,然后对学生的表现进行评价,并纠正其中的语言知识问题,接着就是带学生一起简单回顾课堂所学内容,最后布置适量的家庭作业。然而,她的教学质量并不理想,学生的学习效率也不高,每次的课后作业都会出现很多的问题。

　　你认为她的教学存在什么问题?

_____
_____
_____

【学习目标】

　　学习本节后,你能:

　　1. 了解并掌握课堂教学过程中各个环节的意义;

　　2. 了解并掌握课堂教学过程中各个环节的设计原则;

　　3. 了解并掌握课堂教学过程中各个环节的设计方法。

【本节概念】

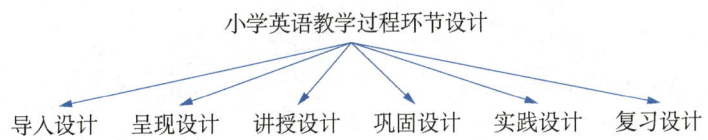

【请你回答】

　　1. 你认为课堂教学过程环节设计的意义是什么?

_____
_____
_____

　　2. 你认为教学过程中"巩固"和"复习"两个环节的区别是什么?

教学过程是一个连续不断的阶段或形态的结构式的序列,是师生之间互动的过程,因此,其中涉及的各个环节需各尽其责,井然有序,有机衔接,否则整个课堂的教学就会混乱,不能有效指向教学目标,从而导致教学目标偏失。而小学英语教学又有着自身的特点,其基本教学环节包括导入、呈现、讲授、巩固、实践、复习和设计六个环节。

一、导入设计

导入是教师在一堂课开始之时,用简洁的语言或辅助动作,激活学生的知识、能力、思维、兴趣,进行学习新知识前的心理准备和知识准备的活动。富有启发性的导入可以引起学生对新知识新内容的热烈探求,进而将注意力拉入到教学过程中来。

导入活动要有针对性,运用的材料要紧扣课堂教学内容,内容要与学习的新知识紧密相关,或者针对学生完成本课时学习的能力需求,引导学生进入随后的课堂学习状态。小学英语导入活动还应有趣味性,要生动活泼,使学生在兴趣驱动下开展学习,导入的方式要形式多样,经常变化,使学生对每次导入活动充满期待,从而对英语课充满期待。导入活动毕竟只是开始,活动要简明,该环节不宜花费太多时间,力求简洁明了,但也要过渡自然,有机衔接随后的学习活动。

导入的方法很多,从学生的接受程度这一角度出发,导入可以分为直接性导入和间接性导入两大类。通过展示实物、声音、图片等需调动学生感官直接获取信息的称为直观式导入,也就是直接性导入。间接性导入就可分为提问式导入和情景式导入。

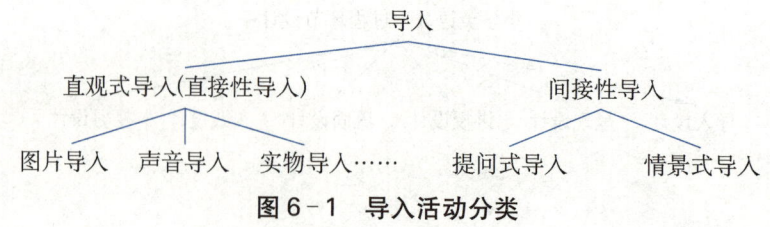

图6-1 导入活动分类

从上图可以看出,直观式导入主要指的教师通过图片、歌曲、影片和实物等媒介直接将学生引入教学内容中去。在间接性导入中,提问式导入主要目的是启发学生,可以是简单的问答,也可以是有悬念的提问,甚至是现场采访或调查等形式。而情景式导入主要是把学生指引到与授课内容有关的特定情景中去,形式会更为多样化,如游戏、活动、任务等。

以下是较为典型的直观式导入、提问式导入和情景式导入案例。

(一) 直观式导入

当我们导入具体内容时,我们可以选择直观导入。《英语》(PEP)三年级下学期 Unit1 的有关词汇 China, Canada, America 的内容非常具体,可以采用这样的导入活动:

T:Which country is it? (老师用准备好的国旗让学生说出英文名称)

S1:It's 中国。

T:Right. But, how to say it in English?

S1:It's China.

T:How about this one?

S2:It's 美国/America.

S3:Sorry, I don't know.

> 请思考:
> 如果学生不理解 country,听不懂 Which country,我们如何调整这一导入活动?

教师提问若干个学生说出国旗对应的国家的英文名称,有的学生直接说中文,有的学生可能答对,也有的学生会说错……答案会各种各样,但目的不在于学生答得对与否,而是主要通过实物(国旗)引起学生的注意力,提起兴趣,并设置疑问,有助于接下来新知识的学习。

(二) 提问式导入

《英语》(PEP)四年级下学期 Unit 6 的词汇 sheep, hen, cow, horse, goat, lamb 的学习可以这样导入:

T:I love animals very much. Do you love animals?

S1:Yes, I do.

T:What animals do you know?

S1:Dog and pig.

S2:Bird.

S3:Monkey.

……

教师通过提问,学生说出自己知道的动物单词,一旦学生说出本课涉及的单词,教师要及时拿出卡片或通过 PPT 展示出来,请这位同学来教大家读。这样的提问会使全班学生高度集中注意力,积极性也会提高,求知欲得到了激发。

(三) 情景式导入

《英语》(PEP)五年级下学期 Unit 2 的词汇 season, spring, summer, autumn, winter 的学习可以这样导入:

(S1 and S2 are to make a dialogue about weather)

S1:Hello! Nice to meet you!

S2: Nice to meet you, too.

S1: What's the weather like today?

S2: It's rainy.

S1: What's the weather in November like in Bejing?

S2: Maybe it's cold or snowy. What about your hometown?

S1: It's always warm.

......

教师把学生在对话中提到的有关气候和月份的词写在黑板上，然后让大家把气候与年份匹配起来，接着引出"季节"类词汇的学习。这样的导入方式有助于让学生很快融入特定的语境，心理上也会做好充分的准备，很容易过渡到新知识的学习。

二、呈现设计

呈现是教师向学生介绍课堂任务或活动要求和语言知识的阶段，其目的一方面是让学生了解课堂任务或活动的规则和要求，一方面是要求学生掌握特定的语言材料。教师要充当好讲解员和示范者的角色，便于学生快速准确地把握有效信息。

无论是呈现知识，还是呈现情境，一定要简单易懂，表述方式要简明扼要，因为这是学生第一次接触这一知识或情境，还没有学习，更谈不上掌握。呈现时，要分清主次，重难点突出，不可面面俱到，因为这只是第一次接触，更具体的学习将在随后环节开展。小学英语课堂呈现活动要有趣味性，教师的语言和行为稍显活泼幽默，要有亲和力，不要给学生带来太大的学习焦虑。

呈现的方法因呈现的内容不同而异。如在第二节中提到的活动式教学和任务课堂教学模式中的呈现就需要呈现出活动或任务的要求和相关的语言知识。而传统的呈现主要是新知识的呈现。呈现的方法可分为规则呈现和知识呈现两大类，然后再具体细分（如表6-2所示）

表6-2 呈现活动分类

规则呈现	语言呈现	口头或书面文字描述
	图表呈现	逻辑图展示
	行为呈现	教师通过肢体动作演示
知识呈现	实物呈现	利用实际物体展现
	情境呈现	以故事、游戏和任务等为依托
	多媒体呈现	借助黑板、PPT、投影仪等展现知识点

通过表6-2可以看出，规则呈现和知识呈现可以依据载体或媒介进行分类。目的都是为了让学生在这一环节清楚地了解活动任务的要求和相关的语言知识，做到一目了然，提高课堂效率。

对于可以采用行为动作表现的语言，我们自然可以采用行为呈现的方式。如《英语》(PEP)六年级上学期 Unit 1 学习 crossing, turn left, go straight, turn right 这些典型的行为，教师就可以用自己的行为或动画呈现行为等，让学生根据动作创建场景并演示相应的动作。

对于需要强调过程的内容，我们可以用动作、动画呈现过程，也可以用过程图呈现。教授《英语》(PEP)六年级上学期 Unit 3 词组 visit my grandparents，see a film，take a trip，go to the supermarket 时，教师让学生去调查其他同学的周末计划。这样的任务规则可以如下呈现：

T：Please finish a survey on your and your classmates' weekend plans. And do it according to following rules.

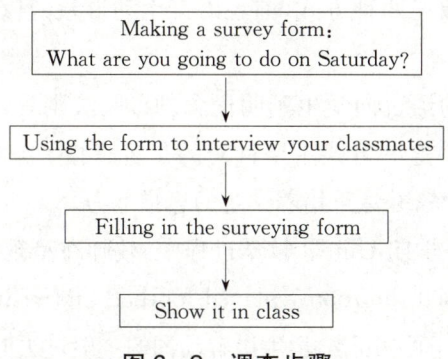

图 6-3 调查步骤

教师利用图 6-3 所示内容可以直观而有条理地向学生阐明活动的具体要求和步骤，大大地提高课堂效率。这种方式可以直接用多媒体手段进行呈现，如若硬件设备欠缺，则可以使用板书进行呈现。

小学英语教学内容涉及大量日常可见可得的实物，这些内容当然最好是用实物呈现。《英语》(PEP)三年级下学期 Unit 5 词汇 pear，grapes，oranges，apple，banana 的学习时，呈现方式如下：

T：Do you like fruit? What's this?（教师指着梨问）

S1：梨.

T：How to say it in English?

S2：Pear.（让这位同学教大家读）

T：Good. It's pear. What's this in English?（教师又拿着香蕉问）

S3：Sorry I don't know.

……

> 请讨论：
> 如果你的学生对这种机械性地跟读不感兴趣，你想使跟读更加有趣，你可以如何调整跟读活动？

通过实物呈现要学的单词，学生的意识由抽象转为具体，指代性比较明确，能够加深学生的记忆。所以，实物呈现法多用于小学英语教学过程中，帮助学生直观地去体会语言的特指意义。

三、讲授设计

教师的职责之一就是授业，讲授是教学的基本形式。教师可以通过口头语言直接向学生讲授英语语言知识、解释英语技能，也可以通过解读文本、讲授活动方式等，发展学生的文化意识、思维品质、学习能力。讲授时,教师主动地教,学生则采用接受性学习的方式,理解教师的讲授。

讲授一定要规范,科学严谨,具有专业性,因为教师讲解错误,甚至表达方式不恰当,不仅影响知识的准确性,甚至影响学生学习的积极性。讲授要深入浅出,有趣味性,而且要精讲多练,讲授本身要突出实践性。

根据讲授内容的特性,具体的讲授方法可分为讲述法、讲解法、讲读法和讲演法。

讲述法是教师用生动形象的语言向学生描述或叙述具体的形象、特征和发展过程的教学方法。一般包括描述和叙述两种方式,前者语言生动形象,富有感染力;后者语言简洁明了,结构严谨。

讲解法是教师用理性的语言向学生阐明概念、原理、法则等。重在讲理不是讲事,着重发展学生的抽象思维能力。这一方式主要针对的是逻辑性、结构性偏强的知识,如语法知识。教师突出重点,思路清楚,并注重培养学生的思维能力。

《英语》(PEP)六年级下学期 Unit 3 教学过程中,教师在呈现课文之后,需要对 watched TV, washed clothes, cleaned the room, played football and visited grandparents 的特性进行必要的讲解,教师应用以下的方式给学生讲解动词的一般过去时的用法。

教师首先在导入、呈现的过程中,板书以下内容:

On Sundays,Tom usually **watches** TV,**plays** football and **visits** his grandparents.

So,**last Sunday**,Tom **watched** TV,**played** football and **visited** his grandparents.

On weekend,Lucy often **washes** clothes and **cleans** the room.

So,**last weekend**,Lucy **washed** clothes and **cleaned** the room.

然后让学生比较两组语句的时间、动词形式,发现变化,然后总结已经过去的一般过去时的动词形式。

总结之后,教师适当进行讲解:

When time is different, these words are different.

Let's compare and find the differences.

然后让学生自己总结出更多的这些差异。

> 请讨论:
> 这是小学六年级的语法规则的归纳教学案例,对于六年级学生来说比较合理。若是在四年级,学生第一次学习这一用法,我们应如何进行讲解?

在上述的讲授过程中,教师采用的是讲解法。因为这一部分涉及现在时与过去时中动词的用法,对小学生来说,除了难度大,也稍显晦涩。但教师通过现在时与过去时的对比,让学生从中发现动词的使用规则,然后加以解释说明。这样做的优势在于不仅做到了深入浅出,也培养了学生探索和发现规律的能力。

讲读法是教师或学生以朗读方式表述知识内容或其他教学材料的方法。这种方式主要用于语文和外语教学,常见于生词、短文对话的学习中。其中,教师读的目的在于引导示范和引起学生的注意力。学生读的目的是强化记忆、情感体验、纠正发音等。

《英语》(PEP)三年级下学期 Unit 2 词汇 sister, grandmother, grandma, grandfather, grandpa, family 的学习,教师可以采用以下方式进行讲读。

教师展示多张一个男孩与他的多个姐姐、妹妹的照片,照片上都写着"My sister 我的姐姐"、"My sister 我的妹妹",然后教师给每个学生贴上一个鹦鹉小粘贴,让学生扮演鹦鹉,跟着老师进行"鹦鹉学舌"。

T(在自己的额头上贴上小男孩的图片,扮演小男孩,呈现第一张照片):Look! My sister.

Ss(在自己的额头上贴上小鹦鹉的图片,模仿老师,指着照片):Look! My sister.

T(呈现第二张照片):Look! My sister.

Ss(指着照片):Look! My sister.

T(呈现第三张照片):Look! My sister.

Ss(指着照片):Look! My sister.

T(呈现第四张照片):Look! My sister.

Ss(指着照片):Look! My sister.

T(呈现第五张照片):Look! My sister.

Ss(指着照片):Look! My sister.

显然,在讲授单词的读法时,一般都是采用讲读法。由于小学英语是基础阶段,读音正确与否直接影响今后的英语口语表达。所以,本次案例中的教师并没有自己先去读单词给学生听,而是让学生去听录音,再去模仿。因为录音者的口音相对于教师会更地道和纯正。然后再随机找学生来读,如果学生读得有问题,教师不必直接去纠正。而是再次播放录音,让学生自己发现问题,然后按正确的发音来读,最后让学生们一起读正确的发音。这种讲读法更适用于词汇的学习,学生在读的过程不仅锻炼口音,也培养了语感。

讲演法是教师用严密的语言全面系统地分析总结教学内容的方法。这一教学方式适用于单元、章节、期中和期末的复习课。教师在概括总结的时候,重点要突出,基本要点要巩固,难点要力争突破,疑点要尽可能澄清。帮助学生形成知识体系,将学科知识结构化和系统化。

四、巩固设计

巩固是教师引导学生对所学知识和技能进行强化记忆和加深理解的方法。任何一门学科的知识和技能都需要巩固强化,提高学习效率,促进知识转化为能力,以便更好地运用到实践中去。

在巩固活动中,要强化记忆,可以通过背诵、重复、朗读等方式加深对概念性知识的记忆。巩固要加深学生的理解,启发学生观察、分析、比较、总结和归纳出语言规则,将其内化。巩固要注重效率,让学生在短时间内掌握既定的知识要点。巩固活动要形式多样,经常调整变化,突出学习内容的趣味性,提高学生的积极性。

> 请讨论:
> 背诵对小学生学习英语有一定作用,但纯粹机械的背诵效果并不显著。我们如何基于有意义的学习理念,设计合理的背诵活动?

学生在讲授环节可能学习的是语言知识,也可能是语言技能。前者包括词汇、句型等语法点;后者包括听力技巧、写作技巧等技术性内容。根据教学内容的类型,可将巩固的方法分为：短时记忆法、演绎引申法、练习强化法。

短时记忆法的目的在于让学生在短时间内对语言知识进行强化记忆。这种方式主要用于词汇和语法点的学习，但不是"死记硬背"，而是运用科学合理的记忆方法对学习内容进行理解性记忆。

演绎引申法的目的是让学生从教师讲授的要点中去发现规律，进行演绎，举一反三。这种方法适用于概念、定义、技能要领等抽象性的知识。教师鼓励学生自主学习，主动探究知识点之间的关联性，总结出语言规则。

《英语》(PEP)六年级下学期 Unit 2 语句结构 What's the matter, _____? I feel sick. I have _____, 可以通过演绎进行引申：

T：Just now, we have learned one dialogue. What is it?

S1：What's the matter, Mike? I feel sick. I have a fever.

T：You are so clever. Now let's look at the pictures and act them out.

（老师呈现四图：Tom 感冒了，Lily 牙疼，Jim 头疼，Viva 喉咙痛）

S2 and S3 get Picture 1.

S2：What's the matter, Tom?

S3：I feel sick. I have a fever.

T：Tom, do you have a fever?

S3：Sorry. I feel sick. I have a cold.

T：Good.

其他学生继续完成随后表演活动。

在这一教学环节中，教师没有让学生直接去背刚才学过的句型，而是让学生从例句中发现语言规律。S3 没有回答正确，但老师并没有直接指出问题所在，而是通过提问让 S3 发现自己的错误，然后更正。在这个过程中，所有的学生学会了引申演绎和举一反三，再次强化巩固了所学知识，加深了理解。

练习强化法的目的在于让学生通过练习巩固学习内容。教师根据特定的教学内容设置针对性强的练习，让学生独立或合作的形式完成，及时发现问题，解决问题，做到有的放矢，查漏补缺。

五、实践设计

实践是学生在真实语境中运用所学语言知识的阶段。这一步骤的目的在于让学生通过接触、体验和理解真实的语言环境，进而强化语言知识和技能，教师要尽可能地创造真实语境，鼓励学生通过体验、参与、合作和探究等方式，以巩固语言知识和技能，从而发展学生的自主学习能力。英语实践大多以活动或任务为载体，以话题为主题，利用各种教学资源，采用听、做、说、唱、玩、演等不同方式，为学生提供充分的语言实践机会，以期发展学生的综合语言运用能力和人文素养。

实践活动必须以学生为中心，发挥学生的积极能动性，培养自主、合作学习的能力。实践活动语境一定要真实,让学生自然地融入到特定的情境中去,去体验、感知和理解语境。实践活动要具有可操作性,这样可以保障教学步骤顺利进行,提高教学效率。实践活动必须直接指向教学目的,实践活动的主题一定要贴合教学内容。

学生的语言和技能的实践需要依赖于课堂活动,可以分为个人实践、两人实践和小组实践。个人实践的目的是要求学生独自完成教师设置的任务,以此锻炼学生的自主学习能力。大多数的实践活动采用此种形式,如听力练习、写作练习、演讲等。

《英语》(PEP)四年级上学期 Unit 3 Who is your friend? 的学习时,在实践环节可以尝试以下的方式:

T:Everybody, please draw a picture about your friend, and tell us who your friend is by using following words.

第一组单词:hair, eyes, ears, nose, mouth

第二组单词:long, short, big, small

第三组单词:thin, strong, quiet, cute, tall, short

S1:My friend is Lily. She has short hair. She is tall. She is quiet.

S2:My friend is Tom. He has small ears. He is short. He is cute.

……

T:All of you have done a good job. You can share your picture with your partners.

> 请讨论:
> 有人认为这种训练不够真实,因为缺乏介绍朋友的真实语用目的。我们如何优化语用目的,设计真实的介绍朋友的活动?

本堂课学的知识是如何描述自己的朋友。之前,教师已经给学生讲授了具体的单词,并加以强化巩固。为了培养学生的语言运用能力,教师需要让学生在实践环节得到锻炼。因此,上述的例子就是个人实践模式。教师要求班上的每一个同学将朋友的肖像画出来,然后用所给的单词来描述自己的朋友。虽然,在课堂上只有个别学生站起来向大家分享自己的作品。但最后老师要鼓励学生把自己的画与同桌互相分享。这样,全班同学都将所学的语言知识运用到实践活动中去,课堂效率大大提高。

两人实践的目的是让学生两两组合共同完学习任务。这一形式适用于采访、对话等实践活动,有助于培养学生的语言交际能力。

小组实践的目的是让学生以团体(4—6人)的形式完成实践活动。这一方式一般用于难度较大或程序较复杂的任务,如情景剧、辩论等。

六、复习设计

复习是师生共同就所学知识和技能进行回顾、总结归纳的环节。它是每一堂课的尾声,目的在于让学生对教学内容的重难点进行概括,加深印象,巩固知识。教师鼓励学生站在一定的高度来审视学习内容和过程,从中查漏补缺,最后形成系统性的知识框架。

复习本身是一种知识与能力的组织活动,所以要具有系统性,将所学知识系统整理归类,便于学生发现知识系统的关联性,形成系统化的知识结构。复习活动要有完整性,全面地概括总结所学内容,但须做到主次分明,突出重难点。复习活动需要一定的灵活性,复习方式因最后教学时长而灵活运用,切忌千篇一律。复习活动要有一定的拓展性,启发学生发现语言规律,学会举一反三,触类旁通,培养自学能力。

虽说是整个教学过程的最后一个环节,但方式的采纳仍需慎重。从参与者的程度来看,复习环节的方法可以分为以教师为中心、以学生为中心、师生互动三大类。

以教师为中心指的是在复习环节主要以教师引导学生为主,这种方式一般会在最后课堂时间有限的情况下使用,也是常见的一种模式。教师以板书或多媒体等手段为学生呈现整堂课的教学内容框架,带领学生从头到尾回顾所学知识或技能。其中,一定要做到重难点突出,有条理性,让所学内容结构化和系统化。

《英语》(PEP)五年级下学期 Unit 1 第二课时的复习课按以下方式开展:

T: Now, let's review this class. Please follow my words. Today, we have learned three kinds of expressions to describe what we do at different time. Please look at the PPT.

Unit 1 My day

When do you finish class /... in the morning?　　We finish class /... at ... o'clock.
When do you go back to school /... after lunch?　　At ...
When do you usually eat dinner /... in Spain?　　Usually at ... o'clock.

T: Those are what we have learned today. Understand? And the homework is... ……

上述的复习环节,主要是教师带领学生一起回顾本堂课学习的内容。PPT 呈现的是板书内容,教师进行逐行播放,为了让学生一起跟着老师思考,避免学生过于被动地接受。这种做法的局限在于不能充分发挥学生的主动性,一般在课堂时间所剩无几的情况之下选择采用此复习方式。

以学生为中心指的是在复习环节主要以学生主动参与为主,这一方法的目的是培养学生的整理、概括和归纳的能力。一般先让若干个学生概括出本堂课的教学内容,其他学生可以补充,然后教师对大家的复习总结进行补充,并作适当的评价。也可以采用竞答的形式,激发学生的热情,加深对所学知识和技能的巩固,这种方式的优势是可以提高学生的自主学习能力。

> 请思考:
> 本节提到的六种教学过程环节的次序可以随意调整吗?为什么?

【请你回答】

1. 你平时最常采用的教学过程环节有哪些?

2. 你认为教学过程环节设计最需考虑哪些因素?

【设计实践】

1. 为以下四年级学习内容设计恰当的教学过程。

2. 为以下六年级学习内容设计恰当的教学过程。

案例：

《英语》(PEP)六年级上学期 Unit 3 A Let's talk.
训练与复习教学环节设计

I fell off my bike
and hurt my foot.

I rode a horse. Look, it's very
small.

We saw lots of grapes there.

Where did you go?
What did you do?

John: Where did you go?
Lu: I went to Wanfenglin.
      (Forest of Hills)

John: What did you do?
Lu: I rode a big bike.

John: Where did you go?
Lu: I went to Shangnahui.
      (Upper Nahui)

John: What did you do?
Lu: I ate a Baoguba.
      (corn cake)

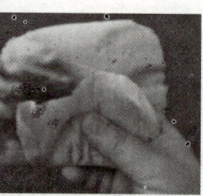

John: Where did you go?
Lu: I went to Wanfosi.
　　　(Thousands-Buddha Temple)

John: What did you see?
Lu: I saw lots of rocks.

Wrap up. 准备

Where did you go?
I went to Wanfenglin.
What did you do?
I rode a big bike.

Where did you go?
I went to Shangnahui.
What did you do?
I ate a Baoguba.

Review 复习

I fell off my bike and hurt my foot.

Where did you go?
What did you do?

I rode a horse. Look, it's very small.

We saw lots of grapes there.

Review 复习

Where did you go?
I went to Wanfenglin.
What did you do?
I rode a big bike.

Where did you go?
I went to Shangnahui.
What did you do?
I ate a Baoguba.

分析：

这一案例在训练环节使用了教材图片，即：使用教材图片创造语境，呈现新词汇和需要强化复习的语句，这使学生能基于刚刚学习课文的课文语境理解新词汇、强化已学语句的理解和运用。

这一案例随后使用学生生活中非常熟悉的本村照片，让学生基于自己的生活语境，进一步强化对语句、语词的理解和记忆，强化运用能力的形成。

这一案例在最后对所学语句进行简化，归纳出两组最关键的问答语句 Where did you go? I went to ... What did you do? I ate/rode ... 等，从而形成六年级的语法归纳，而且帮助学生在教学结束之时通过小结强化记忆。

这一案例的训练、巩固、复习的环节，通过课文内容掌握、生活情境借用、语法知识归纳的环节，建构从教材到生活、从理解到运用的过程，从而实现教学环节的基本功能：使每一环节合理衔接，最终指向教学目标。

进一步阅读参考

鲁子问．小学英语活动设计与教学［M］．北京：高等教育出版社，2010．

鲁子问．英语教学论(第三版)［M］．上海：华东师范大学出版社，2018.(待出版)

鲁子问．中小学英语真实任务教学实践论［M］．北京：外语教学与研究出版社，2003．

第七章　小学英语教学活动设计

第一节　小学英语教学活动内涵与特性

【请你思考】

L 老师已经从事小学英语教学十多年。十多年她一直坚持单词听写、课文重点语句默写的教学活动，因为她自己当年就是这么学习英语的，而且她也发现只有这样要求她的学生，她的学生才可能真正掌握一些她要求学生掌握的内容。但这些活动却导致她与学生关系非常紧张，在每次教学满意度调查中，学生对她的评分都低于她自己的预期。

你认为 L 老师的教学活动是否存在问题？若是，问题出现在哪里？若没有，为什么学生对她的教学评价不够高？

【学习目标】

学习本节后，你能：

1. 了解并掌握英语教学活动的内涵；
2. 了解并掌握小学英语教学活动的活动特性；
3. 了解并掌握小学英语教学活动的教育特性。

【本节概念】

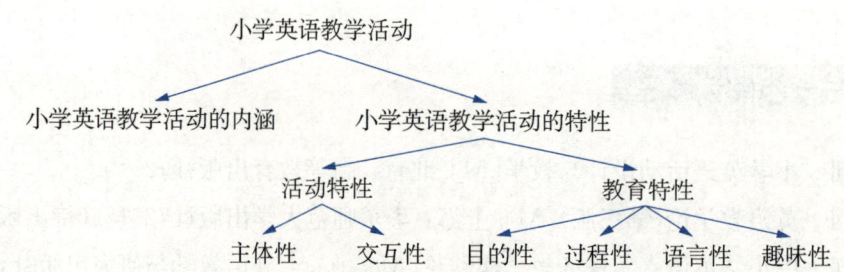

【请你回答】

1. 你认为小学英语教学活动应具有哪些特征？请举例说明。
   _____
   _____

2. 你认为小学英语教学活动具有哪些活动特性？请举例说明。
   _____
   _____

3. 你认为小学英语教学活动具有哪些教育特性？请举例说明。
   _____
   _____
   _____

"小学英语课就是活动课。"这是很多小学英语教师对小学英语课堂教学的基本理解。这种理解很有道理，因为小学这个年龄阶段的学生适合以活动的方式进行学习，而且英语课程是一种实践性为主的课程，需要通过大量的语言实践活动才能真正掌握语言。所以，教育部在《小学英语课程教学基本要求（试行）》中明确要求小学英语课程教学采用活动式教学。显然，小学英语活动设计，是小学英语教学设计的基础，这也是小学英语课程教学的基本特征。

一、小学英语教学活动的内涵

从语义看，汉语中"活动"是一个现代概念，意为"有目的的行为"，英文的 activity 源于拉丁词根 act，意为 do something for a particular purpose，二者皆关注活动本身的目的性。显然，活动指的是为达到某种目的而采取的行动，目的性是活动与非活动的关键区别。基于此，我们知道，小学英语教学活动就是为达到小学英语课程与教学目的而采取的行动。当然，是谁采取行动，如何采取行动，还需进一步分析，因为分析活动不只是分析其目的性，还有更重要的因素：活动主体与活动客体，也就是谁行动，对于什么采取行动。

请思考：
不同学科对活动的理解有哪些共同之处，哪些不同之处？这些相同与不同对我们开展小学英语教学活动设计有哪些启示？

在哲学视野中，人的活动具有双重作用方向，一方面作用于外部世界，一方面改变着内部世界，从而也改变着自身。因此，我们的活动决定了我们成为什么样的人，活动方式和活动组织形式的发展所达到的水平制约着我们的活动。实践是人类最根本的活动，因为人的生存在本质上就是实践。人类的实践活动可以分为主体性实践和客体性实践，客体性实践是以客观世界为活动对象的实践活动，而主体性实践则是以实践的主体——人为直接改造对象的。

在心理学层面，活动是在外在因素刺激下，有机体做出的生理与心理反应。活动需要外在的刺激，而且导致行为发生的是活动主体的生理与心理反应，就人类的社会实践而言，心理的作用远远大于生理的作用。

教育学视野的活动，往往是综合哲学与心理学的理解，"活动（activities）是由行为动作构成的主体与客观世界相互作用的过程。为意识能动性和个性能动性的高级形式。"[①]。教育本身就是人类的社会实践，只是其活动的主体不是唯一的，而是教师与学生双主体的，因为教育本质上是教师作为外在因素主动引导学生发展的活动，教师的作用不是单纯的外在因素，而是主动地引导学生发展，而教育的最终成效是学生发展，而不是教师引导，但这一教育成效的达成既需要教师的引导，更需要学生的自主发展。当然，目的性依然是人类教育活动的关键，这一目的就是学生发展成为社会需要而且个人幸福的人。

显然，小学英语教学设计中所探讨的活动，就是教师在英语教学中主动引导小学生学习英语从而发展成为社会需要而且个人幸福的人的行动。

我们知道，"活动教学意义上的活动，主要是指学校教育教学过程中学生自主参与的，以学生学习兴趣和内在需求为基础，以主动探索、变革、改造活动对象为特征，以实现学生主体能力综合发展为目的的主体实践活动"[②]。显然，小学英语教学活动的基础是学生自主参与，主动探索、变革、改造自己的英语学习与运用经验和相关经验，以学生英语学习兴趣和学习英语的内在需求为基础，最终以学生核心素养综合发展为目的。

活动是小学英语教学的根本形式。著名心理学家皮亚杰指出，"认识源自活动"。活动在学生的认知情感和个性行为发展中起着重要作用，活动对于小学生学习英语尤其重要。从小学生的心理和生理特点看，他们具有模仿力强、求知欲旺、记忆力好、表现欲强等特点。这些都是他们学习英语的优势所在。但小学生理解能力相对较弱，注意力不容易集中。在小学英语教学中采用活动式教学则能因势利导，扬长避短，吸引他们的注意，满足其参与的欲望，提高其学习兴趣，让他们在自己所喜欢的学习方式中快乐地学习英语。这样的活动可以减轻学习中的精神压力，消除畏惧心理，有利于教师设计宽松的学习氛围，激发学生学习的自主性和自信心；有利于学生直接获得经验，并体验成功的喜悦；有利于培养学生的团队精神和责任心，使学生在英语课上得到的不只是语言的学习，而且是全面的发展。国家《义务教育英语课程标准（2011版）》对义务教育阶段英语教学活动提出了非常明确的要求[③]，小

---

① 顾明远.教育大辞典（增订合编本）[Z].上海：上海教育出版社，1997.
② 田慧生，李臣之，潘洪健.活动教育引论[M].北京：教育科学出版社，2000.
③ 教育部.义务教育英语课程标准[Z].北京：北京师范大学出版社，2012.

学英语教学活动设计应充分把握这些要求。

二、小学英语教学活动的本质特性

学习是学习者的学习,是学习者的主体行为,小学英语教学活动是教师引导学生学习的活动。显然,活动的主体性是小学英语教学活动的本质特性。小学英语教学活动是教师引导下的学生学习活动,是师生之间的交互活动,活动的交互性是小学英语教学活动的另一本质特性。

(一) 主体性

"教育的根本在于培养和发挥人的主体性","教育的基本规律实质上是受教育者主体性培养的规律。"[1]

学生的英语学习活动是学生的语言实践活动。在学习活动中,他们直接与活动客体(如教材、活动、教师等)发生作用,运用语言进行交流,从而发展自己的主体性。学生的主体性活动是学习活动的高级形式,学生的发展离不开他们的主体性活动。

> 请思考:
> 为什么要强调学生在小学英语教学中积极、主动、自觉进行学习、评价的重要性?教师的主导性、学生主体性,对小学英语教学活动,哪个更重要?

学生的主体性包括两个方面:一方面,学生的主体性指的是学生积极、主动、自觉地参与到活动中来,积极地开展发现问题和解决问题的学习,通过诚实艰苦的学习,在老师的引导下,有目的、有计划地探索,在不断探索中主动、能动地实现知识的掌握。学生应当成为自己亲自经历的学习活动的主体,在活动中借助各种有效手段,运用学生的多种感官,通过学生的主体活动,在做中学,在学中做,教、学、做合而为一,通过组织开放的、充满活力的各种学习活动去发展学生的主体性,改造他们的主观世界,塑造他们的人格品质和创造能力,把他们培养成为现实活动的主体。所以,学生的学习活动必须以学生为主体,教师应尊重学生的人格、个性、兴趣和需要,激发学生主动参与学习活动。

另一方面,学生的主体性不仅仅是一种主动的学习,同时还表现在认识活动中,表现在以学生的求知热忱和求索活动为基础的过程中。在小学英语学习活动中,学生的主体性表现为对已有知识的进一步整理和改造,主动探索发现英语学习的方法,发展自己的英语运用能力,使学生从接受者变成语言的探索者和评价者,把课堂活动变成一种语言运用的实践活动,学生经过积极思考、主动实践,在与客体不断相互的活动中,形成英语运用能力。因此,衡量一个活动是否有效,只要是看学生是否具有主体地位。那种老师讲学生照着做,没有把学生当作有思维的、活生生的活动主体的教学形式,其结果还是一种以接受为主的学习,甚至是学而不思的学习,不是此处所探讨的活动,因为此处所探讨的是活动教学意义上的活动。

---

[1] 王道俊,郭文安.论教育的主体性——兼谈教育、社会与人[J].华东师范大学学报(教育科学版),1991(04).

主体性是小学英语课堂活动教学的中心。学生是知识的主动获取者，活动的主体始终是学生。活动是主体的活动，主体是活动的主体。

在小学英语课堂中，我们可以开展个人活动(individual work)、两人活动(pair work)，还可以开展小组活动(group work)，甚至团队活动(team work)、班级活动(class work)。只要我们以学生为主，运用活动开展教学，就可以充分发挥学生的主体性。如在教 family tree 时，我们可以让学生每人画一张家谱(individual work)，然后互换家谱，通过向对方提问，了解家庭成员的称呼及其他信息(pair work)，然后全班进行调查，看班上同学有多少人是与父母生活在一起，有多少是和父母、爷爷奶奶生活在一起(class work)。这些都是学生的主体性活动。

(二) 交互性

活动是主体与客体、客体与主体之间相互作用的中介，没有活动，认识、实践和交际都是一句空话。认识一个对象就要对它开展各种活动，以引起认知结构的改变。即使是真理，也不能被当作现成的东西被个体直接吸收，而要像"科研和发明的过程"一样，借助于"适宜的活动"，对之进行"重新组织或重新发现"才能被个体所掌握。[1]

活动的交互性是学生交流经验、交流知识、交流活动结果的必不可少的客观形式。活动的交互性指的是师生、生生之间在活动过程中的一种交往。通过这种交往，将学生从经验者变成探索者，从接受者成为批判者，从而使教学认识活动变成科学实践活动。

> 请思考：
> 哪些层面的交互性对小学英语教学活动的成效影响最直接？为什么？

在小学英语教学活动中，我们首先要关注的是学生的生活世界、生活经验与英语学习所需的生活世界、经验世界的互动，这种互动越强烈，学生的学习越容易，学习成效越显著。比如我们教 hamburger，可能很多地方农村学生不熟悉，针对这种学生生活世界与英语学习所需生活世界的巨大差异，我们可以告诉学生 hamburger 有点像我们生活中的肉夹馍，但又有一些显著区别，从而基于学生已有生活经验进行理解和学习，以此建立学生生活经验与英语学习所需生活经验的直接联系，形成生活世界与英语学习情境之间的互动。当然我们还要关注学生之间的互动，学生正在学习的不同学科之间（尤其是语文与英语）的互动，以及学生与教师、学生与家长、学校与社会的互动。

三、小学英语教学活动的教学特性

此处所探讨的小学英语教学活动属于学校的教学活动，主要是课堂的教学活动。因此，这些活动还具有教学特性。从教学意义上分析，小学英语教学活动具有目的性、过程性、语言性，而且小学英语教学活动还特别需要具有趣味性。

---

[1] （瑞士）皮亚杰. 发生认识论原理[M]. 王细铟等，译. 北京：商务印书馆，1981.

（一）目的性

教育目的实质上就是教育活动所要培养的人的素质的预期结果，它是教育活动主体对客观现实（包括社会现实和人的现实）对人的素质发展的需要和可能的认识与对人的素质发展的价值选择的统一。

小学英语教育的目的是在小学英语课程中发展学生的核心素养，所以，小学英语教学活动具有指向发展学生的核心素养这一根本目标。

在教学中，活动既有教育活动共同的目的，又有具体的学科教学活动的目的。活动的目的是教师根据教育目标和学科教学目标的要求，以学生为主体而设定的。活动可以转变教学形式，组织情景交融的活动，发挥"言为心声"的优势，调动学生的能动性，变被动消极的学习为主动积极、富有创新的学习，使教学双目的有机结合起来，互为因果，双向促进，使学习成为学生的自主活动。这种主动学习方式以学生主动探索问题和解决问题学习为特点，包括探究学习、发现学习、解决问题学习、交往学习、合作学习、体验学习等多种学习方式，通过学生对学习对象的主动操作，亲身体验、探索、加工、改造和创造等实践性活动来实现和完成。

小学英语学习活动应该强调培养学生的语言运用能力，同时提高学生核心素养。我国学生发展核心素养体系与英语课程相关目标要求我们从语言能力、文化意识、思维品质、学习能力四个方面共同促进学生核心素养的发展，显然小学英语教学活动的目标是多维的。这要求我们在教学中不能只是为了语言而活动，应在活动过程中合理而巧妙地把语言学习活动、文化意识学习活动、思维品质学习活动、学习能力学习活动进行整合，促进学生核心素养发展。

（二）过程性

学习是一个从不会到会的行为过程。一个完整的活动是由外部和内部的若干环节组成的，这些环节本身也是一个个小的活动，这些小的活动连接起来就形成了一个行为过程。在小学英语教学活动中，外部活动主要是学生主体的语言运用活动，是活动的重要组成部分，其目的是通过掌握语言知识促进学生获得语言运用能力。内部活动主要指学生的内部心理活动，是学生大脑中对语言的各种体验、内化活动，是学生大脑对外语信息的反应活动。

活动的过程性主要表现出以下几个特征：

（1）活动是学生内部活动与外部活动相互转化的过程。活动是学生通过直接经验来理解与获取知识、形成能力的过程。活动的过程就是学生主体的外部活动与内部活动的双向转化过程，科学、完整的活动过程是一个由外而内、由内而外的物质活动与观念活动相互联系、相互作用、相互转化的过程，是学生主体活动内化和外化的统一。单纯的外部操作过程和独立的内部反思过程并不能构成教育活动。"要组织好学生的各种表现为外部的行为的实际的教育活动，才能启迪、激发和引导他们积极开展内部心理活动""人们内部思想情感上的心理活动一经发动和开展起来,又会表现出巨大的能动力量,以指导和促进他们的社会实践活动。"①

在活动中,外部的各种影响必须通过学生主动的选择和加工,教师讲授的每一个观点或知识,学生并不能全部接收。学生只有通过外部的实际操作和内部的思维操作相互结合、相互作用的实践来实现认识的深化,并在其价值观的基础上进行取舍,内化为自己的东西,形成稳定的心理品质和新的价值观,从而对今后的学习产生指导作用。

(2) 活动是学生在教师引导下的能动过程。我们强调学生是活动的主体,但这并不意味着否定教师的作用,教师在学生活动中的作用是引导、指导学生开展活动,而不是、更不应代替学生开展活动。教师是整个活动的组织者和引导者,教师实际上是从宏观的角度控制着整个活动,只是位置从台前转到了幕后。教师的主导作用表现为创造条件调动学生学习的积极性,最大程度地发挥学生的主体作用。只有在教师必要的、合理的指导下才能将整个活动控制得活而有度,才能使学生在活动中展示出理性的智慧,真正地有所收获。

> 请思考:
> 为什么活动的过程必须是学生的能动过程?如何做到?

学生的活动还是一个能动的过程,是学生主动变革现实客体或知识客体的过程,是主动探索事物内在规律及其关系的活动,是不断改进已有认识,不断成长的过程,是全面提高学生素质的一种教学形式,是一种主动的、能动的活动。教师通过积极的引导,使学生保持强烈的探索兴趣和求知欲望并积极参与其中,充分发挥学生的能动性和创造性,以活动促进学生语言运用能力的发展。

从社会与个人的互动、师生之间交往的角度看,教育在本质上是引导学生建构价值,在价值建构过程中,亦即学生的成长过程中,学生实现精神的唤醒、潜能的显发、内心的敞亮、主体性的弘扬和独特性的彰显。从师生共同活动的角度来说,教育是师生经验的共享、视界的融合和灵魂的感召。教师对学生以引导,学生则在教师引导下完成自我建构,这便是活动教育的真谛。

(三) 语言性

活动是学习的一种形式,小学英语学习活动则是一种英语学习活动形式,其特性自然必须包含语言性。语言性主要强调的是语言活动应该是真实的语用交际活动。

在小学英语课堂中,创设真实运用英语的情境是关键。

活动教学应培养学生综合运用英语的能力,即:把语言作为交际工具而运用的能力与把语言作为非交际工具(思维、游戏、能力呈现、养育、学习等的工具)而运用的能力。没有意义的操练和交际操练的机械性练习,往往会使学生只会背句子,遇到真正的交际便张口结舌,很难学以致用。所以,活动教学要鼓励学生在英语语言实践中使用英语,即 learning by

---

① 王道俊,王汉澜. 教育学[M]. 北京:人民教育出版社,1991.

doing and learning in doing，而且还要活学活用，将英语语言结构运用到一定的语境中去。我们在教学中要尽量避免一些无意义的、在正常的日常生活中可能永远都不会说的话，如There is a nose on my face．I have two eyes 等等。教师应充分认识到这一点,在活动过程中尽量创设信息差,贴近学生的日常生活,减少中间环节,让学生产生自然的交际愿望,从而真正地在有意义的表述中运用语言。

（四）趣味性

众所周知,兴趣是最好的老师。当然,兴趣并不产生于一眼就能看到的事物,而在于认识事物深藏的奥秘。好奇心强、有求知欲望是小学生的一个重要特点。兴趣对于小学生学习英语显得尤为重要。基础教育阶段英语课程的主要任务之一是激发和培养学生学习英语的兴趣,使学

> 请思考：
> 为什么小学英语教学活动特别强调趣味性？

生树立自信心,培养良好的学习习惯和形成有效的学习策略,发展自主学习的能力和合作精神。兴趣能使学生对语言的感知更加清晰,语言思维更加活跃,对语言的记忆更加牢固。如果学生对所学的语言没兴趣,不能接受所学语言的文化,对自己的学习能力缺乏信心,他就会产生一种强烈的负面情绪,不可能有很足的学习动力,也不可能有很强的合作意识。这就要求我们善于用新颖的教学方法和手段引起学生对学习英语的好奇心。活动这种教学形式,较之传统的教学而言,更有利于培养学生整理和重组知识的能力,有利于发展学生运用语言在表情达意过程中思维的灵活性、创造性和变通性。我们可以采用学唱英文歌、自编短剧、游戏、表演、智力活动(猜谜、竞猜等)等形式来增强活动的趣味性。

实　践

【请你回答】

1. 小学英语教学活动中教师的定位是什么？
2. 举例说明小学英语教学活动的主体性、交互性。
3. 在小学英语教学的四项教学特性中,哪一项最为关键？为什么？

【设计实践】

1. 请为以下教学内容设计一个符合小学英语教学特性的巩固活动。

Lucy：Good morning, Kate! What are you doing now?

Kate：Well, I'm reading. What are you doing, Lucy?

Lucy：I'm calling you, haha. There's a cartoon show in the cartoon centre. Do you want to go with me? I have got two tickets from my aunt.

Kate：That's great. Can we meet at the cartoon centre in 30 minutes?

Lucy: Oh no, I can't.

Kate: Why?

Lucy: The show is on next Sunday.

Kate: Ah sorry. Let's go next Sunday. Thank you, anyway.

Lucy: Great, see you at school on Monday.

Kate: See you on Monday.

2. 请分析以下小学三年级的教学活动的特性并进行必要的修改。

教学过程					
时间预设	教学环节	教师活动	学生活动	设计意图	反思调整
(时间分配：3分钟)	Class opening and review	*Greeting: Give the standard greeting to welcome students to English class. *Sing a song: Play the audio tape and sing the song "How are you?" *Free talk: Talk about the weather and the animals on the farm. Ask some questions such as: How's the weather today? What animals do you like? Do you like a pig?	Greeting. Give the greeting to teacher and the others. The students sing the song and do the actions. The students talk about the weather and the animals on the farm.	以亲切的问候导入，进行简单的日常对话，给学生用英文交流的机会。师生同唱歌曲《How are you?》，在歌声与活动中互相问候，使学生身心放松，师生关系更为融洽，提高学生学习的积极性，为本次的英语教学活动提供了一个良好的开端。在"Free talk"中的讨论话题，为引入本课主题奠定基础。	

案例：

看图说话教学设计案例

1. 看图，读出熊猫的名字。

2. 看图，说出熊猫的活动。

3. 朗读例句，找出相同图片。

4. 模仿例句,说出其他熊猫的动作。

分析：

我们知道,活动的特性在于其主体性、交互性。这一设计显然不具有交互性,从而不具有活动的本质特性。

从活动本质特性出发,这一设计应修改为：

(1) 学校联合熊猫保护中心举行熊猫活动图片展,要请同学们轮流去担任图片解说员,就是看到熊猫不同活动的图片,要向参观者介绍描述图片上熊猫的活动,尤其是有些人可能看不清楚图片内容,需要听我们的解说,才能真正了解图片内容。现在我们开始训练,然后大家轮流去参加这个活动,担任解说员。

(2) 世界上大部分的熊猫都有自己的名字,我们首先了解要解说的熊猫的名字。

(3) 然后看看熊猫各自的活动。

(4) 学习例句,看图片1,学会如何解说熊猫的动作。

(5) 模仿例句,解说其他熊猫的动作。

(6) 看更多图片,学习解说熊猫的动作,准备担任解说员。

修改后的设计用真实的语境、真实的语用目的,突出了很多的互动性,使活动成为真正的教学活动。

这一修改非常值得关注,因为这一修改可以使我们的教学活动在真实语境、为了真实语用目的而表达真实语义,以此发展学生的语言运用能力。

第二节　小学英语教学活动设计

【请你思考】

老师 X 是刚刚走上小学英语教学岗位的特岗教师,尽管在大学学习过英语教学论这些课程,但并非针对小学教学。所以他对于小学英语课堂教学的理解主要来自于自己的小学英语学习,认为小学英语教学主要应该认真教学生学习语音、单词、语句。他设计了大量这些内容的训练活动,如开火车、分小组等等,在课堂上反复开展。

你认为 X 老师的教学活动是否存在问题?若是,主要是什么问题?

_____
_____
_____

【学习目标】

学习本节后,你能:

1. 了解并掌握基于核心素养对于小学英语教学活动的分类;
2. 了解并掌握基于核心素养的小学英语教学活动的设计。

【本节概念】

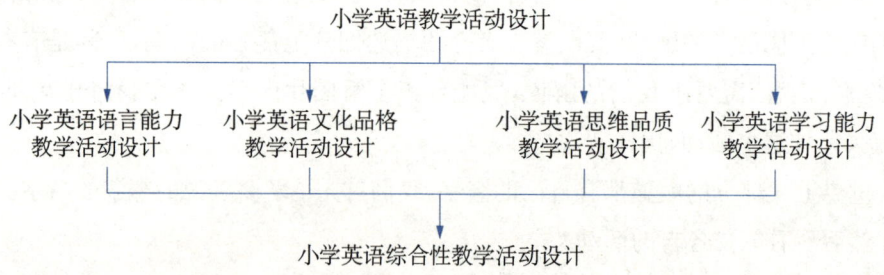

【请你回答】

1. 你认为基于核心素养,小学英语教学活动应该分为哪几类?

_____
_____

2. 你认为小学英语课堂中有哪些常见的文化意识教学活动?

3. 你认为小学英语课堂中有哪些常见的思维品质教学活动？

核心素养是我国教育改革与发展的基础，是以促进学生全面发展、适应国家与社会需求为根本目的。学生发展核心素养，是指学生应具备的、能够适应终身发展和社会发展需要的必备品格和关键能力，主要由6项素养、18项能力与品格要点组成。

核心素养是整个教育的基础，每一学段、每一学科都应以此为基础，当然小学英语教育亦应以此为基础。任一学科都不可能单独承担所有核心素养的培养，各个学科通常基于本学科优势重点发展一些核心素养，英语学科则应重点发展语言能力、文化意识、思维品质、学习能力，小学英语教学活动亦应基于这四项素养目标进行设计。

一、语言能力发展活动设计

（一）小学英语语言能力目标内涵

英语课程的语言能力指在社会情境中借助语言以听、说、读、看、写等方式理解和表达意义的能力。英语课程要求学生通过英语课程的学习，逐渐发展语言意识和英语语感；获得并在语境中整合性运用所学语言知识；理解口语和书面语语篇所传递的意义，识别其恰当表意的语言手段；有效地使用口语和书面语传递意义并进行人际交流。

在小学阶段，由于学生的思维特性尚处在形象思维为主、抽象思维初步发展的过程中，所以对于全体学生，不宜进行显性的语言知识教学（无论是语音教学，还是词汇、语法教学皆如此），而应通过发展学生的语言意识和英语语感，形成英语语言知识的基础性感知，到学生12岁以后，

> 请讨论：
> 如何合理理解和设计小学英语课堂教学的语言能力目标？

可以逐步开展语言知识教学。这就要求小学英语教学在语境中整合性学习语言知识，逐步发展在语境中初步地整合运用语言知识的能力，包括理解与所学语言难度相当的口语和书面语语篇所传递的意义，有效地使用所学的口语和书面语初步、逐渐地传递意义和进行人际交流。这里强调初步的语言运用能力，是说明语言能力发展目标只需要确定在初步的能力目标上。这里同时强调逐步发展学生的语言运用能力，则是说明形成语言能力的过程，不是

一次学习、一个阶段的学习可以完成的,而是需要逐步发展。

(二)小学英语语言能力教学活动设计原则

1. 隐性的语言知识教学

小学英语语言知识教学的重点在于发展学生的英语语言意识和语感,而不在于语言知识的教学。所以,小学英语语言知识教学活动,无论是字母教学、语音教学、词汇教学、语法教学、课文教学等,都宜采用隐性的语言知识教学为主,不宜专门讲解语言知识。以小学阶段 ea 读作/iː/的拼读规则的教学为例,不宜直接告诉学生 teacher 中的 ea 读作/iː/,而宜采用让学生学习歌谣方式让学生感知,如:

首先向学生呈现以下歌谣:

My Chinese t<u>ea</u>cher likes t<u>ea</u>.

My English t<u>ea</u>cher likes s<u>ea</u>.

But I like r<u>ea</u>ding and <u>ea</u>ting.

Pl<u>ea</u>se give me books and m<u>ea</u>t.

让学生找出单词中黑体并有下划线的 ea,尝试读整个语句、单词,然后听录音感知语音,进而跟读练习。学生在学习过程中感知 ea 的读音,而不进行 ea 读作/iː/的讲解。再以小学阶段现在进行时的教学为例,不宜使用现在进行时、现在分词等概念进行讲解,而宜让学生形成语言意识和语感,如:

首先老师可以和下图中的女孩一样,展示自己和自己的朋友做运动的图片或照片,用 like doing 的结构,告诉学生,这些人喜欢做这些运动,这样学生可以感知 doing 结构。

然后,老师可以说 I like playing football. Look at Picture 1. I'm playing football. 如此继续,这样学生就能感知到 be doing 的结构和用法了。在进行一定阶段的学习后,老师可以运用如下的歌谣等形式,进行必要的归纳总结,让学生记住所学结构,而不是语法结构的讲解。

2. 逐步的运用能力发展

小学阶段英语课程要求发展学生初步的英语运用能力，这一目标的实现不是一次教学可以实现的，而需要在小学英语课程整个教学阶段逐步发展，甚至长期发展。以行为动词一般现在时第三人称用法为例，我们从小学一开始学习英语就开始学习 He likes football 这样的结构，但可能到小学毕业还会存在运用这一结构的困难，甚至一直到初中、高中、大学，乃至出国留学，都可能无法完全做到100%正确地运用这一结构。这显然说明，语言运用能力发展是一个逐步发展的过程。

以一般过去时用法为例。小学生可能在小学四年级第一次学习一般过去时，此时我们可以只是要求全体学生理解一般过去时的语义、部分学生能够初步运用；到五年级学生再次学习一般过去时的时候，我们可以要求全体学生理解一般过去时的语义、更多学生能够初步运用、部分学生能够较准确运用；到六年级时，我们可以要求全体学生理解一般过去时的语义，大部分学生能够初步运用这一结构。

3. 基于认知规律的综合活动

语言知识的学习，需要理解、记忆、运用，无论设计哪一环节的活动，都需要基于小学生的语言认知规律、社会认知规律进行设计。如小学生的思维发展具有显著的过渡性，我们就应基于小学生思维发展的过渡性，设计相适应的教学活动，如一、二年级，主要开展语句整体感知教学；到三、四年级，让学生观察语句结构的特征，尤其是动词时态变化等；到五、六年级，则可以适当地引导学生进行语句结构的抽象归纳，但若发现这种归纳不能帮助学生学习，则应选择继续通过案例等形象思维方法进行学习。

> 请思考：
> 在小学英语语言能力活动设计中，如何遵循这些基本原则？

（三）小学英语语言能力常用教学活动

基于以上原则，可以设计小学英语语言能力教学活动。

1. 语言接触活动

基于小学生认知规律、兴趣、动机、学习目标等，设计听、看、阅读英语语段、图片、视频等以及说、写等活动,感知语言,观察语言现象。如让学生看图,运用已学会的语言谈论图中自己知道的内容(如中国女孩向外国女孩介绍中国少年人物花木兰、马良,运用 This is ... girl/boy 等已学内容),然后感知、观察 she,he 的语义和用法。

2. 语言学习活动

小学英语的学习活动是一个在接触语言之后进行理解、模仿、训练,达到基本掌握的过程,亦即:先让学生基于接触环节中已经形成的对语言的理解,进一步加深理解,形成准确、正确的理解;然后让学生通过听录音跟读或者看示例写、跟老师读或写、跟同学读或写等不同形式,模仿语言,然后提高必要时间与强度的训练,掌握作为教学目标的语言。

如让学生看图,理解语言的语境(中国孩子指着自己家人的照片,向外国孩子介绍自己家人),理解所用语言结构,理解语词,跟读,学着说,直至自己能说出相关语句。

3. 语言运用活动

小学英语课程的运用活动,只是初步的语言运用活动,可以是日常生活中真实的英语语言运用活动,如:*Make a plan for the sports day*. 还可以是展示语言运用能力的活动,或是运用英语的认知活动,如:

In Picture A, the pen is on the desk.

> 请讨论:
> 把小学英语语言能力发展活动分为接触、学习、运用三种,对小学英语语言能力培养的教学活动设计有哪些益处?

In Picture B, the pen is under the desk.

二、文化意识发展活动设计

（一）小学英语文化意识目标内涵

对于中国学生而言，英语课程是一门跨文化教育课程，文化意识是其核心目标。英语课程的文化意识目标是指通过英语课程发展学生对中外文化的理解和对优秀文化的认知，形成学生在全球化背景下表现出的包括知识、观念、态度和行为的品质。在英语课程的学习中，学生能获得文化知识，理解文化内涵，比较文化异同，吸收文化精华，形成正确的价值观和自信、自尊、自强的品格，具备一定的跨文化沟通和传播中华优秀文

> 请思考：
> 小学英语教学也可以发展学生传播中国文化的能力吗？如何做到？

化的能力。对于小学生而言,英语课程应使他们能够掌握一些跨文化知识,如国外主要节庆活动等,形成对于世界文化、主要是英语国家文化的一些理解以及对中外文化异同的理解,如对中外家庭文化的异同的理解,促进他们逐步形成正确的价值观和形成自信、自尊、自强的品格,促进他们能够运用所学语言进行跨文化沟通的能力和传播中华优秀文化的能力。

(二) 小学英语文化意识教学活动设计原则

小学英语文化意识教育目标要求小学英语课程作为全过程德育教育的组成部分,承担相应的责任,这不是要求小学英语课程承担德育教育的全部责任,也不是要求我们放下语言能力发展目标而发展文化意识,而是要求我们在英语语言教育之中,抓住有利时机,开展文化意识教育。所以,小学英语文化意识教学活动设计应遵循以下原则。

(1) 时机合理的跨文化知识教学。英语教学中必然包含了跨文化知识,我们应根据教学需要,抓住有利时机,开展跨文化知识教学。这种需要包括两类:一是语言学习本身需要了解相应文化知识,不进行相应跨文化知识教学,就无法真正开展语言教学。如以下歌谣的教学必然需要讲授相关文化知识:

另一类需要是学生有对于相关文化知识的学习需求,如学生在开展以下活动时,本不需要跨文化知识,因为从货币单位"yuan"可以判断这是一个在中国的活动,学生只需要了解这些物品在我国的真实价格。但若有学生想将此活动发展为在美国、英国的活动,则学生需要了解美国、英国的货币单位 dollar, pound 等,并需要了解这些文具等物品在美国、英国的真实价格。这里的跨文化知识教学不是活动需要,而是学生学习可能需要。

(2) 潜移默化的品格养成教育。文化意识教育的关键不是跨文化知识的教学,而是品格的养成。品格不是一时一日养成的,更不是依靠讲授可以养成的。品格养成是一个长时间的过程,更是一个潜移默化的过程,这一过程是一个系统工程,包括课堂的展示、教师的身

教、家长的引领、社会的培育等等。作为教师,我们应该设计潜移默化的品格养成教育活动。如培养学生学会说 Thank you、Please,教师就要通过课文展示在什么情况下应该说、可以说 Thank you、Please,而且教师自己应该在课堂教学、课外与学生交往、当着学生与他人交往时,恰当地说 Thank you、Please。教师还需要请家长配合,在家庭生活中,在需要时说 Thank you、Please 等。

(三) 小学英语文化意识常用教学活动

(1) 基于教学内容的跨文化教育活动。这是最为常用也最为便捷的跨文化教育活动,亦即基于教材中的,或者教师自己选择的教学内容中的跨文化内容,开展相应的跨文化教育活动。这类活动的开展方法主要基于教学内容设计,其目标、内容选择,则主要基于学生的水平。

(2) 基于活动的跨文化教育活动。在重要的英语节庆活动时间、学校英语节等活动期间,我们可以设计基于活动的跨文化教育活动。在设计节庆活动时,要注意选择积极意义较显著的节日活动,如 Thanksgiving Day 等。公立学校开展跨文化教育活动对于可能意义较为复杂的节庆活动,如具有宗教意义的 Christmas 等,则要慎重。

学校可以综合设计英语节等活动,开展英语歌曲演唱、英语游戏表演、英语短剧表演、英语诗歌朗诵、英语故事讲述,甚至英语演讲、英语辩论等活动,也可以开展英语单词拼写、英语谜语等活动。有条件的也可以设计为期一个学期、每周放映一部的英语电影等活动,或者每周开展一次英语电影模仿秀活动。

(3) 身教为主的品格教育活动。品格教育应该是教师身教为主的教育,这就要求教师自身具有相应的品格,这也是"身正为范"对教师的本质要求。

教师可以为自己设计一系列的行为规范,或者分阶段的行为规范目标,然后在日常行为中坚持实施这些行为规范,同时要求学生和自己一起开展这些行为,从而起到品格教育作用。

如教师每次在学生回答问题后、在校园里学生问候自己后，对学生说 Thank you，在校园里对其他老师说 Thank you，同时要求同行的学生对其他同学、老师说 Thank you，以此教育学生学会说 Thank you。

> 请讨论：
> 为什么说在品格教育中，教师的身教更加重要？基于此，如何更进一步理解"学高为师，身正为范"中"师范"的内涵？

（4）随机的品格教育活动。课堂与校园中，开展有效的品格教育活动的时机无处不在，教师要善于抓住最为恰当的时机(如开展品格教育的恰当时间，学生接受品格养成教育的必备情绪等)，开展品格教育。如：学生在课堂上谈到周末去吃了麦当劳，教师可以告诉学生，中国传统饮食也很好，甚至更为健康，强化学生的文化自信、自尊、自强；学生提到过生日吃蛋糕时，教师可以告诉学生，吃生日蛋糕时还应许愿，许下一个真正有意义的愿望，而且努力实现愿望，比蛋糕更加重要，以此强化西方文化中更有价值的成分，同时告诉学生中国传统的生日长寿面更具有祝福意义，以此形成更为合理的跨文化态度。

三、思维品质发展活动设计[①]

（一）小学英语思维品质目标内涵

语言与思维具有密切联系，英语语言有着英语国家民族的思维特性，学习英语有助于发展学生的思维品质。英语课程的思维品质是指辨析语言和文化表现的各种现象；分类、概括信息，建构新的概念；分析、推断信息的逻辑关系；正确评判各种思想观点，理性表达自己的观点。英语课程应促进学生形成英语思维习惯，提高多元思维能力。

小学生处在思维品质快速发展时期，英语课程的思维品质目标有助于小学生的思维品质发展。这一领域的探讨迄今不多，此节进行较为深入的讨论。

广义而言，思维是有机体的神经活动，所有具有神经系统的有机体都有思维能力。狭义而言，思维是人类神经系统的认知活动。非生物学视角学科而言，思维是人类的高级认知活动。对于思维的研究有哲学、心理学、神经科学三种视角(也有人认为还有社会学视角)，英语学科教育讨论宜采用心理学视角。从教育心理学视角看，思维是人的神经系统与环境互动中表现出的心理行为。

基于意识视角，人的思维活动分为三类：无意识思维：这是人的神经系统在受到外界影响时的本能反应所表现出的思维活动，如规避危险等。潜意识思维：这是人的神经系统在人没有主动开展有意识行为时，在受到外界影响时表现出的思维活动，相当部分是文化基因导致的思维活动，如听到《二泉映月》表现出悲伤心情。有意识思维：这是人的神经系统在受到外界刺激之后，主动进行思维的活动，既是人类思维的主要形态，也是思维品质可以提升的主要领域。

我们平常讨论的都是有意识思维。基于思维的抽象性，人的有意识思维活动可以分为三种：直观行动思维、具体形象思维和抽象逻辑思维，三种思维各有其层次，形成思维的大致分类

[①] 此节主要内容曾以"英语教育促进思维品质发展的内涵与可能"为题发表在《英语教师》2016 年第 5 期。

(如表 7-1 所示)。

表 7-1 思维的分类与层次性

分类 1	分类 2	分类 3	活动
被动思维	无意识思维		有机体自身的生理、生长发育、创伤修补、疾病抵抗、繁殖与变异等。
	潜意识思维	个人潜意识	灵感、梦、幻觉等(人的感情、性格、兴趣、习惯、心情、心理素质、某些技能都能受到潜意识影响)。
		集体潜意识	民族文化等形成的潜意识思维,如颜色的文化内涵导致的思维活动,庆典活动等文化内涵导致的思维活动等。
主动思维	有意识思维	直观行动思维	如扳着手指头做加减法、通过 TPR 活动回忆所学语言、运动加深理解等。
		具体形象思维	如画图帮助理解、用表格说明数据、舞蹈表达情感、电影表达意义等。
		抽象逻辑思维	如分类、概括、归纳、推理等。

从内涵而言,思维品质是个体的思维质量,每个个体的思维发生和发展具有显著的个性差异,思维品质体现的便是个体思维的水平和能力的差异。

每个人都能思维,都具有强有力的基于神经系统的天生的思维能力,但每个人的思维品质都有很大的提高空间,而且需要提高。第一,人类认知具有天然认知缺陷,仅仅依靠天生的认知能力,无法形成准确认知,难以快捷找到解决需要解决问题的方案。而人类需要准确认知现象,人类也需要快捷解决问题。第二,每个人神经系统发展过程不同,思维能力发展程度不同,每个个体神经系统差异、思维发展差异导致每个个体对现象的认知准确度、速度存在差异,即:有人看问题看得比另一些人更准确,找出问题解决方案更快捷。思维品质决定每个个体思维的成果的质量,有助于我们更为准确认知现象、更为快捷地形成问题解决方案(当然,人类不可能绝对准确地认知现象,也不可能快捷地形成解决任何问题的终极方案)。所以,人类需要提升思维品质。

思维品质内容丰富,各种思维方式有着各自的思维品质。基础性的品质包括思维的准确性、深刻性、敏捷性、灵活性、批判性等。这些思维品质都可以通过语言学科教育,包括英语学科教育提升,而英语学科教育具有其显著优势,因为英语思维的理性、逻辑性、批判性均显著于汉语思维,非常有助于发展中国学生的终生发展。

> 请讨论:
> 小学生思维能力发展迅速,如何在小学英语教学中基于此发展学生的思维品质?

基于学生已有的汉语思维与英语学科可以发展的英语思维的显著相同与差异,英语教育可以着力发展学生的以下思维品质:

准确性：外语理解与表达有助于发展思维的准确性。

深刻性：英语语言的文化内涵有助于发展思维的深刻性。

灵活性：两种语言的相同与不同、英语本身的不同表达，有助于发展思维的灵活性。

批判性：英语文化的批判性传统有助于发展思维的批判性。

开放性：外语学习本身可以促进思维的开放性。

创造性：运用外语进行笔头、口语表达，以及表演、展示等，可发展思维的创造性。

当然，英语教育也可以发展其他思维品质，只是对这六项品质的发展，英语教育具有相较于其他学科教育的显著优势。

对于思维品质，还必须关注一个基本的伦理问题：思维品质本身没有价值取向，我们必须引导学生为了积极目的提升思维品质，要引导学生避免将思维品质用于诡辩、狡辩、打败对手等消极目的。

（二）小学英语思维品质教学活动设计原则

设计促进学生思维品质发展的小学英语教学活动，应把握两个基本原则：发展性原则与语言性原则。

1. 发展性原则

作为促进思维品质发展的活动，首先必须具有思维发展的特性。尽管语言与思维密切关联，但不是所有语言学习活动都能促进思维发展，只有强化了思维活动，而且恰好处于学生思维发展的最近发展区的活动，才真正具有思维品质的发展性。以下活动若没有魔术表演，则就不具有思维发展性，因为魔术表演说明了小猫出现位置变化的原因。

2. 语言性原则

作为小学英语课程中促进思维品质发展的教学活动，不能只是关注思维发展，还必须是语言活动，让学生在英语语言学习中发展思维品质。这是一个发展学生的思维的准确性的活动，而其中的数词也是这一活动的语言学习

> 请思考：
> 如何理解这里所说的"在思维品质发展中，语言性是第一位的"？

内容,从而使这一语言学习活动具有思维品质发展特性。显然,在小学英语发展思维品质的教学活动中,语言性是第一位的,思维发展性是第二位的,应在语言学习中发展思维品质。

(三) 小学英语思维品质常用教学活动

1. 基于教材设计促进思维品质发展的问题

在日常教学中,我们可以通过提问、解释、分析等,组织学生讨论、解决问题等,促进学生思维品质发展。

提问是最为常见的课堂教学活动,合理地设计问题,让学生在回答问题的过程中,发展其思维的敏捷性、灵活性、深刻性、批判性、开放性、创造性等。

解释、分析是常见的英语课堂活动,尤其是词汇解释、语法解释、课文解释、试题解释等等,更是天天出现。利用解释、分析的过程,发展学生思维的灵活性、深刻性、批判性、开放性等,是不错的选择。

讨论是非常好的发展学生思维的灵活性、深刻性、批判性、开放性、创造性等的活动。当然,由于各种原因,英语课堂上讨论活动难以长时间、经常开展。所以,我们更应该关注合理设计讨论活动,充分利用讨论的难得机遇,以发展学生思维的敏捷性、灵活性、深刻性、独创性和批判性。

解决问题是任务教学等教学过程的终极活动,可以利用这类活动发展学生思维的灵活性、深刻性、批判性、开放性、创造性等。当然,解决学习困难问题、提高成绩问题等等,也可以发展学生思维品质。

教材是课堂教学的基础。我们促进学生思维品质发展的活动,也离不开教材。我们要分析教材的思维特性,找出适合发展学生思维品质的教材内容,尤其是课文、活动等,然后基于教材开展相应活动,即可发展学生思维品质。若发现教材中已有的有助于发展学生思维品质的内容、活动不够丰富,则教师要深度分析教材,找出能够促进学生思维品质发展的内容、活动,或者补充设计相应活动,然后开展相应活动。

> 请思考:
> 如何理解教材在教学活动设计中的基础性?

分析教材,我们可以发现在促进学生思维品质层面,基于教材而设计的活动有助于发展学生思维的深刻性、批判性、开放性、创造性。于是可以设计以下促进学生思维品质发展的活动。

在阅读之前,让学生看图回答问题:

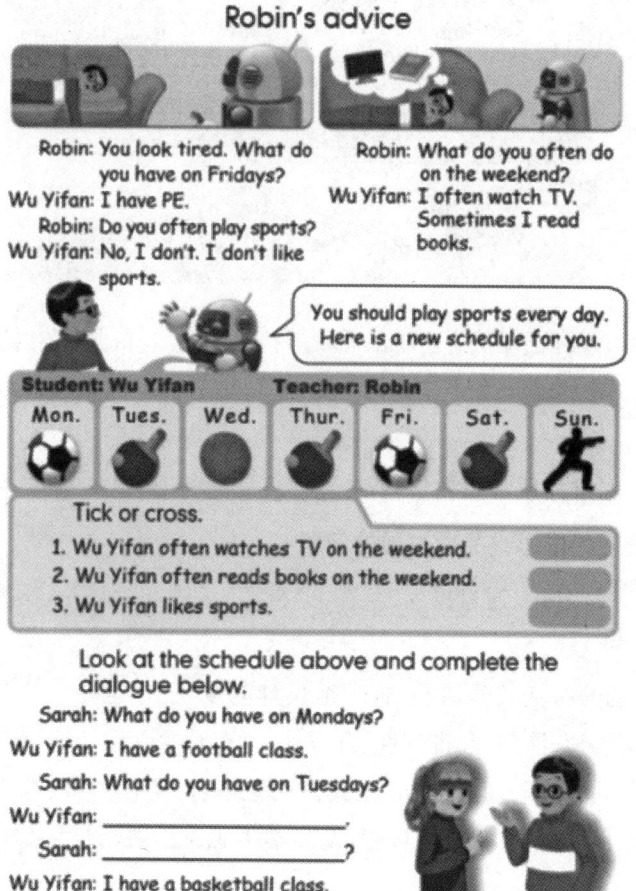

Who are they?

What happened to the boy?

然后让学生阅读对话,回答问题,并追问 Which sentence told you that?

在学生阅读表格部分之后,让学生发现计划中一周打几次篮球、几次乒乓球,踢几次足球,上几次武术课。然后让学生思考:

Is this schedule clear? If not, what is not clear?

Is this schedule good for Wu Yifan? Why or why not?

Is this schedule good for you? Why or why not?

Is there a schedule good for every one? Why or why not?

What should we learn from Robin? And what not?

经过思考,很快有学生说出自己的观点。在学生回答最后一个问题遇到困难时,教师补充提问:Wu Yifan 是否会喜欢这些活动? Robin 制订这个计划之前是否征求过 Wu Yifan 的意见? 我们是否可以如此制订计划?

最后,教师让学生制订自己的"阳光体育一小时活动计划"。

在接近下课时，教师引导学生思考以下问题，简单小结本节课学习收获：

What happened to Wu Yifan?

What help did Robin give to Wu Yifan?

What should we learn from Robin? And what not?

Is there a schedule good for every one?

How can you make a good schedule for your sunshine sports programme?

How can you make a good schedule for learning English?

How can you make a good schedule for our whole life?

How can you re-read a text and find the answers quickly?

我们可以不要求学生在课堂讨论与回答这些问题，而是要求学生回顾自己的已知，并在课后思考自己的未知。

显然，这一系列活动促进了学生对阅读内容的准确性的探索，更促进了学生对 Robin 的做法的深度思考、分析、批判，制订计划和课后思考问题也能促进学生思考的开放性和创造性。

2. 基于学生思维能力设计促进思维品质发展活动

（1）文字活动。把英语字母、单词设计为不容易辨识，或者 word puzzle 等形式的活动，通过观察、发现，让学生自己按照这种方式设计。如：

这类活动可以发展学生思维的灵活性、创造性，也可以通过限时完成，发展思维的敏捷性，还可以通过分析他人活动，发展思维的准确性、批判性。这类活动可以帮助学生记忆单词，也可以训练学生的理解、表达能力。

（2）数字活动。小学生在英语学习中的数字学习远远比在算术课中的数字学习简单，所以在学生学习数字之后，根据已学数字，进行有思维品质的活动，才能既符合学生的心智水平，又符合学生语言水平。如：

3	1		
		2	
			2
		1	3

		2	
1			
			4
	3		

这一活动可以发展学生思维的准确性、灵活性、批判性，限时活动可以发展思维的敏捷性。这是最简单的数字活动，难度可以根据需要增加。这个活动可以帮助学生运用所学数

字,也可以训练学生的理解、表达能力。若学生喜欢且有能力,可鼓励学生自己设计数字活动。

（3）识图活动。识图活动,尤其是进行比较、发现异同的活动,可以发展学生思维的准确性、灵活性、批判性,这类活动可以用于训练名词,this is, there be, I can see … 等结构。

（4）创造活动。创造性活动可以培养学生的创造性思维品质,同时可以发展学生思维的准确性、灵活性等。下面这一活动要求学生选择恰当的队员,明确选择这些队员组成篮球队

的原因。这一活动可以训练相关名词,I can...、He can...、She can...等结构。我们还可以鼓励学生自己设计创造性活动。

四、学习能力发展活动设计

(一)小学英语学习能力目标内涵

学习能力是学生在所有学科学习中应该具有的能力,这主要是主动学习、积极调适、自我提升的意识、品质和潜能,对实现英语学习目标、全面发展和终身学习至关重要。英语课程具有一定难度,英语课程的学习,应促进学生形成持久的学习兴趣、主动的学习态度和明确的学习目标,运用恰当的学习方法开展自主学习、合作学习和探究学习,有效监控和管理学习过程,多渠道获取学习资源。

> 请思考:
> 如何基于小学生自我管理能力发展促进学生学习能力发展?

小学生学习能力处在发展之中,学习能力的形成需要较长时间。所以,小学生在英语课程发展的学习能力应该是逐渐的主动学习的能力,逐渐学会根据需要调适学习方法与策略。

(二)小学英语学习能力教学活动设计原则

(1)渐进性原则。小学生的学习能力需要逐渐发展,而这种过程可能是一段时间,甚至可能需要终生发展。所以,设计小学英语发展学习能力活动首先应该考虑到学习能力发展的渐进性。如单词记忆,我们应该根据学生记忆能力发展规律、记忆规律、记忆内容,设计相应的活动。按照学生记忆发展规律,一、二年级学生以形象记忆为主,三、四年级仍然主要采用形象记忆,但也开始使用抽象记忆,到五、六年级,学生基本可以采用抽象记忆了。因此,一、二年级学生的词汇记忆活动应主要设计为以看图记忆、做动作记忆等,三、四年级主要是看图记忆、做动作记忆,适当进行基于语义和词形的记忆,到五、六年级,基本可以采用词形记忆的形式。

(2)差异性原则。学习是个性化行为,所以,小学生的学习能力发展具有较为显著的差异性,即使是学习成效相同的学生,其学习能力也可能存在差异,这种差异可能不是层级的差异,而是方法的差异,如学会 This is my book 这个语句,学生可能都学会了,但所采用的学习方法可能并不相同。所以,小学英语学习能力发展活动应尊重差异性原则,让学生基于自己学习需要,选择适合自己的学习能力活动。

(三)小学英语学习能力常用教学活动

(1)随机学习能力发展活动。小学生的学习能力在逐步发展,不大可能专门进行学习能力发展。所以,要发展他们的学习能力应主要借助于随机发展的活动。如开始学习英语的第一周学习《Hello, How Are You?》歌曲,学生可以通过动作理解、记忆语句内容。到第二周学习 Thank you,则可以基于第一周的 How are you? 中的 you,进行必要的联想、理解、记忆语义。显然,我们不可能在学生开始学习英语的第二周就专门设计联想学习策略的教学,更不可能让学生小学三年级就系统掌握联想学习策略。设计随机的学习能力发展活动,不仅是小学英语课程开始阶段的主要的学习能力发展活动,也是整个小学阶段学习能力发展的主要形式。

(2) 专题学习能力发展活动。随着小学生学习能力发展,尤其是英语语感的增强,我们可以引导学生反思自己的英语学习能力发展,开展专题的学习能力教学活动。如开始学习英语一年之后,我们一般开始引导学生准确地记忆单词的拼写形式,学习两年之后,我们开始拼读规则的学习。此时,我们就可以设计词汇记忆、拼读规则的这些专题的学习能力发展活动。

在学生出现显著的英语学习困难时,尤其是全班学生出现大面积英语学习困难时,我们也可以设计专题的学习能力发展活动,引导学生形成学习能力的突破。

五、综合的小学英语教学活动

小学英语教学活动通常并不是专项的,而是整合所有,或者一些目标的综合性教学活动的,即:在一个教学活动中,发展学生的语言能力、文化意识、思维品质、学习能力。这既是学习的基本规律,也是语言学习的基本规律,更是人的全面发展的基本需要。

在学习以上歌曲的活动中,我们既发展学生用 can, can't 的语言能力,也发展学生乐于助人、帮助他人、帮助残疾人士的品格,还可以发展学生分析 but 的转折特性的思维品质以及学生运用歌曲进行语法理解记忆的学习能力。可以说,小学英语教学活动主要应是这种综合性的活动。

综合性活动不是简单地整合学习内容,也不是说完全不能只是单一领域,而是要求在设计教学活动时,根据教学需要综合性地设计。

小学英语课堂时间有限,综合性活动应该是最为普遍的核心素养发展活动,因为这样的活动可以发展各领域的核心素养。

与设计单项的核心素养发展活动一样,在设计综合活动时,我们必须首先确定学生的核心素养发展目标,这一目标既要基于英语课程标准的要求设计,又要基于学生最近发展区设计,这一目标可能是在整个小学阶段综合考虑之后设计,也可以基于学年目标进一步细化落实。在设定目标之后,我们要分析教学内容适合开展哪些活动来发展既定目标的核心素养,然后选择开展,或者重新设计相应活动。

当然,任何预设都只是预设,课堂可能出现无限的生成机遇。我们应形成基于课堂生成发展学生核心素养的能力,随时抓住生成出现的机遇,开展相应活动。生成带来的发展,比预设常常更加有效,因为学生的学习心态通常更加积极。

实　践

【请你回答】
1. 小学英语教学活动为什么要基于核心素养设计?
2. 基于核心素养设计小学英语教学活动应关注哪些因素?
3. 如何基于你的学生的核心素养发展目标,设计小学英语教学活动?

【设计实践】
1. 为以下三年级学习内容设计恰当的教学活动。

2. 为以下六年级学习内容设计恰当的教学活动。

Write an animal quiz and talk about it.

案例：

《Row, Row, Row, Your Boat》歌曲教学设计

1. 询问学生是否会唱,或者听过歌曲《划小船》。若有学生会唱,请学生演唱。

2. 告诉学生这是一首英语歌曲,在英语国家非常普及,几乎所有学生都会唱,从而激发学生学习兴趣。

3. 让学生看图,听歌曲,理解歌词。询问学生有哪些单词不认识,解决词汇问题。

4. 教学生逐句演唱,逐步达到会演唱。

5. 让学生集体演唱,并进行评价。

分析：

这一教授歌曲的活动设计只是关注了歌曲，而这首歌曲本身具有的文化意识、思维品质内涵，被完全忽略了，这就导致了歌曲教学被简化为了单纯的语言教学，使之失去了原本的文化意义。

就活动教学的目标而言，这首歌曲的教学设计至少应调整为以下形态。

（1）询问学生是否会唱，或者听过歌曲《划小船》。若有学生会唱，请学生演唱。若无学生会唱，则播放这一歌曲的汉语版给学生听。询问学生这首歌的意义，学生可能一时不能准确回答，引导学生思考歌词最后的"生活是一场梦"的意义以及与之前的"欢乐，欢乐，欢乐"的联系，并询问学生："生活是一场梦"与"生活是一种梦想"哪种表达更好？为什么多了一个字意义就不同了？以此帮助学生借助汉语深度理解歌曲，因为学生可能尚无能力用英语表达自己对这一问题的看法。这一活动可以激发学生对歌曲的兴趣，引导学生形成积极的人生观、价值观，并促进学生深度思考，体验汉语之美。

（2）告诉学生这首歌在英语国家非常普及，几乎所有学生都会唱，世界上很多学过英语的学生都可能学过这首歌曲，我们学会以后可以与世界很多学过这首歌曲的人进行交流、分享，以此激发学生学习兴趣，进一步促进学生形成学习世界文化的开放心态。

（3）让学生看图，听歌曲，理解歌词。询问学生有哪些单词不认识，解决词汇问题。若学生没有提到，老师主动提问：歌词 your boat 说明这首歌曲具有什么语义功能？是对他人提出人生建议。单词 dream 既可翻译为普通的汉语词"梦"，也可翻译成积极意义的汉语词"梦想"，这说明英语单词也存在词义的转化现象，dream 本义是"梦"，转义为"梦想，愿望"。这种现象影响我们对语义的理解。

同时告诉学生，这首歌曲最后一句常见版本是 Life is but a dream.（生活不过是一场梦。）这个版本改写为 Life is like a dream.（生活就像一场梦／一个梦想。）询问学生对这个改写的看法，促进学生思维能力发展。

（4）教学生逐句演唱，逐步达到会演唱。

（5）让学生集体演唱，并进行评价。

这一调整使这一歌曲教学活动不仅促进了学生的语言能力发展，而且同时促进了学生文化意识、思维品质、学习能力的发展，实现了教学活动的多重目标。

这一案例说明，小学英语的任何教学活动都应该，而且可以指向丰富的教学目标，而不是单一的语言目标。

进一步阅读参考

鲁子问．小学英语活动设计与教学[M]．北京：高等教育出版社，2010．

鲁子问．英语教学论（第三版）[M]．上海：华东师范大学出版社，2018．

第八章 小学英语教学媒体设计

第一节 教学媒体的内涵与使用原则

【请你思考】

老师 X 是一位技术高手,非常喜欢在教学中使用互联网,他知道现在的小学生都是互联网的"原住民",所以他几乎每节课都让学生在互联网上学习,并让学生在网上进行学习交流和讨论,最后将学生的优秀作业展示在自己的教学网站上。X 老师本以为基于互联网的教学会对他的英语有很大促进作用,然而他却发现事实并非如此,学生的英语学习成效并无显著提高。

你认为是什么导致 X 老师基于互联网的教学不能形成显著的英语学习成效?

_____
_____
_____

【学习目标】

学习本节后,你能:

1. 了解并掌握英语教学媒体的内涵与分类;
2. 了解并掌握小学英语教学媒体的使用原则。

【本节概念】

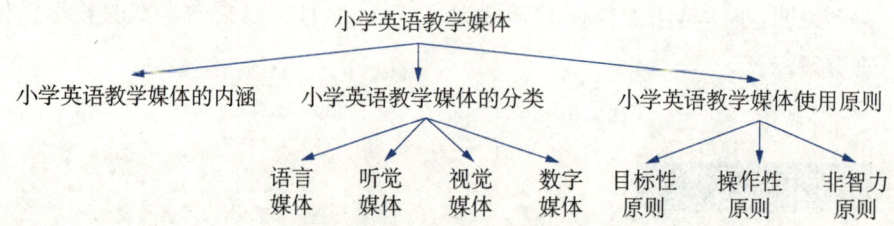

【请你回答】

1. 你认为小学英语教学应包含哪些教学媒体?

2. 你认为小学英语教学媒体的使用有哪些原则?

一、教学媒体的内涵

媒体是传播信息的介质,语言文字、纸张书籍、黑板粉笔、电脑网络等等都是媒体。我们每天听新闻、看电视、阅览报纸、刷微信朋友圈、与家人同事交流等活动,都通过媒体而进行。因此,在我们的生活中,媒体无处不在。随着科学技术的发展,媒体的形式也越来越多样化,功能越来越强大、丰富,在社会生活中所起的作用也越来越大。今天的我们已经很难想象如果没有这些媒体,我们的生活将会是怎样一番场景,我们的学校教育又会回到怎样的形态。

(一)教学媒体的定义

教学媒体的定义有广义和狭义之分。广义的教学媒体是指一切承载和传递教学信息的人、物和技术,狭义的教学媒体是指可承载和传递教学信息的媒介和技术。也就是说,从广义上讲,任何承载和传递教学内容的介质,包括教师、黑板、教科书、教具和模型,以及教学课件、电影、广播、教育电视、电脑、多媒体、网络、虚拟社区等现代教学媒体都属于教学媒体;而狭义地看,教学媒体主要指教学课件、电影、广播、教育电视、电脑、多媒体、网络、虚拟社区等现代教学媒体以及黑板等传统媒体。

无论广义还是狭义的教学媒体,都有一个共同特征,即:教学媒体具有教学功能,在教学过程中起着存储、传输、呈现教学信息的作用。正是这一特征,使教学媒体区别于其他一般媒体。所以,此处探讨的教学媒体,是指在教学过程中承载和传递教学信息的各种媒介与技术。

(二)教学媒体的构成要素

教学媒体的基本要素包括物质实体和信息符号。

在教学中,任何存储、承载和传递教育信息的人和物质都属于教学媒体的物质实体。物质实体是教学媒体形成的基础或前提条件,如:在口头教学中,参与教学活动的人体器官(如口腔、舌头、耳朵、声带等)和身势语(手势、眼神、表情等)以及传播信息的介质——空气都属于信息传播的实体;在文字传播活动中,从原始的书写材料(泥板、龟甲、布帛等)到印刷纸墨,一直到今天广泛使用的电子读物、电子课件等,都是以物质实体作为基础的。因此,无论是口头传播还是文字传播、电子传播,无论是古代还是现代,物质实体都是承载和传播信息的基础和首要要素。

信息符号是传播的内容,就教学信息而言,包括知识、技能、情感态度、价值取向、思维方式等等一切承载教学内容的信息。

二、教学媒体的分类及其教学特征

对于教学媒体,我们可以根据需要进行不同的分类。基于媒体出现的时代分类,可以分为传统教学媒体和现代教学媒体。传统教学媒体,是在教学传统中长期使用、非常熟悉的物质实体,包括教科书、黑板、图表、模型、实物等,传统教学媒体具有便利性的特点,对硬件设施要求不高,是在教学中普遍使用的、不受地域限制的教学媒体,比如图表、模型和实物,教师可以因地制宜也可以开动脑筋自己制作,为教学提供必要的辅助。传统教学媒体中有很多至今仍在广泛使用,这些也被称为常规教学媒体。现代教学媒体,是随着现代科学技术发展而产生的新的媒体形式,包括电声类(录音机、扩音机等)、电光类(幻灯机、投影仪等)、影视类(录放像机、视盘教学机)、计算机类(计算机教学系统等),还包括以信息技术为核心的高新技术发展而随之产生的大容量储存多媒体、虚拟现实、人工智能、网格和无线网络等高新技术和现代教育结合不断更新的教学媒体[①]。传统教学媒体与现代教学媒体可以混合使用,我们可以在使用黑板的同时使用电子白板,也可在使用互联网的同时呈现教学挂图。

> 请讨论:
> 如何理解教师的眼神也是一种教学媒体?如何使用这种媒体?

从媒体是否印刷分类,教学媒体可分为印刷媒体和非印刷媒体。印刷媒体指各种印刷资料,如教科书、图表、辞典、报纸、杂志等。非印刷媒体则泛指各类非印刷的视听材料,如幻灯片、投影片、录音带、电影片、录像带、移动硬盘等。在非印刷媒体中,根据接受信息的感觉器官分类,又可分为听觉型媒体(如广播、录音、视觉型媒体(幻灯、投影)、视听型媒体(电影、电视)、交互型媒体(如程序教学机、计算机辅助教学系统)及多媒体系统(如多媒体学习包、多媒体网络教室、语言教学室)。

根据传播过程中信息流动的方向分类,教学媒体可以分为单向传播媒体和双向传播媒体。单向传播媒体:如口授、广播、电影、电视、书刊等,信息都是由"教师"流向学生,没有交互性。单向教学媒体只起到信息源的作用,只能向学习者呈现教学信息,不能根据学生反馈的信息做相应的信息调整或反馈。这类教学媒体有:教科书、图片、幻灯、无线电广播、电视等。双向传播媒体:如讨论、角色扮演、语言实验室、程序教学机、计算机辅助教学系统等,借

---

① 任建.从教学媒体的演变看教学设计的发展历史[J].电化教育研究,2012.

助它们，信息可以在"教"与"学"的双方相互传递。双向或交互式教学媒体具有及时调整后续输出信息的功能，可根据接受者的即时反馈做出信息输出的调整。例如，语言实验室的电子系统可根据指令从单纯的录音呈现及时调整到两两对话或小组活动等互动形式，使得学习过程中的信息交流呈互动状态。

从语言教学的需要，我们可以重点了解以下几种教学媒体。

（一）语言媒体

语言媒体是人类历史上使用最早、应用最广的一种信息传播媒体。从语言媒体到教科书的出现大概间隔了至少2万多年。自从人类有了语言，它就成为交流思想、传播信息的工具，对社会的发展起着无法估量的推进或促进作用。从简单事物的表达到复杂现象的描述，人类都要借助语言来完成。语言的使用促进了人类自身的思维能力和沟通能力的发展。同时，经验的积累和传播促进了社会的进步和理念的更新。

作为媒体，语言具有简捷性。所谓简捷，是指人类可以不需要借助其他工具，直接传递信息、交流思想，而且在短时间内可以传播大量的信息。它的简捷性还在于使用同种语言不同背景的即时沟通与交流。另外，语言媒体还具有反馈性特点。面对面的信息传播能及时得到受信者的信息反馈，从而能有效地调整信息的内容和容量。

当然，语言媒体也有其明显的局限性，例如语言自身的抽象性和口头语言瞬间即逝的特点或多或少地限制其作用的发挥，与其他媒体配合使用效果才会更好。影响语言传播的因素有词不达意、传播音量过小或过大、听力疲劳、听者注意力分散等，这些因素会严重影响语言媒体传播效果。

尽管如此，语言媒体仍然是我们生活和教学活动中最基本、最常用的传播媒体。课堂教学的绝大部分内容是通过语言媒体完成的，或者说，教师语言是课堂教学信息传递的主要媒体。如果教师的词汇水平和表达方法不能和学生的文化水平、能力、记忆范畴相对等，会造成信息量的损失。因此，教师应娴熟地驾驭语言，用精炼、准确的言语

> 请讨论：
> 小学英语教学当然需要语言媒体。如何充分发挥语言媒体的作用？

传递教学信息，启迪学生的智慧，达到教书育人的目的。小学英语教学本身就是语言教学，所以语言媒体作用非常大，我们要善于充分利用语言媒体的特性，进行教学，比如教师自身通过音质、音高、音色的变化，进行单词教学，就是充分运用语言媒体特性的方式之一，可以使教学成效显著提高。

（二）听觉媒体

听觉媒体是指作用于人的听觉通道的教学媒体（如广播、录音等），即为教学目的而录制和传播的人声和其他声音。教室里常见的音响设备有录音机、可以播放音频文件的计算机，或其他我们经常使用的听觉教学媒体，如唱片、录音磁带、有声卡片、电子音频文件等。听觉媒体

借助语言、音乐以及事物实际声音来呈现描述事物的规律与状态,便于学生模仿、理解和思考。

听觉媒体是英语教与学中应用最广的媒体之一,具有比较经济实惠、方便携带、便于复制、可反复使用等特点,适用于英语教与学的所有阶段。通常从孩子一开始接触英语,家长一般都会利用点读笔、手机以及各种播放设备,帮助孩子学习英语。录音机、电脑、内置了电脑的电子白板等,也是教师常用的听觉媒体设备。教师可以利用听觉媒体,提供真正的交际语音范例,纠正错误发音,让学生感受口语特征、在标准的语言环境中打下良好的语言基础,培养他们正确的语音语调等。设计不同形式的听觉技能训练活动是发挥听觉媒体效能的有效途径。网络上的各种听力材料,也是教师及学生可以便利使用的听觉媒体。尤其是小学阶段非常容易形成正确的语音,教师更应该尽可能使用语音正确的听觉媒体促进学生形成正确的语音,这即可降低教师带读单词、课文的劳动,更可促进学生直接模仿录制音频材料的母语人士或专业人士的英语语音,形成正确的语音。

当然,听觉媒体有其局限性。它是一种单向信息传播形式,不能及时反馈。另外,听音材料一旦录制后,表述顺序是固定的,听音时只能按先后顺序,不能随意调整。再者,听觉信息稍纵即逝的特点,需要听者精力高度集中,这种训练很容易产生疲劳,不易长时间使用,与其他媒体配合使用(譬如视觉媒体)效果则更好。如果学生的听觉技能和经验背景同学习材料相差很多时,可能不容易确定一个合适的提供信息的步调,而由教师制作听觉材料,质量难以保证。

小学英语教学中,要克服听觉媒体的使用的单向性不足,可以通过让学生与录音进行比对,形成学生与听觉媒体的互动,从而提高听觉媒体的教学功效。各种录音模仿秀、录音挑战达标,都是很好的学生与听觉媒体互动的教学形式。

现在已经有一些语音软件可以通过语音识别进行自动匹配,从而实现人与语音软件之间的对话。这种听觉媒体可能最终能突破听觉媒体的单向性问题,我们可以根据教学需要选择使用。

(三) 视觉媒体

凡是通过视觉传递信息的媒体,或者说凡是载有教学信息的视觉材料,都属于视觉类媒体的范畴,包括图形、图像、文字以及一切形象化的视觉信息形式,是人类交流中信息最丰富的媒体。视觉媒体非常丰富,教师根据教学需要决定采取何种视觉教学媒体。

视觉媒体包括非投影视觉媒体和投影视觉媒体。非投影型视觉媒体包括黑板、印刷材料、静止图画(照片、图片等)、模型和实物等教具。这些都属于传统教学媒体,教师既可以自己制作或者选择使用已有视觉媒体,一般不受条件限制。这类视觉媒体的优点是应用范围广泛、使用方便,适用于各种形式的教学活动,例如,印刷材料的教学资源丰富、信息系统稳定。非投影型视觉媒体的不足之处在于信息表现一般为线性的组织方式,形式单调,所提供的信息以抽象经验为主。

20世纪20年代末至30年代,无线电广播、声音录制等领域的相关技术再次把教学引向了教学媒体。随着能够合成声音媒体的出现,投影型视觉媒体在教学活动中起到越来越显著的作用。这些媒体主要包括实物投影、投影、幻灯三类。这类视觉媒体的显著特点是直观性强、使用方便,有较强的呈现静态事物的能力,适合不同年龄阶段的教学。不同年龄的学生对颜色的偏爱不同,大多数青少年喜欢颜色和形状逼真的图案,教学媒体中生动的画面和形象、动画、特技效果都会激发学生的学习兴趣,引起学生的求知欲,促使学生积极思考,主动参与。投影型视觉媒体具有较强的真实感和表现力,促进学生的学习动机,可以收到更好的教学效果。教师就有更多的机会根据学生的具体情况加强个别指导,这更符合因材施教的原则。但是过于逼真的视觉材料可能会干扰学生的注意力,会使他们关注所呈事物的形貌而忽视其内涵。

> 请讨论:
> 小学英语教学中,哪些媒体作用更为显著?为什么?

视觉媒体在小学英语教学中具有发展学生认知能力、从而发展学生思维品质的作用,我们要善于充分利用视觉媒体,尤其是学生非常喜欢的动漫等视觉形式的教学媒体。

视觉经常与听觉结合使用,组成视听觉媒体。视听觉媒体是通过视、听两个通道同时呈现信息的媒体,主要有电视、录像、电影片段和计算机辅助教学系统。视听觉媒体通过典型示范、反复训练和创设情景,可以做到因材施教和及时反馈。显然,视听觉媒体要比单纯的听觉媒体或视觉媒体效果要好,因为它们能够使学习者多渠道地感知教学内容,给学习者留下深刻印象,而其较强的感染力,也便于学生理解和记忆。从学习者的认知过程来看,视听觉媒体给学习者对于知识的认知和感受提供了更多可能,有利于学习者构建理解和认知的知识构架。

在所有的感官中,视觉和听觉最为重要。日常生活中,我们都在有意无意地通过我们的视觉和听觉感知、解读周围的世界。课堂上,我们更是耳目并用地进行"听、说、读、写、看"。视听觉媒体的优势不仅在于提供了多渠道的感官刺激,更在于它们把不同特征的(视觉、听觉)感知结合在一起,使得视听觉媒体(如电影片段、录像)能够提供较为自然的语言文化背景。因此,在外语教学设计中应尽可能地选择视听结合的媒体,使直观、鲜明的图像与生动的语言有机结合,不仅创造出一种语境氛围,充分表达和传递教学信息,而且有利于激发学生的好奇心和学习兴趣,加深对语言的领悟和理解。

视听觉结合更适合小学生的英语学习。单纯视觉的动漫在这里变成了动画,学生可以在看到画面时听到英语,从而形成更加准确的理解和语言学习。大量实践证明,动画片对小学英语教学具有非常显著的作用。

(四) 数字媒体

当今的信息大多已经是数字存储形式的信息,各种形式的数字媒体已经成为教育媒体的主要形式。

虚拟现实(Virtual Reality)是利用计算机模拟产生一个三维空间的虚拟世界,提供学习者关于视觉、听觉、触觉等感官的模拟,使他们身临其境。虚拟现实具有良好的沉浸感、交互性和多感知性。在外语学习中,已经有许多成功的案例实践。虚拟现实技术与教育教学相结合，产生了诸如虚拟实验室、虚拟学习社区、虚拟教室、虚拟图书馆、虚拟校园等研究与实践。比如，学生可以在虚拟的地球村生活、交友、购物、工作，模拟在英语国家生活的经历，以此获得全方位的语言训练。然而，我们也应该认识到，虚拟现实技术给学习者带来的是一种虚拟的体验和抽象的经验，不能替代真实情景为学习者带来具体体验和情感发展，因此虚拟技术在教学设计中只能作为辅助教学的工具、情境创设的工具和学生自主学习的工具，如何在此类虚拟环境中提高学习效果是教学设计人员面临的一大挑战。

人工智能的出现让计算机辅助教育进入了智能化阶段。人工智能技术与教育教学理论结合，促进了智能软件、智能设备、智能网络、智能计算机、智能机器人、智能代理等在教育领域的应用，形成了不同类型的智能教学系统。智能教学系统是指以学生为中心、计算机为交互媒介，利用计算机模拟教学专家的思维过程，形成开放式的人机交互系统。

移动学习(m-Learning)是利用无线移动通信网络技术，以无线移动通信设备(如移动电话、个人数字助理 PDA、便携式电脑等)获取教育信息、教育资源和教育服务的一种新型数字化学习形式。与其他形式的学习相比较，移动学习具有学习便捷性、教学个性化、交互丰富性、情境相关性等特点，是继 e-Learning 之后的一种全新的学习模式。如何利用移动技术支持学习实践，成为教育领域和技术领域共同的研究热点。在教学实践中，处处可见学生们使用 PAD、手机等移动终端进行学习。但是当前在移动技术的应用、系统平台的研发方面投入较多，对于教学设计模式、移动学习资源的开发、教学过程控制与评价策略的研究等方面尚有许多不足。然而，教育在根本意义上仍然是关于人的活动，教育理念、教学活动设计和教学的具体实施才是我们应该重点考虑的问题。换言之，移动学习受到许多因素的制约，对于移动学习的研究还需要进一步结合教学和学习理论，加强对移动学习资源、移动学习控制过程的研究。

各种媒体可以单独使用，但实际教学中更多的使用形态是综合使用，组成多媒体形态。多媒体(Multi-media)是一种将视听信息传播能力与计算机交互控制功能相结合的新型信息处理系统，主要通过人机交互方式同时处理、编辑、存储和呈现两种以上不同类型的信息，把文本、图形、动画、图像等多种信息进行统一的数字化处理和综合管理。信息技术的综合运用使得多媒体在一定意义上成为信息传递和信息源的有机结合体。

> 请讨论：
> 数字媒体对小学英语教学作用非常显著，但是否有不足之处？如何克服或规避？

早期的多媒体指语言、文字等传统媒体和各种电子类现代媒体；现在的多媒体设备趋于小型化和智能化，具体体现为媒体硬件体积变小和软件功能增强、图文音像数字化和信息网络化等方面。多媒体的信息呈现形式多样化(有静态的、动态的，视听结合的)，且具有再现性(即生动地再现各种信息)、复用性(即可以根据需要重复呈现信息)和交互性等特点。这些多维特点既可以用文字或动画虚拟实景过程表现抽象的概念和原理，又可以用声像展现语言运用场景。这种信息呈现和传播方式可以为学习者提供多重感官刺激，激发学习兴趣，其多重性特征允许学生根据学习的需要与自己的学习经验和风格选择感知方式。

显然，教师应充分发挥数字媒体信息呈现的多维性、非线性和交互性的优势，设计与之相应的语言活动,使外语教学由单向知识传授向多维信息传播和交流转变。但同时需要注意多种数字媒体并用时存在的干扰性,避免出现为了媒体而媒体的现象。无论数字媒体作用多么全面、功能多么强大,其在教学活动中所起的只是辅助作用,具体使用什么媒体、如何使用,是由教学需要和可提供的教学条件决定的,也是实施教学活动的教育工作者智慧的体现,不能因为数字媒体而干扰教学,或者因为过于使用数字媒体而忽视学生的认知能力发展与价值建构,尤其是要避免出现数字媒体依赖,或者沉溺于数字媒体而失去学习这一根本目的。

三、小学英语教学媒体选择与运用的原则

教学媒体的选择和运用,是教学设计中的一个重要环节,对于开展有效课堂教学具有重要作用。无论什么教学媒体,只要是教学媒体,一般都有助于教学,教师需要基于教学目标的要求和学生需要,进行合理的选择,其关键在于学生在教学媒体的作用下学到更多、学得更快、掌握得更好。教学媒体选择与运用应该明确教学媒体使用目的、立足正确的媒体观、注重教学媒体运用的规范性、体现教学媒体运用的创造性。教师应基于以下三项原则选择和运用教学媒体:目标性原则、操作性原则和非智力原则。

(一)目标性原则

利用媒体辅助教学的根本目的是促进教学目标的实现,所以目标性是我们选择和使用媒体的首要原则。在核心素养时代,我们要基于语言能力、文化意识、思维品质、学习能力发展的目标,设计和选择教学媒体。媒体使用的目标有效性在于变单一的线性语言信息输出为多维的信息展现、多渠道信息输入、多感官刺激与多形式的语言交流,使学习者最大限度地接受语言信息,自然习得语言,从而达到提升教学效果的目的。

要使媒体使用与选择指向核心素养,需要注意两个方面。一方面是教学媒体要适应具体的教学目标。教学目标是贯穿教学活动全过程的指导思想,规定着教师的教学活动内容和方式,而且不同课程有不同的教学目标要求。例如,小学的英语教学目标主要是培养学生初步的综合语言运用能力、促进学生心智发展、提高学生综合人文素养,而这些课程的总体目标又要分解成具体的单项技能,通过具体的单元目标、课时目标来实现。因此,要在每个单项技能的目标达成的情况下,选择适当的媒体辅助英语课堂教学,呈现和传递教学信息。听说技能的培养可采用录音录像、图画等媒体,通过反映实际情景的动画和录音语言使学生在具体的语言环境中去增加"听"的输入,并在此基础上模仿对话、进行动画配音等活动来训练"说"的技能。读写能力的提高需要大量印刷媒体和电子媒体呈现的语言材料的接触和产出活动来完成。

另一方面是教学媒体要适应于具体的教学形式和教学内容。教学内容不同,适合的教学媒体会有所区别。每一种媒体都有其自身的特点和优势,适合于某种学习任务或教学活动。例如,在语音教学中,我们可将传统教学媒

> 请讨论:
> 如何在小学英语教学中使用教学媒体从而使其指向核心素养?

体(教师范例、拼读规则等)与现代媒体(PowerPoint、光盘、音像文件、微信、网页链接、电影片段等)相结合辅助展示标准英语发音及不同地区英语母语者发音。现代教学媒体融声音、图像、文字于一体的功能,可以使内容更加生动形象、富有感染力,可以使学生身临其境地感知、理解目的语的发音范例。尤其是对小学生,基于其年龄优势的语音感知学习更是可以通过多媒体进行更符合其生理、心理特征的语音感知,从而掌握语音。

基于目标的教学媒体选择与使用,还要注意适时适量。所谓适时就是根据教学内容、教学任务的需要来选择教学媒体运用的最佳时机。值得注意的是,无论哪种媒体,其性能强弱如何,在教与学的过程中都是一种工具,只能起到辅助作用,不能"喧宾夺主"。比如,一些研究表明,过量地使用图片和动画反而会削弱教师教授的重难点,扰乱学生的注意力,这反而不利于课堂呈现和学生的学习。因此,在教学设计中,我们要注意什么是本,什么是末,教学媒体是为教学目标和学生的学习成果而服务的,选择适当的教学媒体服务教学很重要。在媒体选择上,还要特别注意资源的品格特性,不能一味选择过分强调娱乐性、趣味性而忽视价值性的内容,不能过于偏向外国的某一国家、某一文化的资源与媒体形式,尤其是动漫等媒体风格的选择与使用,要注意指向文化意识、思维品质等目标。

(二) 操作性原则

可操作性是指资源条件下的便利程度,亦即学习场所、办学单位提供利用媒体的方便程度和教师对媒体使用时操作的难易程度。媒体的选择要根据工作单位的资源状况(硬条件和软环境)以及个人利用媒体的能力而定。

换言之,教学媒体的选择要因地制宜,在便于获得的媒体资源的条件下充分利用。在条件欠缺的地区,黑板、实物、教具,以及学生们自己做的满足教学需要的手工,都是可以发挥很大作用的教学媒体。如前所述,媒体可分硬件和软件,有的硬件需要软件的支持,也需要相关技术的培训,这些配套的条件都是利用教学媒体实施教学的必要条件。如果学校条件允许,教学中可选择使用功能强、性能全且便于操作的仪器设备,如多媒体教学系统、语言实验室等。但是,即使有先进的设备,不具备使用的能力和技术同样不能发挥现代媒体的功能和作用。选择教学媒体时,要根据实际情况和具体的教学形式而定。在人数多的大班上课时,我们应选择能充分展示教学信息的媒体,如扩音、幻灯、投影、多媒体投影、电视录像等;远程教学中,我们应当选择电视广播、网络之类的教学媒体;而对于个别化教学,我们可选择收录机、复读机、微型幻灯甚至是平板电脑、手机等便携式媒体,以便于学生观察与模仿。

(三) 非智力原则

选择教学媒体时,应遵循非智力原则。学习者的特征分析涉及智力因素和非智力因素两个方面。与非智力因素相关的特征有兴趣、动机、情感、意志、性格等。在利用教学媒体辅助教学时,应以激发学生学习兴趣、增强学习动机为原则,在情感、意志力和性格方面多维度关注学生,使媒体辅助下的英语教育成为培养人的教育实践活动。

教学媒体对经验的传递作用,取决于接受者的信号接受及加工能力,如感知、接受能力、认知风格、先前经验、兴趣爱好等。学生年龄不同,经验发展水平不同,其内在编码系统也不同,对教学媒体的接受程度也不同,使用教学媒体时应充分考虑这些非智力因素。

小学生的英语学习很大程度上依靠兴趣等非智力因素,与中学阶段可以主要依靠认知能力等因素和意志力等非智力因素完全不一样。而且,小学生的兴趣与我们教师作为成年人的兴趣有很大差异,同时,小学生兴趣还存在不断变化的特性。所以,小学阶段的教学媒体选择,一定要充分考虑学生的真实兴趣,尤其是不断变化的兴趣,经常调查、观察发现学生真实兴趣,有变化地使用教学媒体。

【请你回答】

1. 小学英语教学媒体的特性是什么?
2. 举例说明小学英语教学媒体使用的目标性原则。

【设计实践】

1. 请为以下教学内容选择符合小学生兴趣特征的教学媒体。

【案例分析】

案例：

板书设计

This is San Mao.
This is his mouth.
This is his nose.
These are his ears.
These are his eyes.

说明：

在教授 head，mouth，nose，ear，eye 时，采用画简笔画的方式，一边画，一边说，一边板书语句，呈现相关单词，学生一边反复跟读。画完后老师再带领学生完整说出所有语句和语词，并让部分学生到黑板上听老师说语句、画出箭头、指向 ears，eyes，mouth，nose。

老师鼓励学生在书上画出此图，很多学生画了图，有的学生画出了自己喜欢的动漫人物。这一活动教学效果不错，学生基本掌握所学语词。

分析：

这一板书设计非常符合小学生的认知特征。

这一设计首先用形象化的方法，画出简笔画，呈现语词，而且呈现单复数形式，使学生通过形象理解语义、掌握语义。

这一板书采用红色粉笔书写目标语词的方式，使目标语词显著呈现，引起学生关注，从而更聚焦地掌握目标语词。

这一设计中，老师画出一个箭头，让学生在学习过程中画出其他箭头，有助于学生基于动手理解语词。不过这一活动作为"听做"活动，不应在最后进行，而应在老师画完图就进行。若需要最后检测，则可以在进行训练之后，老师擦去箭头，请全班学生一起说语句，老师听学生说语句、看学生画箭头，从而变成以全班说为主的说的活动。

这一设计在老师让学生画出三毛，而有些学生画出自己喜欢的动漫人物，恰恰说明这一设计老师选择三毛并非最佳选择。老师选择三毛，可能是老师自己熟悉三毛，或者熟悉怎么画出三毛的头像，但这不是以学生为中心的选择。这一设计可以调整为：老师课前了解学生最喜欢的动漫人物，老师学习画出其头像，或者事先打印出其头像，教学时贴上，这样可以确保学生更喜欢这一动漫人物。或者老师可以让学生带来自己喜欢的动漫人物海报画，贴在教室里，上课时让学生指出最喜欢的动漫人物，同时介绍其身体部位。当然，这可能出现新的问题：这种解说没有必要，观众非常清楚这些身体部分是什么。

所以，这一板书设计的人物，可以设计为老师自己设计的漫画主人公，或者学生设计的漫画主人公，不一定是人，可以是五官比较独特的小动物，如右图所示。

这一形象的五官仍然具有科学性，眼睛、耳朵、鼻子都具有参照性，这样的设计可以增加介绍的信息差，从而使五官介绍更加真实。

这些调整可以使板书设计具有更大的教学价值。

第二节　小学英语教学媒体设计与使用

【请你思考】

X老师不仅喜欢使用互联网进行英语教学，而且特别排斥使用黑板和挂图，他认为这些都是特别落后的东西。有一次，他看到年长的Y老师在黑板上板书课文语句，Y老师一边写，让学生一边跟着读，并带学生拼读单词。X老师发现很多学生很快就能拼写出新学的单词了。他感到很惊讶。

你认为Y老师的板书与拼写结合的教学活动为什么有效？

_____

_____

_____

【学习目标】

学习本节后，你能：

1. 了解并掌握常规教学媒体的设计与使用方法；
2. 了解并掌握现代教学媒体的设计与使用方法。

213

【本节概念】

```
            小学英语教学媒体
          ↙              ↘
小学英语常规教学媒体设计与使用    小学英语现代教学媒体设计与使用
```

【请你回答】

1. 你认为小学英语常规教学媒体有哪些？
_____
_____
_____

2. 你认为应该如何设计与使用小学英语现代教学媒体？
_____
_____
_____

一、小学英语常规教学媒体的设计与使用

人们学习知识的过程是一个人对外界刺激做出内在反应并基于自我基础进行建构的过程。学习的理想程序是外界给予适当的刺激，这些刺激能促使学习者最大限度地激活内在的认知机构并感知信息、内化信息。常规教学媒体（包括黑板、图片、图示材料、实物等）能为学习者提供相应的感官刺激和体验，帮助学习者感受知识、领会知识。因此，我们应该充分了解、合理地选择和使用常规教学媒体，从而帮助学生多渠道地感知知识信息。

（一）教具的设计与使用

教具是具有教育功能的特殊物品，在教育活动中扮演着重要的角色，是专门为教育服务的。《教育大辞典》对教具的定义是：教具是指教学过程中可借以辅助教学活动的用具。传统的教具有教科书、标本、模型、图表等，现代化的有电影、投影、录音、录像、电脑等设备。我们也可定义教具为在教学过程中，具有教学特点，体现教育思想、教学目标、教学内容和教学方法的实物模型等直观教学用器具以及实验训练器材。刘济昌在《教具理论研究导论》中指出，教具就是教学过程中使用的自然物或社会产品①。简言之，教具是一种可以与学习内容产生直接联系，直观性很强的视觉媒体。当我们把现实生活中的各种实物用于教学之时，实

---

① 刘济昌．教具理论研究导论[M]．北京：教育科学出版社，2011．

物也就直接成为了教具,日常生活中的很多东西(小型实物、图片、图示材料、模型等)都可以根据教学内容的需要作为教具使用。课堂上,教具的使用可使学生与内容迅速建立联系、形成概念、加深理解。小学生的思维正处在由具体形象思维向抽象思维过渡的时期,教师可以就地取材(实物、模型等)选择有助教学的教具,使学生便于理解和记忆。

  小型的实物是一种很好的直观教具,可以为学习者提供最真实、最基本的具体形象。在小学英语的教学中,很多实物的名词可以直接使用生活用具和物品进行教学,或者我们在知识导入和展示的时候,可以巧妙利用实物,让学生迅速建立联系,还能避免机械地使用翻译教学,从而在课堂上尽量多地使用英语进行教学。同时我们也要注意,有的词汇在不同语境下有不同的意思,使用实物进行教学还是有一定的局限性。模型是实物的替代物,可以保留实物的细节和特征、展示内部结构和模拟运动变化过程,帮助学生通过观察来理解某种原理或训练某种技能。实物和模型具有直观、具体、真实的特点,便于观察且能引起学生兴趣。但并非所有的实物都能作为教具供教学使用,有时使用不当还会分散学生的注意力。另外,一些抽象词汇和逻辑关系的教授很难用实物来体现,因此需要利用其他媒体辅助教学。

> 请讨论:
> 如何在小学英语教学中恰当地使用教具进行教学?

(二) 卡片与挂图等纸质媒体的设计与使用

  如上所述,在没有直接可用的实物时,我们可以根据需要,制作一些简单的教具辅助教学。第一种最简单易得、方便制作和使用的便是卡片了。在小学英语教学中,卡片的辅助作用可谓显而易见,知识导入、单词展示、课堂检测均可以采用卡片的形式。卡片可以购买,也可以根据需要自己制作,还可以带领学生一起制作,在活动中进行英语学习,达到一举多得的目的。卡片还有易携带、可以反复使用的特点。实物形状、颜色、状态都可以通过卡片来体现。

  图片是另外一种实用的纸质媒体。作为实物、实景的替代物,图片可以展示具体的视觉形象。在无法呈现实景和实物的情况下都可以通过图片的形式来感知。图片的优势在于易于获得、便于使用、易于感知。教学中最常用的图片主要是照片和印刷品中的插图。我们可以从各种印刷品中(如书报杂志)摘选一些,略作修整进行使用,也可以就地取材动手做一些简单的教具。例如,可以选择通俗易懂的漫画、广告等作为口语训练的背景材料。它们可引起学生的兴趣并能快速地传递信息,由此组织相应的语言活动。但图片也有其局限性,不利于表现时空和连续变化的过程。

  图示材料是另一种直观教具,是指利用各种类型的图画传递教学信息的可视材料,包括示意图、图表、简笔画等。它们可以简单明确地表现事物结构、相互关系、变化趋势等。在表达复杂的逻辑关系时,我们还可以用图示和文字组合的形式展示教授内容。这样可以有条理地呈现教学信息,使抽象的信息具有直观形象的特点,易于学生接受和理解。在讲解结构性知识时,我们除了用纲要式简洁的文字理出脉络之外,还可以通过概念关系图清晰地表示概念之间的层次和逻辑关系。图示材料还有一个优势是可以节约教学时间，复杂的逻辑关系、变化关系、事物结构都可以通过图片清晰地呈现，不需要在课堂教学时理顺和推导。挂图一类的图示材料还可以反复使用，针对不同的班级用不同的教学节奏即可。

教学挂图是一种可以使学生长期直接接触教学内容的教学媒体，在英语作为外语的中国，这种媒体的可以长时间随时接触的特性，对小学生的英语学习特别有效，尤其是各种促进学习、记忆的"锚图"（anchor charts）等。研究发现，在教室里、家里，长时间呈现学习内容挂图，让学生经常接触学习内容，非常有助于学生对学习内容的内化。我们建议让教室、学生的家里成为真正促进学生接触英语、学习所学内容的天地。

思维图（Thinking maps，包括 mind map）是一种以图的形式说明思维过程的视觉化学习工具，是基于可视化学习理论对思维过程的显性化描述，具有显著的过程性、生成性、逻辑性和经验性，即可显著发展学生的思维能力、提升学生的思维品质，又可发展学生的语言理解与表达能力，在很多国家广泛使用，实践证明其教学成效十分显著，对促进小学生从形象思维向抽象思维的发展，具有特别成效。

思维图可以清楚地说明课文中语句的逻辑关系，帮助学生深度理解课文、深刻记忆课文，从而掌握所学内容。如下图就清晰说明了课文中生日活动作为整体与相关的要素（生日贺卡、生日晚会、生日礼物、生日蛋糕）的关系，以及生日礼物的多种可能性的特征。该图显然有助于学生基于此图理解课文、把握语句之间逻辑关系，从而深化对课文理解，进而可以基于此记忆、复述课文。

> 请讨论：
> 思维图可以充分地运用于小学英语词汇教学、语法教学、课文教学之中。如何在语法教学中设计思维图活动？

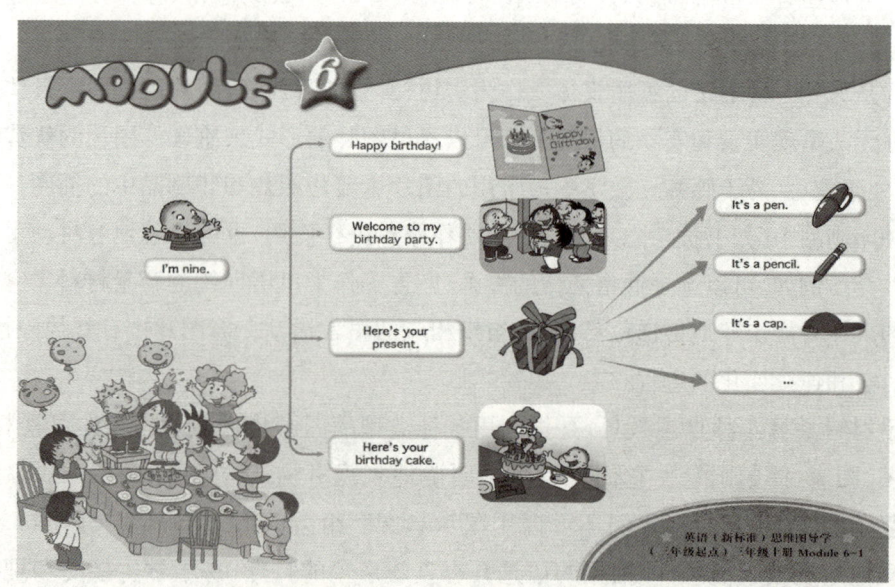

《英语》（新标准，三年级起点）三年级上册 Module 6-1　思维图导学

这种将课文中的语言逻辑性可视化的方法,显然有助于小学生从形象思维发展到抽象思维,可以显著地发展学生的思维能力,提升其思维品质。

思维图也有助于学生进行口头、书面表达,我们可以让学生在准备表达之前,先画出思维图,使自己的表达语言更准确,思路更清晰。如下图即可作为口头、书面表达的前期准备用图。

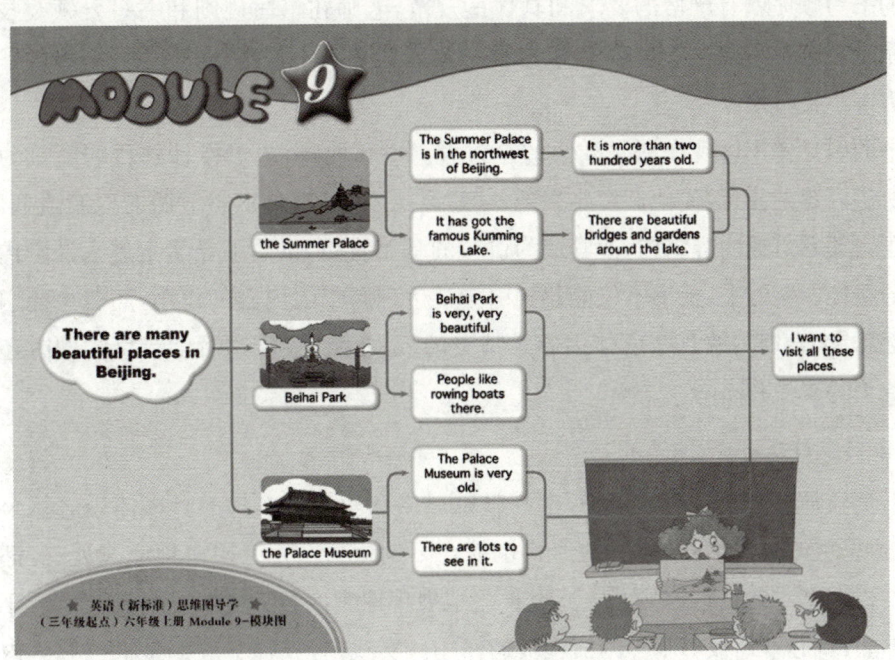

《英语》(新标准,三年级起点)六年级上册 Module 9 - 模块图

(三) 黑板的设计与使用

黑板是课堂教学中最常用、最普遍的一种教学媒体。英语课堂教学无论什么内容与形式都可以使用板书,它具有现代教学媒体不可替代的优势。合理使用黑板,科学设计板书能给学生提供充分的思维时间和空间,让知识更好地生成和传递,促进师生的互动和交流。

1. 黑板的作用和特点

使用好黑板、设计好板书是课堂教学设计的一项重要内容。板书作为一种重要的教学手段,对教学效果能产生直接的影响,可以起到直观、示范、引导的作用。

板书的直观性显而易见,是指板书可以把抽象、复杂的内容直观地展示在学生面前,使提炼的教学信息直接作用于学生的视觉器官,产生一目了然的效果。这样学生不仅能更好地理解理论的基本观点,而且还能体会其内在的逻辑关系,开启联想和思考功能,由听讲时的被动接受变成观察过程中的积极思考。实际上,板书的直观性更适用于小学课堂教学。直观形象的教学信息比单纯语言的讲述给学生留下的印象深刻得多,它能吸引学生的注意力,激发他们对所讲内容的兴趣,而且条理化的内容便于学生理解和记忆。比如,在学习介绍一天活动的课文中,老师可以把主要的语句书写出来,提示学生学习的目标和重点,还可以把一天的活动用简单的图表在黑板上画出来,让学生对于学习内容有一个直观的认识。

板书的示范性是指教师可以在黑板上展示某种规则、进行逻辑推理等等。这一过程本身给学生提供了模仿学习的机会。例如,黑板上的书写示范,可以使低年级的学生了解字母书写的规范、技巧和规则,这是学生形成书写基本功的前提。小学三年级的英语课本中对英语字母的书写顺序就有严格的要求和具体的规范,老师在书写规则和书写要领及技巧方面要做好示范,引导学生做模仿练习,以避免学生养成书写不规范、写字姿势不雅、字迹潦草、字形拙劣等不良习惯。

板书的引导作用体现在课堂教学的全过程。不言而喻,板书设计的目的就是为了引起学生对所讲内容的注意,使他们产生兴趣。教师往往通过板书把一节课的内容梳理出来,按一定的逻辑关系贯通内容结构,使其成为讲授的基本线路,也是引导学生进入课堂内容重点和难点的路径。实际上,板书不仅能起到引导学生理解学习内容的作用,而且也能引导学生进行理性思考、合理归纳总结所学内容。精美的板书设计在传达教学信息的同时还可以让学生得到美的享受和熏陶。

2. 板书设计

板书是教师创造性劳动的结果,也是教师风格和教学基本功的具体体现。每个人分析问题、表达思想的方式不同,板书的形式也就会不拘一格。无论用何种形式展现,都需要精心设计。板书基本的设计原则是:清晰条理地展现课堂内容,有效地引发思考,便于理解和记忆。不然,就起不到板书基本的梳理贯通作用。实践中,教师一般都是根据教学内容和学生的特点设计板书,把设计好的板书适时再现在黑板上,使之辅助传递教学信息、更好地完成教学任务。

板书通常分为主板书和辅助板书。主板书是事先设计好的,在讲解的过程中根据教学内容呈现的次序写在黑板上,一般不随意擦掉;它体现课堂教学的基本线索和主要内容,应以合乎逻辑的方法展示给学生。辅助板书具有随意性,是教师用来辅助说明的内容,课堂教学中的举例通常也是辅助板书的内容,课堂教学的生成过程中突发的灵感和值得深思的只言片语都可以通过辅助板书随时写在黑板上启发学生思考,或诱导学生追寻讲解思路,或者用以辅助说明主板书的内容。有经验的教师总是认真对待板书的设计和展示,通过板书让学生对教学内容产生深刻的印象,使课堂教学更加直观形象、生动有趣。

> 请思考:
> 板书设计对小学英语教学帮助很大。如何合理设计板书?

板书展示的时间和形式要符合讲解的内容,要适时展现。由于课堂上的时间和黑板的空间有限,板书应设计得简明扼要、重点突出,具有引导启发性。教师不能长时间呆板地讲解内容,也不能面对黑板没有重点地满屏书写,更不能随心所欲杂乱无章地书写。这些都会不同程度地影响板书的作用,更会影响教师的形象和教学效果。设计板书时,应力求在内容上提纲挈领，重点突出；文字上简明贴切，清晰表达所讲授的主要内容；在呈现形式上要布局合理、层次分明，达到一目了然的效果；在表现手法上要图文并茂，巧妙生动，多感官作用于学生。

例如，在讲解课文时，我们可以采取问题引导式板书，将导入性、理解性、分析性等问题分层次呈现给学生，通过这些基于内容的巧问、导疑、释疑的过程，引导学生积极思考、寻找问题答案、理解语言内涵。

板书的形式可根据教学内容而定，可以用提纲式、关键词语式，还可以用图表/表格式或混合式等形式呈现教学信息。最常用的一种板书形式是提纲式板书。提纲式板书概括性强、层次分明，便于操作和掌握。教师备课时将内容归纳总结，以教学内容的内在逻辑关系为主线，提炼出各层次内容的关键句，随讲授的次序逐步书写在黑板上。

关键词式的板书，顾名思义，由关键词（key words）组成。它简洁易操作，而且可以帮助学生以点带面地掌握教学内容。备课时精选出代表性强、能准确反映讲授内容的关键性词语，讲课时适时写在黑板上即可。词语式板书也可以通过表格的形式清晰地展示，归纳成表格的板书能高度概括教学内容的层次关系，通过并列或对比组合展示两种事物的异同。例如，我们可以把中西文化的主要特征和汉英语言的差异先用关键词提炼出来，然后再用表格的形式展现在黑板上，使它们的特征与差异一目了然，既能帮助教师讲解，又能帮助学生理解和记忆，同时还有助于师生依此进行交流和讨论。

作为传统的教学媒体，黑板使用简单方便、信息展示灵活，有助于内容的讲授和理解。但是需要提醒的是，课堂上不宜使用太复杂的板书。因为黑板版面有限，传递信息的数量和形式都受限。如果教师用过多的时间在黑板上写和画，尤其是长时间背对着学生书写，势必会影响师生的视线交流（eye contact）和学生的兴趣；另外，占用过多的时间也会影响教学进度，节奏的放慢易使学生产生松懈和厌烦情绪。

总之，板书即时性强，教师可随时提取信息随时记下，且可以随着交流的深入调整内容。同时好的板书能为师生拓展思维空间，引导学生深入思考、"别出心裁"，启发他们质疑和反思，使其置身于知识形成、知识建构的过程之中，从而在探究的过程中领悟知识的真谛、获得积极的情感体验。这一过程本身就丰富了课堂教学的信息量，增强了教学的互动性和生动性以及知识的生成性。

二、小学英语现代教学媒体的选择与使用

信息技术的飞速发展带来的电子媒体的蓬勃之势，它们的出现挑战了纸质媒体的生存空间，甚至有很多声音担心电子媒体将最终取代纸质媒体。电子媒体信息量大、快捷、可以随时更新即时内容。它们基于新传播工具和技术，传播范围广，受众命中率高，交互性强，而传统媒体继续在新媒介时代持续发展。个人作为传播者的作用加大，其能整合除了人传播外的其他传播类型。在各行各业，电子媒体都起着越来越重要的作

> 请讨论：
> 各种媒体在小学英语教学中作用不同，如何合理选择和使用不同媒体？

用。在小学英语的教学设计中,电子媒体的选择与运用应当遵循一定的原则。

(一) 多媒体的选择与使用

多媒体(multimedia)是指多种媒体的组合。媒体(medium)在这里有两重含义,一是指存储信息的实体,如磁盘、光盘、磁带、半导体存储器等;二是指传递信息的载体,如数字、文字、声音、图形等。

多媒体教学能改变小学英语教学中输入单一的情况,多媒体具有图、文、声并茂甚至有活动影像等特点,具有许多对于教育、教学过程来说是特别有价值的特性与功能,这些特性与功能是其他媒体(例如幻灯、投影、电影、录音、录像、电视等)所不具备或是不完全具备的。多媒体技术是以计算机为中心,把语音处理技术、图像处理技术、视听技术都集成在一起,而且把语音信号、图像信号先通过模数转换变成统一的数字信号。充分发挥多媒体教学的优势,对于培养学生的创造思维,具有重要作用。当然也要注意不能对多媒体产生依赖,教学设计首先应该是备教材、备学生,然后基于教学需要选择和设计多媒体课件,而不能把一节课变成各种音频、视频材料的堆砌,不能本末倒置。教师与学生才是教学的主体,而其他一切教学手段都是为这二者服务的,都是为了能都达到更好的教学效果,多媒体也不例外。同时也要注意,多媒体的使用也可能禁锢学生的思维,对部分课堂内容的导入如果简单地以视频直观演示,那么学生就少了一个想象的过程。所以,要合理使用多媒体,不能无原则使用多媒体,更不能形成多媒体依赖。

(二) 数字媒体的选择与使用

数字媒体是指以二进制数的形式记录、处理、传播、获取过程的信息载体,这些载体包括数字化的文字、图形、图像、声音、视频影像和动画等感觉媒体和表示这些感觉媒体的表示媒体(编码)等,统称为逻辑媒体,以及存储、传输、显示逻辑媒体的实物媒体。在数字化时代,很多多媒体也是数字媒体。

在小学英语教学中,数字媒体技术的选择与使用也要保持学生与老师的主体地位,以教学目标为中心,以教学效果为杠杆,合理增加多维度的有效输入,要以教学理念设计为主,电子媒体技术运用为辅,基于教学需要选择使用数字媒体。

实 践

【请你回答】

1. 如何使小学英语教学中常规媒体的使用更加有效?
2. 举例说明小学英语现代教学媒体使用的有效性。

【设计实践】

1. 请为以下小学四年级的教学内容设计板书。

❷ Listen and say.

2. 请分析以下教学挂图的有效性。

3. 请为以下小学二年级的教学内容选择现代教学媒体。

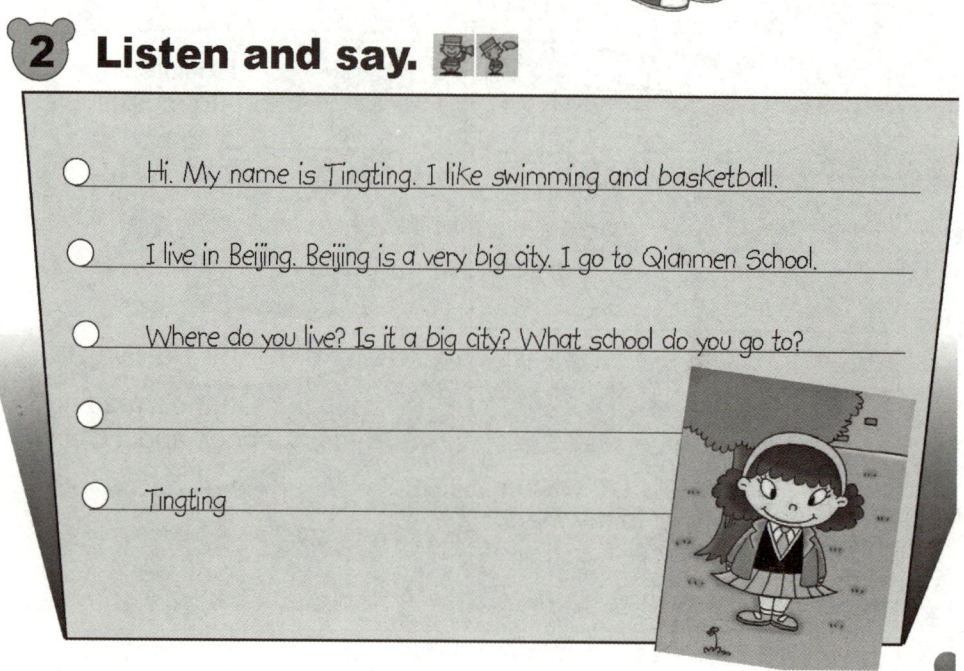

【案例分析】

案例：

《英语》(新标准,一年级起点)二年级下学期

Module 6 Unit 1 教学设计(部分)

先播放已学歌谣录音,让学生复习巩固。

再播放动画视频,让学生看动画,理解语义。

最后使用互联网软件,让学生跟读课文,逐句分析朗读准确率。

分析:

这一设计较好地使用了不同媒体,具有各自的合理性。

在复习歌谣时,我们可以主要使用音频,因为复习的目的是唤起学生对内容的记忆,而不是学生对内容的理解。

理解内容是学习环节的目标,理解需要丰富的语境,动画就可以呈现学生目前的语言能力尚无法呈现的语境。所以,随后的新学内容的理解,就需要使用视频动画。

之后的语句朗读活动,不再需要关注内容,也就不再需要使用动画视频,而应专注于语句的朗读,此次使用互联网的语音比对技术,可以非常精准地进行朗读训练,学生可以发现哪个语词朗读得不够准确,然后进一步进行有针对性的训练。

这一设计的多媒体使用,既符合教学需要,也充分发挥了不同媒体的优势,使之可以最大成效地辅助教学。

 进一步阅读参考

刘济昌. 教具理论研究导论[M]. 北京:教育科学出版社,2011.

李运林,徐福荫. 教学媒体的理论与实践[M]. 北京:北京师范大学出版社,2003.

鲁子问. 小学英语活动设计与教学[M]. 北京:高等教育出版社,2010.

鲁子问. 英语教学论(第三版)[M]. 上海:华东师范大学出版社,2018.(待出版)

第九章 小学英语教学评价设计

第一节 英语教学评价的基本内涵

【请你思考】

W老师是一位从教一年的小学英语教师。每个单元结束，W老师都会让学生做一套测试题，题型是匹配、选择或者填空，用以检测学生的学习效果。但是，学生每次的测验结果并不理想，学习兴趣也没有很大提高。

请你结合评价的理念帮助W老师分析其中的原因并提出改善的方法。

【学习目标】

学习本节后，你应该能：

1. 理解教学评价的内涵，掌握评价、评估与测试三者的联系与区别；
2. 理解六种不同的教学评价方式，重点掌握形成性评价和总结性评价。

【本节概念】

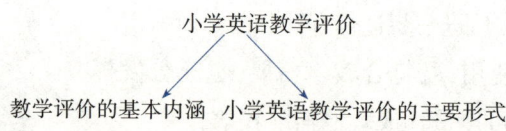

【请你回答】

1. 你认为什么是教学评价？

2. 形成性评价和总结性评价有何联系与区别？

一、教学评价的基本内涵

评价作为一种认识活动，渗透于人类生活的方方面面。评价也是教育过程中的一种常见活动，如教师对学生学习和发展情况的评价，教学督导对教师教学质量的评价，教育评估专家对学校办学水平的评价等等。

（一）评价的内涵

评价一词是日常生活中的常见词汇，如"媒体对这部电视剧的评价很高"、"网友评价了我的观点"等。同时，人们也经常开展评价活动，"这棵树真高"、"今晚的月亮真美"等。从语义角度看看，汉语中"评价"意为"衡量人或物的价值"，英文的 evaluate 意为 judge the worth of something，二者皆关注"价值"。在哲学范畴中，评价的本质特性在于价值判断，其目的是揭示主体与客体之间的价值关系，即价值客体在何种程度上满足了主体的需要。

教学评价作为人的教育实践行为，也有着评价的主体与客体。在教学评价中，学生、教师、教育行政部门、社会等都可以成为评价的主体，而价值客体指教学行为、学习行为以及学习者的语言运用能力等核心素养发展水平等。教学评价所揭示的是教师的教学行为是否有利于学生不断体验英语学习过程中的进步与成功，促进学生自我认识，建立和保持英语学习的兴趣和信心；学生的学习行为是否有利于其英语语言应用能力的发展，是否促进了其综合素质的进步；评价方式是否有利于教师获取英语教学的反馈信息，并对自己的教学行为进行反思和调整，从而帮助教师不断提高专业水平；评价是否有利于学校和教育行政部门及时了解课程的实施情况，改进教学管理，促进英语课程的不断发展和完善，以及评价的过程和评价结果是否有利于家长和社会了解学生的学习情况、教学的目标和教育的发展方向，共同推进课程实施。由此可见，评价作为一种主观活动，总是以主体的客观需要和实际利益为出发点，评价活动总是以是否满足主体需要来判断客体对主体的价值。

> 请思考：
> 在教学评价中，除了考虑评价主体的需要和利益之外，还需要考虑哪些因素？请举例加以说明。

(二) 评价、评估和测试

评价(evaluation)和评估(assessment)、测试(testing)是三个容易混淆但又紧密相连的概念。评价是一种价值判断，是比评估和测试更高一个层次的概念，教学评价是对教师的教学行为与结果、学生的学习行为与结果达到教学目标程度的值的判断。评估指对学生学习行为、结果、能力等方面的定性（如观察、座谈、调查、学习日志、成长记录袋等）和定量（如测验、考试、问卷调查等）的数据收集；评价不仅包括这些数据的收集，还包括基于数据形成的价值判断，即在评估的基础上分析数据对教学和学习的总体的价值作用。测试是根据一定的目的和要求，通过考生解答问题或解决实际问题的过程和结果，对考生具备某一心理特征（如知识、能力）的程度做出推测的过程。测试只是评估的一种手段而非唯一手段。测试与评价的主要区别在于：就性质而言，测试是一种纯客观的过程，评价兼具主观性和客观性两个特征；就复杂性而言，测试较为单一，主要采用定量的方法，评价则因标准和目的的不同而选择或定性或定量的评估方式，最后根据采集的信息判断是否达到了学习目标。

譬如，当对一个小学生的英语水平进行判断时，我们是如何做到的呢？"他的英语成绩很好，期末考试得了满分"，评价是根据学生的英语成绩来判断，当然这并非唯一的判断标准。"他的英语发音很地道"，是依据我们通过亲耳听其发音来判断，"这个学生口语不错，经常和外教进行

> 请区别：
> 教学评价与课堂评价有什么区别？

交流"依据学生在现实生活中的表现来判断的。可见，评价的依据信息很多，测试只是其中之一，其他的依据有日常观察、任务完成情况等等。

教学设计视野中的教学评价，是以改善教学、促进学生核心素养发展为目标，通过制订科学的评价标准，系统地评价分析学生的学和教师的教，采用有效的技术手段，测量教与学活动的过程及其结果，并评定其价值及优劣的教学设计活动。具体到教学之中，教学评价指课堂教学过程中对学生的学习行为、学习效果、目标达成等方面进行的评价。

二、教学评价的主要形式

作为教育科学发展和教学改革的产物，教学评价有别于一般的教学检查与鉴定，它有一套较为完整的理论和方法。由于价值评定的角度、依据的标准不同，教学评价可以划分成不同的类别，主要包括形成性评价、总结性评价、真实性评价、表现性评价、发展性评价等。

（一）形成性评价

形成性评价就是对学习过程中的学习行为进行评价，以发现学习成效和学生发展形态，确定下一步学习的起始水平。在形成性评价中，教师通过多种渠道收集、综合和分析学生日常学习的信息，及时掌握学生在学习过程中的情感、态度、策略等方面的发展情况，其目的在于督促学生改进学习，帮助教师修正教案、调整进度和改进方法。这种评价方式采用的反馈

手段主要包括对学生学习研究报告的评论、座谈、采访、测验结果的分析。与总结性评价相比，形成性评价的反馈更为频繁，师生共同参与到评价活动中，注重利用测量的结果来改进教学，使教学在不断的测评、反馈、修正或改进过程中趋于完善，而不是强调通过考试评定学生的成绩等等。形成性评价也可以采用考试形式，但目的不在于评定学生成绩，而在于发现学习成效，确定教学的发展方向。

（二）总结性评价

总结性评价，又称终结性评价，是在某一相对完整的教学阶段结束后，对整个教学或学习目标的实现情况所做的评价。传统意义上的终结性评价测量工具指的是测试，随着教学理念的发展，除解释性练习可采用选择题之外，总结性评价更多地采用诸如口头报告、表演、项目、论述之类的构建性或表现性任务。此外，还可以采用诸如作文、研究报告、绘画以及成长记录袋之类的表现性工具。

（三）真实性评价

真实性评价指通过让学生完成现实生活可能存在的任务来评价学生的语言知识和运用能力的评价活动。学习过程中对学生学习的真实性评价指适应学习的规律和学习者需求，能够促进学生语言运用能力发展的评价操作。真实性评价的真实，包括学习任务、评价信息、评价标准、评价环境、评价方式、评价内容等方面的真实性，尤其强调语言活动是真实的语言生活，而不是纯粹技术化的测量方式。

> 请思考：
> 真实性评价可以用到哪些评估方式？

真实性评价秉持这样的教育理念，将学生看成是社会中的人，使语言学习的评价符合社会的需求，符合学生认知水平。这就意味着评价的设计应该反映真实的生活，考查学生基本的理解和表达能力，重点考查学生用英语做事情的能力，目的在于激励学生的学习兴趣和自信心，培养学生整合知识和技能的能力，促进学生核心素养发展。

（四）表现性评价

表现性评价是指对学生的行为表现进行评价。表现性评价中要求学生在某种特定的真实或模拟的语言运用情境中，运用已学的知识完成某项任务或解决某个问题，以考查学生知识与技能的掌握程度，或者问题解决、交流合作和思维能力等多种复杂能力的发展水平。它通过创设真实情境或模拟情境让学生完成某项任务或解决某个问题，激发学生在真实情境中相似的反应，从而考查学生在现实生活中分析问题和解决问题的能力。

（五）多元评价

小学生的发展具有未来的多种可能性，采用单一标准评价，难以真正评价学生的发展，也难以通过评价促进学生核心素养发展。因此,以目标多元、标准多元、方式多样进行多元评价,更值得在小学英语教学中使用。多元评价可以基于多元智能理论进行评价,考查学生运用多种智力来寻求问题答案的能力,同时评价认知、情意、技能之学习结果,也可基于社会发展的多种可能,设计与之相适应的评价方式。

评价是英语课程的重要组成部分。科学的评价体系是实现课程目标的重要保障。英语课程的评价应根据课程标准规定的课程目标与要求,采用科学、合理的评价方式和方法,对教学的过程和结果加以及时、有效的监控,以起到对教学的积极导向作用。

> 请思考:
> 在多元智能的课堂中,多元评价从何处开始?

英语课程的评价要尽可能做到评价主体的多元化,评价方式和内容的多样化,评价目标的多维化。评价应体现以人为本的教育理念,突出学生的主体地位,发挥学生在评价过程中的积极作用。评价应关注学生综合语言运用能力的发展过程以及在学习过程中情感态度、价值观念、学习策略等方面的发展和变化。评价应采用形成性评价与终结性评价相结合的方式,既关注过程,又关注结果,使对学生学习过程和学习结果的评价达到和谐统一。

实 践

【请你回答】

1. 小学英语教学评价的目的是什么?
2. 举例分析小学英语教学的多元评价形态。

【设计实践】

请设计三年级开始学习英语的学生第一学期期末评价题型。

【案例分析】

案例:

一、听录音,在相应的图片下记下听到的字母编号。

( )

( )

( )

录音文稿:A. panda B. elephant C. lion

二、看图选择相应的单词,把单词抄写到动物图片下。

tiger   lion   rabbit   elephant   snake   panda

三、看图写语句。

分析:

这一组试题具有传统的试题形式,但却不符合《义务教育英语课程标准(2011年版)》的评价要求和建议,也不符合小学生英语学习与评价特征。

听力评价首先应该是基于真实的听力能力的评价,而且应该尽可能基于真实语境、在语篇层面进行评价。以上听力活动完全没有语境,也根本不是语言运用的形态。

这一听力试题可修改为:

I. Listen and write. 听录音,在相应的图片下记下听到的动物字母编号。

    (　　)　　　　　　　(　　)　　　　　　(　　)

录音材料

Boy: Please help me put the letters under the animals.

Girl: All right.

Boy: C for the elephant.

Girl: All right, C for the elephant.

Boy: And A for the lion.

Girl: All right, A for the lion.

Boy: And B for the panda.

Girl: All right, B for the panda.

Boy: Well done! Thank you.

Girl: My pleasure.

这样调整之后,听力活动就成为真实语境下需要完成的真实语言运用活动。

第二题的词汇评价试题也存在没有语境、语言运用目的的问题,可调整为:

你决定为贫困地区小朋友制作词汇卡。你选出了以下图片,现在要在图片下面写出相应单词,完成单词卡的制作。

这一调整使得在图片下书写单词成为非常真实的语言运用活动,而且可以评价学生的单词书写能力。

至于第三题的写语句,根据《义务教育英语课程标准(2011年版)》,小学生只需要达到模仿写语句、补全对话或短文中语句的能力,不要求独立写出语段。所以这一试题可以直接调整为:

你想参加小学生英语作文比赛。你准备模仿案例,写出短文,参加竞赛。

I love the panda very much. It has a white body but black eyes, black ears, black arms and black legs. It's very cute.

这一调整更加符合《义务教育英语课程标准(2011年版)》对小学生英语写作的要求。

第二节　小学英语教学形成性评价设计

【请你思考】

　　为了贯彻课程标准形成性评价的理念，W老师对其担任的两个班级英语教学评价进行了改革，把单词听写、"每课一演"和"每课一练"的成绩各按10%的比例计入学期总成绩，期末考试记70%。

　　请问：W老师的这种评价方式是否是形成性评价？

【学习目标】

学习本节后，你应该能

1. 掌握小学英语形成性评价的功能、特点和基本操作形式；
2. 设计小学英语形成性评价过程和活动。

【本节概念】

```
            小学英语形成性评价设计
           /                    \
    小学英语形成性            小学英语形成性评价
    评价功能与形式            设计与实施
```

【请你回答】

1. 你认为形成性评价对小学英语教学有哪些功能？

2. 怎样使形成性评价有利于监控和促进小学英语教学过程？

一、小学英语教学形成性评价的功能与形式

形成性评价是日常教学中由教师和学生共同参与和实施的评价活动,其首要目的是促进学生学习,其核心是通过不同形式的反馈,给学生提供具体的学习评价,以及基于此的帮助和指导。形成性评价可以采用多种方式,如测试与非测试、教师评价、个人自评与学生互评相结合等。教师要及时向学生反馈评价结果,并与学生开展不同形式的交流,充分肯定学生的进步,鼓励学生自我反思、自我提高,同时还应主动向家长反馈评价结果,争取与家长的交流与合作。

(一)形成性评价的功能

形成性评价具有过程性、发展性、多元性、多样化、开放性等特点,从而有着终结性评价无法取代的优势和功能。概括来说,形成性评价具有导向功能、过程诊断功能、反馈激励功能、反思总结功能、记录成长功能。

(1)导向功能。形成性评价的导向功能是指课程评价对实际的教育活动有定向引导功能。我们知道,教育目的对实际的教育活动来说,也有导向功能。但这种导向功能要通过课程评价来实现。因此,相对于课程评价来说,教育目的对教育活动的导向功能更加间接。以理论形态存在的教育目的,能否起到应有的指导作用,关键取决于这一目的能否转化为具体的评价指标体系,成为评价教育活动成效的现实依据。

> 请思考:
> 形成性评价的这些功能哪一些与总结性评价相似?二者有何区别?

(2)过程诊断功能。形成性评价的过程诊断功能是指课程评价能够对教育活动中存在的问题进行指示与分析,找到症结和原因所在,进而提出改进和补救的建议。通过评价,我们可以协助学生发现学习中存在的困难与不足,并进而判断导致困难与不足的原因,同时也可以帮助教师明了自身教育教学上的不足和学生学习中的问题,为师生协同采取措施、改善教学提供信息基础,尤其是发展有特殊困难的学生、教师或学校,更需要通过发挥课程评价的诊断功能来发现问题,及时补救。这种诊断不同于总结性的、哪怕是阶段总结性的评价,其目标不是评价学习成效,而是发现问题,诊断问题,以监控和促进学习过程。

(3) 反馈激励功能。形成性评价强调评价结果要以科学、恰当、有建设性的方式反馈给被评价者，促使其最大限度地接受，从而对自身建立更为客观、全面的认识，促进其进一步地发展；形成性评价为学生提供了一个自我展示的平台和机会，鼓励他们展示自己的努力和成绩，同时配合恰当、积极的评比方式和反馈方式，成为一种积极有效的激励手段。

(4) 反思总结功能。形成性评价更看重个体的参与。参与评价通常会对学生产生不同程度的压力，有助于调动其内在动机，成为自觉的内省与反思的开始，将促使其认真总结前期行为，并思考下一步计划，这将促进学生培养良好的反思、总结习惯，促进其自主学习。

(5) 记录成长功能。形成性评价倡导多元化的评价内容，以及灵活使用不同的评价方法和手段，尤其重视质性评价方法，如学习档案袋等，而且强调评价的日常化，所以可以清晰、全面地记录下个体成长中的点点滴滴，这对于以发展的眼光来客观评价个体的发展具有深远意义，也是形成性评价注重过程这一核心特点的具体体现。

只要形成性评价坚持以上对于学习过程进行评价的功能，而不陷入对学习结果进行的评价的形式，即使采用测试形式，也可起到监控教学过程的作用，还可以起到有效促进教学过程的作用，而不是进行总结性的评价。

(二) 小学英语形成性评价的形式

形成性评价的形式多样，可大致分为测试型形成性评价和非测试型形成性评价两种。教育部颁发的《小学英语课程基本要求(试行)》指出："小学英语教学评价的主要目的是激励学生的学习兴趣和积极性。评价形式应具有多样性和可选择性。评价应以形成性评价为主；以学生平时参与各种英语教学活动所表现出的兴趣、态度和交流能力为主要依据。三、四年级的期末或学年评价基本不采用书面测试方式，应采用与平时教学活动相近的方式进行，通过对学生的观察和与学生交流等方式评价学生。五、六年级的期末或学年考试可采用口笔试结合的方式。"适合小学生的常见形成性评价方式有以下几种。

(1) 测试。测试是对学生知识和技能掌握情况的一种量化的分析工具，多用于终结性评价。形成性评价中的测试目的在于通过考查学生阶段性的学习效果，发现学习过程中的问题，检测学生学习的潜能以及教师的教学效果，从而为进一步学习提供参考。换言之，形成性评价中的测试是为了诊断和促进，而非评定、甄别或选拔。

(2) 课堂观察。课堂观察是指在课堂教学活动的自然状态下，观察者有计划有目的地运用感官和辅助工具对观察对象的学习表现进行观察的一种方法。课堂观察属于一种质性评价，观察的内容包括观察对象的行为表现、参与情况、态度变化、任务完成过程与质量等，在此基础上，教师做出分析判断，从而促进学生课堂学习和提高课堂教学的效率。

为确保获取有效的观察信息，观察者在观察前要依据课堂教学目标做好充分的准备，如选择观察点、观察对象和观察方式，制作观察量表等等。

（3）评价量表。评价量表用以考查学生的知识掌握、情感态度以及能力发展情况，是一种比较有效、可靠的评价工具，能诊断学生的优势和不足，为教师提供改进教学的依据。评估量表可采用自评或他评的形式。并且，评价量表一经制作，可以反复使用，提高评估工作的效率和促进成功经验的普及（如表8-1所示）。

表8-1 三年级第一学期家长态度评价表

姓名 Name：　　　　　班级 Class：　　　　　学号 Number：　　　　　日期 Date：

您认为英语学习对您的孩子未来的重要性	很重要	重要	一般
您的孩子开学第一个星期回家开展英语活动	很积极	比较积极	不大积极
你的孩子开学后第一个月后回家开展英语活动	很积极	比较积极	不大积极
您认为孩子的英语成绩跟您的帮助	有很大关系	有些关系	没关系
您认为您的孩子目前的英语状况是学习	很好	满意	有待进步

（4）问卷。作为一种常用的数据收集方式，问卷可以在教学的任何环节开展，用以跟踪了解学生的学习兴趣和态度、学习策略、学习状况等，从而做出评价，调整教学。但是，即便是问卷调查用于教学过程之中，也属于事件后行为，难以成为事件中的行为，所以难以作为学习活动。

（5）师生交谈。师生交谈是课堂教学评价最常用的一种方法，它主要通过课堂中面对面的口头谈话获取所需资料，根据对话内容进行分析和诊断学生学习情况，发现存在的问题，对教学作出相应的决策。师生对话的评价活动主要可以采用回答问题和对话交流两种方式，形式可以采用师生互动和生生互动，评价的目的在于诊断学生的语音、语调是否标准，口语是否流利，内容是否正确、达意，是否能使用简单的交际策略（如重复、使用表情和手势等）完成交际任务等等。

（6）成长记录袋。成长记录袋是有计划、有组织地收集学生的作品，以检测学生在特定领域中的努力、进步和成就，并对很多检测的结果提供相应解释的一种评价方式。成长记录袋中的资料包括学生对其作品的描述或记录，还包括学生本人、教师、同伴和家长等对作品的评价。因此，成长记录袋能够比较客观地反映学生的进步、成就及其问题，增强学生的自省能力，有效促进教学和评价的结合。按照档案袋中记录内容的不同，又可分为成果型和过程型两种：前者记录学生的优秀成果，作为总结性评价的参考；后者通常包括学生的问题、说明、草案、最初的草稿、修改稿、最终产品以及对作品的自我评价，用于监控、调整与发展。

> 请思考：
> 成长记录袋可以用于总结性评价吗？为什么？

在实施学生成长记录的过程中，教师应充分发挥学生的主体地位，通过学生自评，提升学生的学习积极性和主动性,促进其自省。要让学生学会反思他们所选择的作品,不仅要在指导中明确提出要求,还应当让学生填写一个简单的表格,借以促进学生对选择内容的反思。如表 8-2 所示。

表 8-2 成长记录袋简表

学生姓名:_____ 日期:_____

关于所收集项目的描述:

学生意见:

我选择该项目放进我的成长记录袋,是因为:

教师意见:

教师姓名:_____ 日期:_____
所选择项目的优点:
要考虑的事情或者要改进的领域:

二、小学英语教学形成性评价的实施

对于小学英语教学,形成性评价的作用远远大于总结性评价,而且形成性评价贯穿整个教学过程,所以,形成性评价的实施非常重要。

实施形成性评价首先应明确《义务教育英语课程标准(2011 年版)》对于形成性评价的要求,基于此开展形成性评价。

以小学阶段最为主要的口语能力评价为例。

《义务教育英语课程标准(2011 年版)》明确提出了"口语能力综合评价参考标准",口语形成性评价就应基于此进行。

表 8-3 口语能力综合评价参考标准

评价描述\等级\评价内容	很好	较好	达标	未达标
任务完成	全面完成任务,达到交际目的。能恰当运用交际策略。	较好完成任务,达到交际目的。能运用一些交际策略。	基本完成任务,基本达到交际目的,部分要求没有完成。能运用简单的交际策略。	未能完成任务,只达到部分交际目的。

续 表

评价内容 \ 等级评价描述	很好	较好	达标	未达标
情感语言表达	表达流利、正确，语音、语调、节奏自然。有个别语言错误。	表达比较流利，语音基本正确，语调、节奏比较自然，有一些语言错误，但不影响理解。	能基本表达语义，语调、节奏不够自然，语音有一些错误，对理解有一定影响。	语义表达有困难，语调、节奏不自然，有较多语音错误。
与策略	积极、主动参与交际，乐于表达，有自信。	比较积极地参与交际，比较乐于表达，比较自信。	能参与交际，有一定自信。	经帮助，基本能参与交际。

这里的评价标准不是百分制，或者分数制，甚至不是等级制，而是文字说明，文字也没有判定"及格、不及格"，而是以是否达到教学目标进行判定。我们在日常教学中的口语能力评价，显然可以以此为参照，设定学生是否达到学习目标这一评价标准，能更好地促进学生达到学习目标。

在评价实施的维度上，我们首先要评价学生是否用所学语言完成任务，判断学生完成任务的程度，是否达到交际目的，是否有能力恰当运用交际策略；然后我们要评价学生表达是否流利、正确，语音、语调、节奏是否自然，而且允许学生有个别语言错误；最后在情感态度层面，要看学生是否积极、主动参与交际，是否乐于表达，是否有自信。

在评价实施的过程中，我们可以采取总体评价，也可以采取分项评价。若评价者人数有限（通常情况下，我们只有老师一人对学生进行评价），适合采取总体评价。这要求评价者对各项评价指标非常熟悉，而且具有综合各项标准进行整体判断的能力。这种评价适合教师一人对学生进行评价，有助于教师总体把握学生的口语能力，但可能无法聚焦发现具体问题。

若我们让学生参与评价，开展学生之间的互评，则可以采用分项评价，即让学生每人或每组评价一个维度，如三名或三组学生分别从任务完成程度、语言能力、情感与策略三个维度对评价对象进行评价，然后进行总结，形成总体评价。这种评价有助于发现学生口语能力的具体问题，但可能难以形成整体印象。

显然，两种评价实施的方式各有所长，亦各有所短。我们可以根据形成性评价的需要，在不同的时候使用不同的评价方式。如在一个单元的学习过程之中，主要采用分项评价，而在单元结束之时，则采用综合评价。

在学习新语言项目之时，可以采用分项评价，聚焦新语言运用情况，发现学习成效，或者学习困难,以确定下一步的教学策略。

小学英语教学中的形成性评价不宜过于繁琐,不宜设计一大堆名目繁多、名词堆砌的调查表、反思表等让小学生填写,因为这种评价方式并不能促进小学英语学习。这种填写大量反思表格的评价需要很多时间,而小学英语学习时间本来就非常有限,同时填写这些表格需要学生具有较强的反思和分析能力,这恰恰是小学生尚在发展的能力。

小学英语的形成性评价以促进学生英语学习与核心素养发展为目的,评价要紧扣目标进行,不能流于形式,而偏离目的。

小学英语形成性评价具有综合作用,不仅可以评价教学,而且可以促进学生的评价能力、学习能力(在评价自己和他人中发现如何更有效地学习)、语言能力(运用所学语言进行评价本身就是一种语言运用活动)、文化意识(公平、坦诚、合作、谦虚等)以及思维品质(观察、发现语言运用是否符合标准)的发展,恰当的实施可以使其综合作用得到有效、充分的发挥,反之亦然。

所以,有效地实施形成性评价,是小学英语教学评价的重中之重。

实 践

【请你回答】
1. 小学英语形成性评价有哪些基本形式?
2. 基于具体案例说明小学英语形成性评价的实际成效。

【设计实践】
1. 请设计至少一项小学一年级的形成性评价案例。
2. 请设计至少一项小学五年级的形成性评价案例。

【案例分析】
形成性评价案例分析:

英语学习自选档案袋

姓名:王雨龙　　　　班级:三(1)班

一、自选综合项目

项目	目标	材料
短剧表演	参加表演《小马过河》	视频、音频、照片
讲故事	讲至少一个英语故事	视频、音频、照片、故事内容文字

二、自选优势项目

项目	目标	材料
课堂游戏参与	至少每周参与一个游戏并在班级里展示、三个小组游戏	游戏内容,分工记录
英语歌谣	至少每周学会一个英语歌谣	录音、文字
英语手抄报	至少每月参与一份全校三年级英语手抄报制作	手抄报
英语微信语音	至少每周通过在美国读博士的表姐与她的美国房东微信通话一次	录音

分析:

这是一个很有特色的形成性评价案例。

首先,这是一个学习成果档案袋,符合形成性评价的一般特征。

其次,这是一个自选项目的档案袋。这里的自选,主要是在老师、学校提供的可选范围之内的选择,但也有自己的独特选择,就是与表姐的美国房东的微信语音通话记录。这种基于自身优势的档案袋,非常有助于学生的学习,达到了评价促进学习的目的。

最后,这个评价项目有非常清晰的成果记录,这非常重要。

当然,还可以促进学生开展小组评价,把小组活动、亲子活动记录纳入档案袋之中。同时,也可以确定评价标准,如与表姐的美国房东的对话内容,最好与新学习语言有关,不能每次都只是 Hello、Good moring 等。

第三节 小学英语教学总结性评价设计

【请你思考】

T 老师在一所农村小学任教。为了不让学生输在起跑线上,他从三年级开始就按照高考的基本题型和要求,为学生设计单元测试。在每个单元学习之后,他都组织学生进行单元测试,然后认真阅卷、分析问题、讲解试题。但学生似乎完全不喜欢他的考试,也很不喜欢他的教学。他感到特别迷茫:不考,学生以后无法应对高考;考,学生不喜欢。

你认为 T 老师该如何走出这一困境?

【学习目标】

学习本节后,你应该能:

1. 列举小学英语总结性评价的形式;
2. 根据具体要求设计小学英语总结性评价试题。

【本节概念】

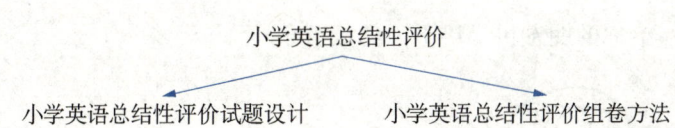

【请你回答】

1. 如何理解总结性评价在学业评价中的地位?谈谈你对小升初英语毕业考试改革的看法。

___

___

2. 如何在小学英语测试中贯彻真实性原则?您如何评价您所知的小学英语试题?

___

___

一、小学英语教学总结性评价试题设计方法

任何教学都需要评价,一个阶段的学习也需要总结性评价,尤其是《义务教育英语课程标准(2011年版)》将小学英语教学分为一级、二级两个级别,每一级别的学习,都需要用总结性评价来判断这一阶段的学习是否达到相应标准。所以,在小学进行总结性评价是需要的,因为这可以评价小学生是否达到学习目标。

小学英语的总结性评价的试题具有自身特殊性,不能按照一般的英语水平评价考试进行设计,一是因为《义务教育英语课程标准(2011年版)》本身对一至二级的总结性评价有具体的案例建议,二是因为小学英语总结性评价不是单纯对语言能力的评价,而是对小学生的英语学科核心素养发展水平的总结性评价。

小学英语总结性评价的试题可基于以下方法进行设计。

(一)设定目标

《义务教育英语课程标准(2011年版)》是设定评价目标的最根本依据,故应基于此再参考教材和课堂教学实际设计目标,即基于《义务教育英语课程标准(2011年版)》的分级目标、

评价案例,以教材为基础,设定试题的评价目标,即试题要评价什么。小学英语试题一般不宜评价单一目标,如听数字能力等,而宜设计较为综合的目标,如听数字、选择恰当的文具,这样可以评价学生语言能力、思维能力,甚至文化意识(选择恰当的文具,不浪费、不追求奢华等)。

《义务教育英语课程标准(2011年版)》的一至二级评价案例10所评价的就不仅是语言能力(用一般过去时讲述之前发生的事情),而且包括看图获取与分析信息的思维能力,以及展示人与动物关系的品格。

根据以下图片,给你的朋友讲一讲下面的故事。

1.

asked... to...

2.

ran to...

3.

came back with...

4.

forgot the stamp

5.

thanked/praised...

《义务教育英语课程标准(2011年版)》的一至二级评价案例16既考查学生的阅读理解能力,同时也考查学生的思维能力。

阅读故事,按故事情节排列图片顺序。

Bob and Richard are sitting on the bench near the school playground. They are talking about yesterday's football game. They are excited. Suddenly, Bob sees a schoolbag beside the bench. He picks it up. "Whose bag is it?" he asks. "Let's go and find the owner,"

Richard says. They go to the shed to get their bicycles. "Where is my bicycle?" Richard asks. "Oh! I left my bicycle beside the bench!"

按故事情节排序,图片的顺序是:1.(　　) 2.(　　) 3.(　　) 4.(　　)

(二) 确定真实性

小学英语总结性评价本质上仍然是英语语言评价测试,所以真实性依然是小学英语试题必须确定的要求。这里的真实性包括语言的真实性(语义、语境、语用目的等),也包括语言生活的真实性、学生认知的真实性等,尤其是试题形式的真实性,还有学生英语学习形式、练习形式与测试形式的相一致的真实性。小学生的认知水平发展尚不适宜采用与其英语学习形式、练习形式不一致的测试试题形式,亦即:小学英语总结性评价试题最好与其平时学习英语、练习英语的活动形式一致,没有在学习和训练中出现的活动形式,不宜设计为小学英语总结性评价试题。这要求小学英语总结性评价的设计既要按照小学英语课堂学习的形式设计,又必要按照语言运用的真实形态设计。

《义务教育英语课程标准(2011年版)》一至二级评价案例19就源自一个真实的小学生生活故事,不仅语言真实,而且源于真实生活,与学生英语学习活动形式一致。

认真看图、读句子,完成下列对话。

《义务教育英语课程标准(2011年版)》一至二级评价案例8也是源于一个小学生的真实

英语学习活动。

现在开始选拔奥运会志愿者了！你想去参加选拔。现在请你说一说你喜欢的体育活动，或者你参加过的体育活动。你可以用 I like . . . , I did . . . 以及 . . . won , . . . in this game 等表达形式。

需要说明的是，小学英语总结性评价不适合设计多项选择（或称单项选择）、完形填空、翻译（单词或语句）、转换形式（单词或语句）、对划线部分提问、改错等《义务教育英语课程标准（2011 年版）》没有建议的试题形式，因为这些试题形式不符合小学生的英语学习特性。

二、小学英语教学总结性评价组卷方法

小学英语总结性评价常常也需要按照试卷形式组卷进行，尤其是一级、二级的级别总结性评价，或者学年末的总结性评价等，因为完成的套题形式有助于总体把握学生的学习成效。

小学英语总结性评价的组卷要充分考虑不同年级的特点。一、二年级的试卷可以全部采用不需要纸笔的听说试题，也可包括不书写单词和语句的听力试题（只用纸笔选择答案、连线等）；三、四年级的试卷可以设计一定比例的书写单词和语句的试题，但比例应控制在 30% 以下，即 70% 以上为听说试题；五、六年级的学习需要达到《义务教育英语课程标准（2011 年版）》二级标准，这一阶段的试题可以设计 50% 的听说试题，50% 的读写试题。

对于具体组卷，可根据测试需要采取口试、笔试分开组卷。若进行计算机考试，也可进行混合组卷。

试卷整体要符合语言测试的要求，但不宜过于追求科学性，因为小学英语总结性评价只是学生是否达到学习目标的评价，而不是高利害的选拔性考试。

以下是一套一级达标总结性评价案例①。

测试卷 2

Read and number.

1. 与外国儿童交朋友能帮助你学习英语。现在就尝试阅读几张外国儿童的信息卡，根据图片上每个学生的号码给信息卡标号。这可能会帮你交到一个外国朋友。（10%）

注意：标出五张卡片的正确号码，你就可获得满分（10分）。当然你也可以标出更多卡片的号码，这样你可以获得更多分数。

1)
Info Card: _____
Name: Dave   Gender: Boy
Age: 11   Country: Canada
Likes: swimming, singing

2)
Info Card: _____
Name: Amy   Gender: Girl
Age: 11   Country: USA
Likes: singing, telling stories

3)
Info Card: _____
Name: Sara   Gender: Girl
Age: 10   Country: China
Likes: table-tennis, singing

4)
Info Card: ① ____
Name: Peter   Gender: Boy
Age: 9   Country: England
Likes: football, basketball

5)
Info Card: _____
Name: Jane   Gender: Girl
Age: 9   Country: Australia
Likes: dancing, telling stories

6)
Info Card: _____
Name: Dayong Gender: Boy
Age: 10   City: Beijing
Likes: football, flying kites

7)
Info Card: _____
Name: Tom   Gender: Boy
Age: 9   Country: New Zealand
Likes: cycling, dancing

8)
Info Card: _____
Name: Lucy   Gender: Girl
Age: 9   Country: Australia
Likes: acting plays, singing

9)
Info Card: _____
Name: Betty   Gender: Girl
Age: 9   Country: Canada
Likes: flying kites, swimming

10)
Info Card: _____
Name: Mike   Gender: Boy
Age: 9   Country: USA
Likes: reading, acting plays

---

① 鲁子问. 小学英语评价测试标准卷[M]. 华东师范大学出版社，2008.

Read and tick.

2. 老师分发了一些外国儿童的照片，后来又分发了一些资料，让你把照片和文字正确地搭配起来。（10%）

1) A. I'm Jack from England. I like basketball.
   B. I'm Sam from England. I like football.
   C. I'm Simon from America. I like football.

2) A. I'm Jack from Australia. I like dancing.
   B. I'm John from Canada. I like singing.
   C. I'm Jim from America. I like singing.

3) A. I'm Lucy from Canada. I like cycling.
   B. I'm Lily from England. I like cycling.
   C. I'm Lucia from Australia. I like swimming.

4) A. I'm Ann from America. I like swimming.
   B. I'm Aiyi from China. I like swimming.
   C. I'm Alice from England. I like singing.

Listen and tick.

3. 老师给你一盘外国小朋友寄来的磁带，要你认真听清楚。你听了以后在正确的答案前打"√"。听三遍。（10%）

1）Where is Jane from?

A.    B.    C.

2）Jane likes _____.

A.    B.    C.

3）You want to make friends with Jane. You can tell her about _____.

A.   B.    C.

4）Jane hopes to visit _____ next year.

A.    B.    C.

Listen and write.

4. 你想给Jane回一封信，你就应该先把她来信中的一些内容记录下来。听三遍。(10%)

1) Jane is from _____.

2) Jane likes _____ very much.

3) Jane likes _____.

4) Jane hopes to visit _____ next year.

Write.

5. 老师让大家按照下面的例子完成自己的信息卡，可以不贴照片。（10%）

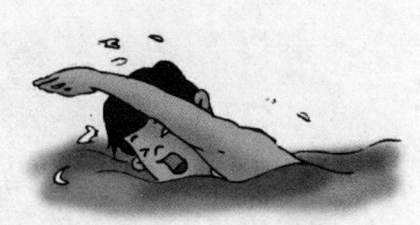

Info Card

Name: Dave   Gender: Boy
Age: 11   Country: Canada
Likes: swimming, singing

Info Card

Name: Amy   Gender: Girl
Age: 11   Country: USA
Likes: singing, telling stories

Now, make your Info Card.

Info Card

Name: _____ Gender: _____
Age: _____ Country: _____
Likes: _____

.13.

Speak.

6. 找出一张照片，给老师说说你想和他／她交朋友的那个外国儿童的基本情况。你可以参照下面的例句。（15%）

I want to make friends with Dave. He's a boy from Canada....

Speak.

7. 有人打电话要求你回答以下问题。请把答案录下来吧。(15%)

Speak.

8. 你想和Jane交朋友，请根据她所说的基本情况谈谈你自己的基本情况，给Jane录制一封回信吧。（20%）

记分单

项目	分数
活动 1	
活动 2	
活动 3	
活动 4	
活动 5	
活动 6	
活动 7	
活动 8	
总分	

.16.

这一套试题较为全面地评价了学生的语言能力，评价目标基本符合《义务教育英语课程标准(2011年版)》一级目标要求，语言活动基本真实，符合学生认知水平，也有助于评价学生的文化意识、思维品质，是一套较好的小学英语总结性评价试题。不过，这一套试题可能题量较多，需要较长时间才能完成。我们可以根据具体情况，在时间允许的范围内进行小学英语总结性评价试卷的组卷。

【请你回答】

1. 小学英语总结性评价试题设计的依据是什么？
2. 请选择一套小学英语试题，分析其是否符合《义务教育英语课程标准(2011年版)》的试题设计要求。

【设计实践】

1. 请分析以下试卷的试题与组卷方法，并提出改进意见。

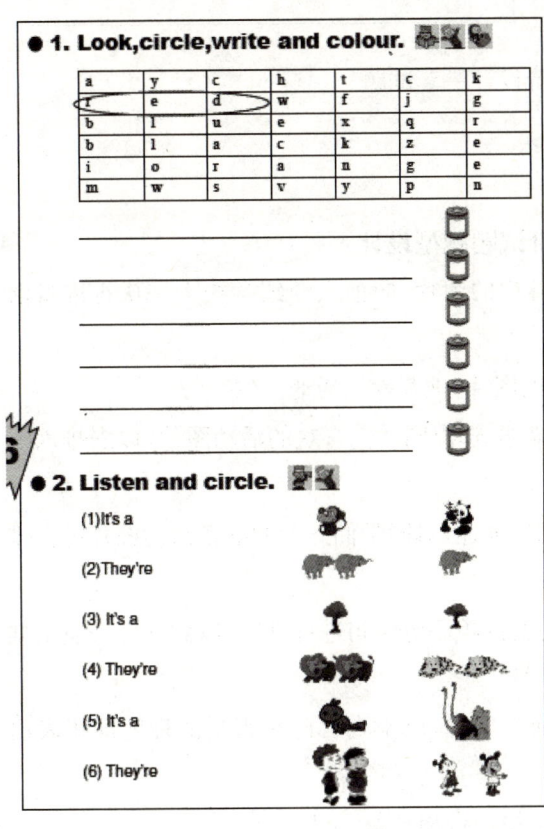

2. 请为小学四年级学生学年末总结性评价设计一套试题。

【案例分析】

案例:

二级总结性评价试题题型设计

I. Look and talk. 看学校活动图,选择你喜欢的图片,向他人介绍学校六一庆祝准备活动。(10%)

II. Look and talk. 看短剧图,选择你喜欢的图片,推荐六一活动。(20%)

III. Listen and tick. 听录音,根据听到的描述,选出同学们喜欢的活动图片,以安排六一活动。(10%)

VI. Listen and number. 听录音,根据听到的描述,对同学们昨天的准备活动图片进行排序,了解活动进展。(20%)

V. Read and number. 阅读短文,根据活动安排顺序对语句进行排序,以做好六一演出准备。(10%)

VI. Read and write answers. 阅读故事,回答问题,以检查自己是否真的理解即将表演的短剧的背景故事。(20%)

VII. Look and write. 看图,补全对话,完成短剧台词准备。(10%)

分析：

这一设计的题型全部符合《义务教育英语课程标准(2011年版)》的小学评价要求和建议，而且也符合小学生英语学习与评价的特征。

这一设计的题型比例非常恰当，口语30%，听力30%，阅读30%，写作10%，符合小学英语能力要求的基本结构要求。

这一设计试题先后顺序合理，说的试题可以单独进行考试，听、读、写的顺序以及内部顺序也符合小学英语学习与评价特性。

这一试题的每一试题都有合理的语境，也有真实的语言运用形态。

 进一步阅读参考

鲁子问．小学英语活动设计与教学[M]．北京：高等教育出版社，2010．

鲁子问．英语教学论(第三版)[M]．上海：华东师范大学出版社，2018．(待出版)

李君丽．发展性教学评价技术研究[D]．上海：华东师范大学，2006．

王笃勤．真实性评价——从理论到实践[M]．北京：外语教学与研究出版社，2007．

第十章　小学英语教学设计的评价

第一节　基于文本的教学设计评价

【请你思考】

Z 老师在教学设计的学习者分析中写道：

"本节课教学对象是后山小学六年级学生，他们已经学了四年英语，但什么都不会，也不喜欢英语，而且总是很拘谨。这节课的教学内容是同学们让大明准备棒球赛的帽子，而他把 cap 听成了 cup，且带了一些纸杯来学校。本班学生对棒球帽应该是什么样子可能一无所知。"

你认为 Z 老师的学习者分析文本是否存在问题？若是，问题出现在哪里？

_____
_____
_____

【学习目标】

学习本节后，你能：

1. 了解并掌握教学设计的基本形态。
2. 了解并掌握小学英语教学设计的文本分析方法与标准。

【本节概念】

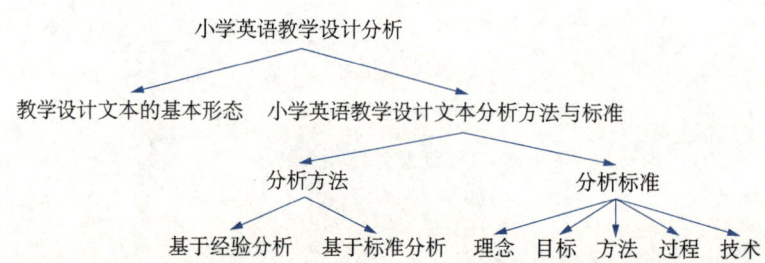

【请你回答】

1. 你认为小学英语教学设计应具有哪些部分组成？

2. 你认为评价小学英语教学设计的关键因素是什么？

教学是有目的的活动，教学设计就是为了实现教学目的而进行的预设。教学目标是否能够实现，一个非常关键的因素就在于教学设计是否合理。所以，为确保教学目标实现，我们必须对教学设计进行评价，通过评价获得反馈信息，对教学设计进行修正，从而使教学设计尽可能合理。

> 请思考：
> 课前、课中、课后分析评价教学设计的目的分别是什么？我们主要在哪两个阶段进行教学设计分析评价？

对教学设计的评价，首先应该在设计完成之后、教学进行之前进行，这样可以确保教学在没开始之前就没有偏离方向，这就像我们旅行出发之前，先要弄清楚旅行的目的地、旅行线路与方式等，然后才开始旅行一样。对教学设计的评价更需要在教学之中进行，在教学之中我们要不断关注我们的教学过程是否符合我们的教学预设、是否指向教学目标，以确定是继续前行，还是需要进行必要的调整。对教学设计的评价也需要在教学之后进行，以此进行教学成效分析、教学反思、教学研究，发现我们可以坚持、需要改进之处。本章第一节主要讨论教学之前的教学设计评价，第二节主要讨论教学之后、基于课堂观察的教学设计评价。对于教学之中的评价，因不可能停下教学过程专门进行，则属于教学机智、教学智慧，而本教材专注于教学设计，故而不作讨论。

一、教学设计的基本形态

教学设计的呈现形式通常为表格形态，也可以是图形形态，还可以是文字形态，即以下三种形式。

（一）表格式教学设计

1. 教学内容分析

教学内容	PEP 小学六年级下学期 Unit 3 Let's talk.	
教学对象	贵州省兴义市万峰林民族学校六年级	
语言内容	语词	fell off, hurt, rode, saw, grape …

续表

	结构	I fell off my bike and hurt my foot. I rode a horse. Look, it's very small. We saw lots of grapes there. Where did you go? What did you do?
	课文	主要内容： Where did you go? I went to … What did you do? I did …
主要教学方法		任务教学
教学目标	语言能力	询问以前某一时间的活动，并进行回答。
	文化意识	进一步发展关心他人的态度。
	思维品质	进一步发展选择恰当方法介绍未知信息的思维能力。
	学习能力	进一步强化复习巩固已学一般过去时的能力。
教学重点		复习巩固一般过去时
教学难点		准确运用行为动词过去式形式
运用任务(选列)		看望因伤在家休息的朋友，分享自己上周末的活动

2. 课堂教学过程

时间	教学步骤	教学流程		教学目的
		教师活动	学生活动	
1分钟	导入	介绍任务	了解任务	形成任务驱动
3分钟	呈现	让学生看课文动画，了解John为什么受伤了	理解课文语境，通过听课文内容，进一步复习一般过去时	通过接触课文对话，进一步巩固一般过去时，为下一步复习做准备
……	……	……	……	……

3. 教学设计说明

（1）学习者分析。

一半以上学生为少数民族学生，已学英语将近四年，英语实际水平相当于《义务教育英语课程标准(2011年版)》一级要求，低于六年级应达到的二级要求……

（2）教学方法设计(略)。

（3）管理策略设计(略)。

（4）媒体设计(略)。

4. 教学反思

（1）教学反思。此课时重点在于通过训练强化学生对于语句结构的巩固，使基础较好学生能基本掌握这一结构，基础较弱学生能进一步强化这一结构，为以后完全掌握打下基础。从学生最后完成任务情况看，目标基本实现，LL 等学生完全掌握了这一结构，WXN 等学生进一步巩固了这一结构。

（2）技术反思（略）。

(二)流程图式

1. 教学内容分析(同前)

2. 课堂教学过程

图例：（图例可根据需要设计）

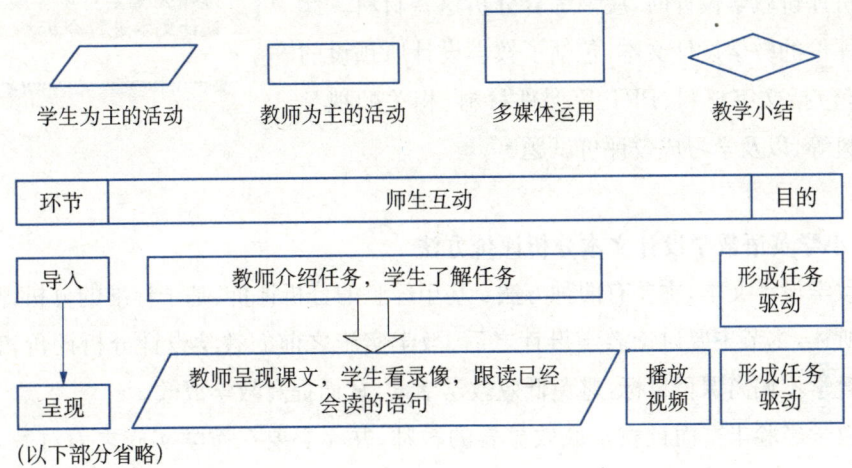

（以下部分省略）

3. 教学设计说明(同前)

4. 教学反思(同前)

(三) 文字式

1. 教学内容分析

教学内容：PEP 小学六年级下学期 Unit 3 Let's talk.

（具体内容同前，略）

2. 课堂教学过程

（1）导入。

师生活动：教师介绍任务，学生听。

设计目的：学生通过了解任务，激发对本节课随后活动的兴趣。

(2) 呈现（具体内容同前，略）。

(3) 教学设计说明（同前）。

(4) 教学反思（同前）。

显然，以上三种形式本质上并无不同，只是形式上的差异，或者说，只是教学过程描述方式上存在一些差异，或者用表格，或者用图示，或者用文字。三种形式适合不同的设计需要或者设计偏好。表格式的设计可以清晰呈现学生活动，有助于发展以学习为中心的教学设计理念。图示式的设计非常适合教学设计的教育技术制作。文字式的设计可以帮助从传统的备课向教学设计的转化。所以，我们不应基于教学设计的形式评价教学设计，而应基于其本质进行评价。

二、教学设计文本分析方法与标准

教学设计的内容通常以文本形式呈现，但也可包括PPT等形式的课件，以及教学所需的视频、音频文件等，我们在分析评价教学设计时，应该综合分析这些材料。此节所分析评价的教学设计文本，包括了教学设计所预设的所有材料，包括文字材料、PPT等课件材料、相关的视频与音频材料等，以及学习成效评价试题等。

> 请讨论：
> 为什么需要对小学英语教学设计文本进行分析？

（一）小学英语教学设计文本分析评价方法

评价教学设计文本，主要有两种方法：基于经验的分析评价、基于标准的分析评价。

如前所述，本节主要讨论教学设计之后、教学实施之前的教学设计分析评价，其目的是为了确保教学不偏离课程目标，避免低效教学活动，从而提高教学成效。

对于教学经验丰富而且教学成效显著的教师，并无必要在教学实施之前对教学设计分析评价，因为他们已经能够在教学设计之时就基于自身教学设计能力进行合理的教学设计；但对于教学经验尚在形成之中、教学成效尚在提高之中的教师，非常必要在教学实施之前对教学设计分析评价，因为这样可以确保教学设计的合理性。亦即：教学经验丰富的教师已经基于他们的教学经验在教学设计之中自觉地进行了教学设计的分析评价。显然，教学设计的分析评价可以基于教学经验进行。

基于教学经验的教学设计分析评价，主要是基于分析评价者（可以是教学设计者自己，亦可是教学设计者的指导教师、教研共同体中更有经验的教师、教研组长或教研员等）自身的教学经验、教学设计经验，对教学设计进行分析评价，发现是否存在影响课程目标实现的设计。这种分析评价非常快捷，与本校或本地实际密切联系，具有针对性，是我们常见的教研活动中的教学设计分析评价形式。但基于经验的分析评价的准确性，可能因为经验本身而不同。若教学设计分析评价者的经验系统、合理，其评价则系统、合理，而若其经验不系统甚至不合理，就有可能导致评价的不系统、不合理。故而，我们要合理使用这一评价方法。

对于教学设计的分析评价，更为准确、系统的评价方法是基于标准的分析评价。这一方法首先是要寻找或者建构一套教学设计的评价标准,然后对照标准,逐项分析教学设计的文本,对其进行系统、准确、合理的评价。如教学设计评价标准中,通常会有对教学活动设计的评价,而且通常有"教学活动设计符合学生认知规律"这一标准。基于此,我们可以评价活动。如:基于小学生的认知发展规律可知,对于一、二年级学生可以设计物品形象的比较活动,对于三、四年级学生可以设计物品功能的比较活动,对于五、六年级学生可以设计物品性质或属性的比较活动。若教学设计对象为小学五年级学生,而设计的依然是比较物品大小、长短等形象,而不是性质或属性,则显然我们可以作出评价:此活动设计不合理,因为其所需认知水平远低于五年级学生认知水平。显然,基于标准的评价非常准确,若标准很系统,则评价也很系统。基于标准的评价,不仅非常适合教学经验尚在发展的教师,也特别适合发展教师专业能力的教研型的教学设计评价。

(二)小学英语教学设计文本分析评价标准

基于标准进行教学设计文本分析评价,需要有标准。我们可以在各种教学论教材、教师专业能力发展论述、教学能力评比教研活动中,看到各种教学设计评价标准。我们可以基于此选择适合我们发展需求的标准。我们亦可基于自身专业能力发展需求,建构自己的教学设计评价标准。

一般而言,教学设计分析评价的标准应该至少包括对教学理念、教学目标确定、教学方法选择、教学过程与活动设计、教学评价设计、教学技术选择与设计的评价等内容,具体应至少包括以下内容。

表 10-1　小学英语教学设计文本评价参考标准

项目	参考标准(可根据需要增加或减少)	说明
教学理念	教学设计所依据的教学理念是否符合教育目标、课程目标;在我国当前和今后一段时间,是否依据我国学生发展核心素养目标设计;所确定教学目标、所设计教学过程与活动是否可以发展以上核心素养;是否符合我国教育与评价改革发展的目标与要求;是否基于学生的发展需求和社会的发展需求。	评价者应全面了解我国教育理念,并通读教学设计文本,尤其是教学目标,准确判断其教育教学理念,切不可因为教学设计文本中写了某一理念就认定其符合某一理念,而需洞察其设计是否有助于实现这一理念。
教学目标	教学目标是否符合课程标准;单元目标是否全面覆盖课程标准目标、课时目标是否指向单元目标;目标陈述是否合理、明确、具体,是否具有层次性和可操作性;目标是否符合小学英语学习规律、小学生身心发展规律。	评价者可以比较教学确定教学目标与课程标准、教师用书所列目标是否一致等。
教学方法	教学方法的选择是否合理(方法有效,所需时间、精力、资源等符合教学现实条件,是或者接近于最佳选择)。	评价者应了解各种教学方法的优势与短板,能判断所选择方法是否为合理选择。

续 表

项目	参考标准(可根据需要增加或减少)	说明
教学过程与活动	教学过程是否符合小学生把英语作为外语学习的基本规律(如是否符合从语言接触到语言学习再到训练巩固、复习,最后到语言理解与运用的基本规律);过程与活动是否基于学生的外语认知与学习规律和特征,尤其是小学的兴趣特征、记忆特征等;过程与活动是否考虑到全体学生、不同层次学生、不同目的学生的学习需求;教学过程是否注意到新旧知识与能力联系,是否指导学生利用已有知识和已有能力学习和运用新语言;教学环节是否循序渐进、节奏合理、层次清楚、时间合理、逻辑联系合理;活动是否基于学生具备的知识准备设计;活动是否基于对教材的正确、深入分析;是否体现用教材教的理念要求;活动内容语义、语境、语用是否真实;活动内容是否重点突出、难点得到有效突破;是否恰当设计多种教学方法组织教学,新知识呈现、训练巩固活动是否具有趣味性、启发性;是否能够引导学生开展自主、合作等学习活动;学习资源设计是否符合教学活动的实际需要,并有助于促进学生学习;是否有合理的师生互动、生生互动、生师互动;教师是否尊重、爱护每一个学生,关注学生个体差异,为学生创设自主学习的空间;教学过程与活动是否符合教师、学生的优势。	评价者应了解各种教学过程、活动的优势与短板,能判断所选择与设计的过程、方法是否为合理选择。
教育评价	评价是否符合国家教育评价改革理念;是否符合课程标准要求;是否符合小学生评价心理需求与特征;是否符合语言学习与评价基本规律;是否是促进学习的评价。	教育评价对教学具有巨大的反拨作用,合理的评价设计至关重要。评价者要充分了解课程标准要求,基于此评价其评价设计。
教育技术	是否使用最有效、最便捷教育技术,尤其是信息技术促进学习;是否恰当使用多种教学手段开展教学活动,有效利用各种教学媒体、教具、身体语言等教学资源。	评价者应了解教育技术,尤其是信息技术发展,但也要注意黑板、单词卡等传统技术的使用。

对于这一评价标准的运用,我们需注意以下方面。首先,这些标准是基于某一预设目的而确定的,我们可以根据自己的需要而调整,比如增加或减少。从评价标准而言,我们应该知道一切标准都是基于目的而设定的,我们要明确评价的目的,然后基于目的而确定评价维度,最后制订和调整评价标准。其次,我们可以根据评价目标和评价需要,增加二级指标,尤其是对于教学活动,我们可以根据需要增加对于语言活动的更多规定性要求。最后,任何标准都是发展的,我们可以根据教育发展、小学英语教学发展而设定新的标准。

【请你回答】

1. 小学英语教学设计文本的不同形式各有什么特点?

2. 在设计小学英语教学设计文本评价标准时,我们应注意什么?

【设计实践】

1. 请评价以下教学设计。

《英语》(新标准,三年级起点)四年级下学期
Module 3　Unit 1 教学设计

一、教学内容分析

教学内容	《英语》(新标准,三年级起点)四年级下 M3 U1 教学设计	
教学对象	安徽省黄山市新世纪小学四年级学生,40 人。 学生基本情况不知,基于黄山英语教育的一般状况,推测大概属于全国中等偏上水平,低于北上广优秀学生,优于西部农村学校学生。	
教学项目	语词	初步感知和理解以下语词的词义:robot, will, everything, one day, housework, learn, our, homework, won't = will not。
	结构	第一次学习 will,感知其语义,为之后进一步学习做积累。
	语篇课文	参见"《英语》(新标准,三年级起点)四年级下 Module 3 Unit 1"文件。
教学方法	任务教学法	
教学目标	语言能力	100%的学生能理解课文主要内容,能理解活动分类;50%的学生能初步运用 will 表达自己对机器人的设想;10%的学生能较准确运用 will。
	文化意识	100%的学生能进一步强化乐于参与创造性活动的态度。
	思维品质	100%的学生能参与活动想象与分类,发展思维的创造性、准确性,30%的学生能有意识设计不同类型活动,发展思维的灵活性。
	学习能力	100%的学生能尝试基于已知结构学习新结构。
教学重点	思维品质发展	
教学难点	一般将来时的感悟与初步运用	
运用任务	设计自己的机器人	

二、课堂教学过程

时间	教学步骤	教学流程		教学目的
		教师活动	学生活动	
2—3 分钟	介绍任务	告诉学生任务,请学生尝试用 can 说出自己的想法。在黑板上记录下非常有价值的想法。若无,则不记录。	了解任务。 尝试任务。	让学生受到任务驱动,使本节课随后的学习在任务驱动下进行。

续 表

时间	教学步骤	教学流程		教学目的
		教师活动	学生活动	
3—5 分钟	学习活动 1	告诉学生可以用 can 表达能力,如教材中歌谣所示。播放动画,让学生看图,学习歌谣,巩固 can do 结构。	学习歌谣,进一步强化 can do 结构运用能力。	强化 can do 的运用能力,巩固动词。
3—5 分钟	学习活动 2	播放课文动画,让学生学习课文,完成活动。	学习课文,理解 will 的用法,感知 can 和 will 的异同。	学习新语言结构。
3—5 分钟	学习活动 2	播放课文动画,让学生跟读,回答问题。	学习课文,跟读课文。对机器人能力进行分类。	学习新语词。发展思维的准确性。
3—5 分钟	学习活动 3	开展教材中活动 3 的内容。	巩固语言,为完成任务做准备。	为任务做语言准备。
7—10 分钟	完成任务	让学生说出自己的想法。鼓励学生对说出不同的能力。	说出自己对机器人能力想象。对机器人能力进行分类。	发展思维的创造性、灵活性、准确性。
1 分钟	布置作业	鼓励学生课后进一步想象。	了解作业。	发展思维的创造性、灵活性、准确性。

2. 请分析同伴对前一实践活动中的教学设计的评价。

【案例分析】

《英语》(新标准,一年级起点)六年级上学期
Module 9 Unit 1 教学设计

一、教学内容分析

教学内容		Module 9 Unit 1 Do you want to visit the UN building?
教学对象		一年级起点六年级学生
教学项目	语词	能够正确地朗读 peace, world, UN, important 四个单词;理解 make peace 是维护和平的意思,并且能够掌握 peace 和 world 的正确发音。
	结构	Do you want to ...? Yes, I do. / No, I don't. 能够运用这个句型进行简单的问答。
	语篇课文	M9U1

续表

教学目标	语言能力	1. 能够在情境中运用句型 Do you want to . . . ? Yes, I do. /No, I don't. 进行熟练的表达。 2. 全体学生能够正确地朗读课文并模仿光盘的发音，大多数学生在学完课文后能对联合国进行2—3句的英文描述。
	文化意识	培养学生学习英语的兴趣，使学生愿意在日常生活中用英语交流。增强爱国意识，强化维护世界和平的理念。
	思维品质	培养学生正确的价值观。
	学习能力	询问某人是否想做某事并做出回答。
教学重点		能运用 Do you want to . . . ? 句式进行问答，并能在实际情景中运用。
教学难点		会用一般现在时表述某人想做某事，知道 want to 后面要接动词原形。
运用任务		教师要运用任务教学法和情景教学法，让学生在任务的驱动下，在真实情景中，自主、积极、主动地参与到语言学习中，学会与他人合作，让学生掌握学习英语的方法。

二、课堂教学过程设计

时间	教学步骤	教学流程		教学目的
		教师活动	学生活动	
3—5分钟	师生对话	提问之前学过的地点词语，调动学生的学习热情（the Great Wall, Chinatown, Hainan Island）。	学生根据教师出示的图片和问题进行回答。	为本课学习做铺垫。
3—5分钟	学习活动1	展示联合国大厦和旗帜的图片，通过提问了解学生对联合国的掌握情况，学习联合国的相关知识。	回答已知的关于联合国的提问，理解文本内容学习新知。	调动学生的已有知识，发展自主学习能力。
3—5分钟	学习活动2	通过观察联合国大厦前悬挂的国旗，了解联合国成员国的数量。	拓展学习联合国的其他知识。	教授主要语言结构。
3—5分钟	学习活动3	知道中国也是联合国成员之一，并且是创始成员国之一，了解 first countries 的意义。	拓展学习联合国的其他知识。	帮助学生理解文本内容。
3—5分钟	学习活动4	欣赏金茂大厦、东方明珠的图片，激发学生的爱国热情；图片展示联合国内部的结构，激发学生想亲身参观联合国的热情。	欣赏图片，表达对祖国的热爱之情并延伸学习联合国的相关知识。	操练主要句型结构。

续表

时间	教学步骤	教学流程 教师活动	教学流程 学生活动	教学目的
5—8分钟	学习活动5	指导学生完成关于联合国和联合国大厦的填空,完成活动手册。	同伴合作完成填空和活动手册。	检查对本节课内容的学习。
3—5分钟	学习活动6	出示课后图片P35,在具体情景中巩固"Do you want …?"句型。出示有关联合国的图片,让学生根据图片来描述联合国。	练习核心句型,并反馈本节课学习的关于联合国的知识。	巩固主句型,拓展思维,延伸学习内容。
1分钟	总结	课堂小结,帮助学生回顾本节课所学的内容。	回顾本节课所学内容。	梳理总结。

文本设计分析:

我们主要从两个方面来分析本节课的文本设计:

(1) 从教学资源的使用来看,教师能够充分有效地使用文本资源,在资源的选取方面,选取了大量的图片,通过出示图片让学生观察联合国大厦外面的各国国旗,学习联合国的相关知识,了解联合国成员国的数量,了解 first countries 的意义,通过替换练习明确联合国的五个常任理事国,了解中国在联合国中的地位。文本资源和图片的有效使用符合学生认知和年龄特点,激发了学生的兴趣。创设了大量真实的语境,合理运用多媒体缩短了教学和现实的距离,给学生提供了更多的语言实践机会,使学生在英语交际活动中提高交际能力。

(2) 从课堂教学设计的互动方面来看,教师的问题设计符合学生现有的知识水平,以特殊疑问句为主,具有极强的层次性和延展性,开拓了学生的思维的深度,避免了 Yes 和 No 的浅层回答。但是,课堂缺少生生问答环节,众所周知,在小学阶段培养学生的问题意识十分重要,也是十分必要的,它有利于培养学生的质疑能力和纵向思考能力,我们需要改变英语课堂上已经形成的教师问学生答的定势思维和学习模式。本节课的呈现环节中,在教师出示了联合国大厦的图片后,可让学生提出他们想知道的一些关于这个建筑物的问题,如:Where is the UN building? How old is it? How tall is it? 通过有目的的课前预习,鼓励学生自行解决问题,教师要敢于放手,适时知退,充分调动学生已有的知识经验,培养他们自主学习的能力。

第二节 基于课堂观察的小学英语教学设计评价

【请你思考】

为了学习如何开展阅读教学,Z老师对L老师的一节六年级英语阅读课进行了课堂观察。Z老师在教学观察记录中写道：为激发学生的学习兴趣，积极参与学习，L老师非常用心地备课，设计了许多游戏活动。例如：唱儿歌，Listen and do，Do and guess，用喜羊羊和灰太狼来进行角色表演等活动。但是课堂效果却恰恰相反，学生参与的积极性不高，学生似乎不用很努力就能自己很好地阅读和理解所学的文章，不到30分钟所有的教学内容学生们就学完了。课后，Z老师就此询问学生："为什么不参与课堂活动？"学生回答："这些活动太小儿科吧？没什么挑战性！把机会留给别人吧！"

你对Z老师的课堂观察有何评价？你认为，Z老师应如何向L老师提出建议？

【学习目标】

学习本节后，你能：

1. 了解并掌握以评价小学英语教学设计为目的的课堂观察量表设计方法；
2. 了解并掌握基于课堂观察的小学英语教学设计分析与评价的基本方法。

【本节概念】

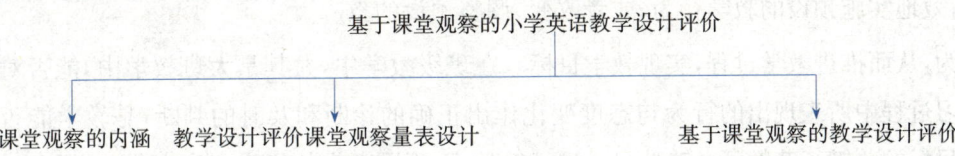

基于课堂观察的小学英语教学设计评价

课堂观察的内涵　　教学设计评价课堂观察量表设计　　　　基于课堂观察的教学设计评价

【请你回答】

1. 你认为课堂观察的目标是什么？

2. 小学英语教学设计为什么需要从课堂观察视角进行评价？

一、课堂观察的内涵

可以通过教学设计的文本对教学设计进行分析,但这种分析毕竟只是对教学设计的预设的分析,而对教学设计的实施的实际成效的分析,则需要通过课堂观察进行,即:观察教学设计在课堂的实施情况,然后分析评价教学设计的预设是否合理。

课堂观察是教师与教学研究人员在教学实施过程中,有计划、有目的地观察学生的课堂表现和教学反应的行为方式,分析教学行为是否达到预设目标,教学是否有效,总结有效教学方法,发现低效、无效甚至负效教学行为,并针对其问题与原因,探索可能解决方案,以此提高教学有效性的教学研究活动。

课堂教学是一个教师与学生、学生与学生、学生与学习内容、学生与环境互动的过程,是学生的行为与态度发生变化的过程。课堂教学中一切都是瞬息万变的,教师需要准确把握学生的各种变化与课堂的各种动态,方能有序、有效地实施预设的教学行为,或者改变、调整预设的教学行为,从而推进教学过程,实现教学目标。在班级教学中,尤其是大班教学中,能否对学生在学习过程中所表现出的行为与态度变化作出正确的诊断和及时的判断,是教学能否顺利达到目标的关键。若教师一味地只是进行教学,而不顾学生的行为态度变化,这样可以完成教师教的过程,却不可能真正完成学生学习的过程,也就谈不上学习目标的实现,教学也就成为教师的独角戏,而不是真正的教与学的过程了。所以,教学是否有效,教学设计的预设是否合理,是否通过预设实现教学目标,需要通过课堂观察进行分析评价。

> 请讨论:
>
> 为什么需要对小学英语教学设计文本进行分析?

在课堂教学过程中,教师通过有效观察,可以把握住学生的学习成效和反应,了解教学效果,获得反馈信息,及时调整自己的教学策略。

对于教学设计而言,教师可以通过课堂观察,发现预设的教学设计是否能够有序、有效进行,是否能够实现每一活动的教学目标,从而最终实现本节课、本阶段、本课程的教学目标。课堂观察可以由教师自己进行,也可以由其他教师进行观察,甚至邀请专家进行课堂观察。

以评价教学设计为目的的课堂观察,实际上有多种目的。教师在自己的教学过程中,对自己的教学进行课堂观察,发现学生的行为态度变化,分析自己的预设是否达到目标,然后做出教学决策:是否继续按照教学设计的预设推进教学过程,或者进行必要的调整。在信息技术时代,教师可以基于计算机对学生学习的统计数据进行课堂观察,发现学习是否有效,然后就是否调整本节课随后的教学设计做出教学决策。若可以开展双师教学、多师教学,教师也可以相互进行课堂观察,或者分析计算机数据,做出是否调整本节课随后教学设计的教学决策。这类教学过程中的活动,在教学设计过程图中呈现为"反馈、修正"环节。当然,对教学设计的课堂观察还应该成为下一节课的教学设计的学习要素分析的基本内容。本节课目标是否实现,实现程度如何,学生学习表现出哪些本节课教学设计时没有考虑到的特点,哪些教学活动的教学成效较高,哪些较低,等等,都是合理进行下一节课教学设计的重要信息。

教学设计的课堂观察亦可由第三方独立进行,而在教学完成之后,分析教学设计的预设是否合理,教学过程是否应该调整教学设计,为更好地开展下一节课的教学设计与教学实施做准备。当然,还有一种教学研究的目的,即:通过对教学设计实施的观察,发现有效的教学设计方法与教学方法与策略,解决教学问题,或者评价教师的教学能力、课堂教学质量等。

有效的课堂观察需要工具,以便对课堂的运行状况进行记录、分析和研究,以此为基础做出评价判断。课堂观察的工具可以是观察者自身的感官(如眼、耳等),可以是辅助工具(观察表、录音录像设备等),可以是直接或间接(主要是直接)从课堂情境中收集的各种资料,尤其是学生的学习成果,也可以是计算机实时统计的学生的学习数据。工具的使用由观察的便利而决定,教师在课堂教学中进行自我观察,可以凭借感官、计算机数据,也可以事先编制观察表格,在教学过程中随手记录,作为教学决策的基础。第三方观察一般都采用观察表等工具进行。

二、教学设计评价课堂观察量表设计

课堂观察的工具中较为准确的是观察量表。观察量表可以用于教师自己随堂进行观察,也可以用于第三方观察,前者较为简洁,便于随时记录,后者较为复杂,有助于深度把握课堂教学的信息。

表 10-2 教师随堂观察量表案例

教学内容	第一次学习 be doing 结构(课文略)	
教学目标	1. 全体学生巩固 I like doing ... 结构,强化,达到全部掌握。 2. 全体学生第一次接触 be doing 结构,能根据图片理解语义。 3. 75%学生能在老师引导下正确说出 I'm doing ... 结构 4. 25%学生能自己运用 I'm doing ... 结构说出自己在做事情	
教学环节	学生学习行为表现	目标达成度
导入	看图,听歌谣,说歌谣。 I'm Lingling, I like swimming. I like jumping. I like running. 激活 swimming, jumping, running 等已学结构。	A. 全部学生达到目标 B. 75%以上的学生达到目标 C. 50%的学生达到目标 D. 75%的学生没有达到目标 E. 所有学生没有达到目标

续 表

教学环节	学生学习行为表现	目标达成度
呈现	看图,理解图片内容(熊猫玲玲在向电视观众介绍自己喜欢的游泳、跳高、跑步等活动),听录音,理解语义。	A. 全部学生达到目标 B. 75%以上的学生达到目标 C. 50%的学生达到目标 D. 75%的学生没有达到目标 E. 所有学生没有达到目标
学习	带着熊猫头饰,扮演熊猫,向电视观众介绍自己。	A. 全部学生达到目标 B. 75%以上的学生达到目标 C. 50%的学生达到目标 D. 75%的学生没有达到目标 E. 所有学生没有达到目标
练习	扮演不同动物,给不同动物活动视频配音。	A. 全部学生达到目标 B. 75%以上的学生达到目标 C. 50%的学生达到目标 D. 75%的学生没有达到目标 E. 所有学生没有达到目标
实践	给自己选择的宠物的活动视频配音。	A. 全部学生达到目标 B. 75%以上的学生达到目标 C. 50%的学生达到目标 D. 75%的学生没有达到目标 E. 所有学生没有达到目标

这个量表非常简洁,教师可以将其拿在自己手中,在教学过程中通过快速打√等方式,做出判断,从而为自己的下一步教学的做出决策。

若采用第三方观察,则第三方不需要参与现场教学,从而可以更深度地进行观察,尤其是与多人进行小组观察时,更可以进行全面、深度的观察。

无论是多少人进行第三方观察,从教学设计而言,都需进行全面的观察,即观察每一项教学目标的达成度,每一教学行为的有效性。这与以教研为目的的专项课堂观察不同,因为教研为目的的课堂观察可以观察每一维度,但也可只观察一个方面,或者几个方面。课堂观察的维度可以自我设定,也可以采用通用的观察维度,如 LICC 的观察维度。

LICC 模式由"学生学习(Learning)"、"教师教学(Instruction)"、"课程性质(Curriculum)"与"课堂文化(Culture)"四要素构成。其中,课堂教学的出发点和回归点是学生的学习,而影响学生学习的主要因素有三个:教师在如何"教"时所呈现的直接行为,该课堂提供了什么性质的课程,情境与人际关系体现了什么样的课堂文化。

学生学习包括准备、倾听、自主、互动、达成五个视角,教师教学包括环节、呈现、对话、指导、机智五个视角;课程性质包括目标、内容、实施、评价、资源五个视角,课堂文化包括思考、民主、创新、关爱、特质五个视角。每一维度都有具体的观察视角,这些项目根据观察的目的设定,也就是根据观察需要,确定课堂观察项目。

对于小学英语课堂教学,我们可以从英语学科核心素养的维度设计观察量表。若多人从多维度观察,则每一观察者设计不同维度的观察量表,从而有助于观察更为精准。英语学科核心素养观察维度有四个,而且可以分为几十个观察点,一节课的核心素养目标可能有好几项,一位观察者很难完成所有维度观察。为此,我们建议从不同维度进行观察,从而也从不同维度设计观察量表。

(一)语言能力维度的小学英语教学设计评价课堂观察量表设计

语言能力是小学英语课程的首要目的,观察语言能力目标是否达成,是基于课堂观察评价教学设计的关键因素。我们应基于教学设计预设的语言能力目标设计观察量表。

表 10-3 是根据语言能力目标达成情况设计的教学设计评价观察量表案例。

表 10-3 语言能力维度的教学设计评价观察量表

学校			班级与人数			科目	英语
执教人	黄璐	标题	The journey of little water drop.			课型	
专题学习目标 (语言能力)			本课时重点学生能通过阅读理解中学生对话、师生对话促进语言运用能力发展。				
观察人			单位		时间		
主要环节	学生行为	专题目标	阅读理解	学生对话	师生对话	最终语言运用	
分析与建议							

这是对语言能力发展进行观察的量表。在讲述这篇 Story 的时候,为了能让学生简述小水滴的"旅行经历",并通过阅读进一步熟悉理解水循环过程,期望通过对话、语篇阅读和童话故事,达到语言的交际功能。在课堂观察时,观察团队着重从"阅读理解"、"学生对话"、"师生对话"和"最终语言运用"四方面进行观察。

通过观看故事以及用所给关键词 sea, sky, ground 找出不同地点的教学方式,教会学生快速阅读,并学会理解故事的总体线索。

通过"Answer the question. Read the sentences with different feelings."学习操练句型,在最后的 Retell 活动中,学生的活动具有明确的目标指向和具体的操作要求,并最终达到了本节课的语言能力学习目标:能简述小水滴的"旅行经历",并通过阅读进一步熟悉理解水循环过程。

(二)文化意识维度的小学英语教学设计评价课堂观察量表设计

外语教育从来就不只是语言教育,因为文化教育是外语教育的基本内容。文化意识是进行课堂观察进而评价教学设计的非常重要的评价维度。

教学设计预设的文化意识目标,是设计从文化意识维度进行课堂观察量表的基础。一般而言,每一节课都有文化意识目标,但这一目标通常不是一节课就能实现的,因为除了文化知识等目标外,文化意识目标往往需要很长时间才能实现。所以观察量表设计要充分考虑文化意识目标的渐进性、长期性。

表10-4是从文化意识维度进行课堂观察从而评价教学设计的案例。

表10-4 基于文化意识维度的教学设计评价观察量表

学校				班级与人数		
执教人	方化	内容	Story time	课型	故事阅读	
专题学习目标(文化意识)	100%的学生能够意识到自己日常生活中礼貌用语的重要,增强使用礼貌用语的意识;30%的学生能理解"need 和 want"的区别,树立节约公共资源的意识,不因攀比、疏忽而产生浪费。					
观察人			单位		时间	
教学过程 \ 学生行为	目标	使用礼貌用语		理解"need 和 want"	树立节约意识	不因攀比、疏忽而浪费
导入						
活动1						
活动2						
活动3						
活动4						
活动5						
活动6						
总结						

此量表是对《英语》(PEP)三年级下学期 Unit5 Part B Story time 一课基于文化意识核心素养的观察。从培养学生的文化意识维度进行观察,通过观察5个教学活动的设计,分别培养学生"使用礼貌用语"、"理解 want 和 need 的区别"、"树立节约意识"、"不因攀比、疏忽而浪费"这几个方面的文化意识,最终达到文化意识的学习目标:100%的学生能意识到自己日常生活中礼貌用语的重要,增强使用礼貌用语的意识,30%的学生能理解"want 和 need"的区别,树立节约公共资源的意识,不因攀比、疏忽而产生浪费。

(三)思维品质维度的小学英语教学设计评价课堂观察量表设计

语言与思维密切相关,语言学习有助于发展学生思维品质,外语学习尤其如此。从思维品质维度评价教学设计,需要设计思维品质维度的课堂观察量表。表10-5就是一个从思维品质维度评价教学设计的课堂观察量表。

表10-5 基于思维品质维度的小学英语教学设计评价课堂观察量表

学校		班级		人数		科目	
执教人		标题				课型	
专题学习目标 (思维品质)		能通过预测、质疑、讨论等方式拓展思维。					
观察人			单位		时间		
主要环节	学生行为 \ 专题目标	预测		质疑		讨论	其他
分析与建议							

此观察量表围绕发展学生的思维品质这一核心素养展开,主要采用任务教学方法,学生通过不同阅读策略理解故事、获取信息、回答问题、采用预测、质疑、讨论的方式拓展思维。在教学设计中,有学科间的整合,体现从英语学科转向学科英语的教学理念,同时也通过几个问题的设立鼓励学生大胆思考,提升思维品质。

在阅读前,引导学生观察图片,教授新词"shadow",让学生猜测分别是谁的影子,通过不同环节中的预测,质疑讨论达到学习新词的目的。

阅读中,看图片,用形容词的比较级描述小鸭子与老树,预测故事的内容,从而激活学生已有知识背景与语言储备。通过观看科学老师讲解视频,理解太阳下山影子变长的科学原理。引导学生思考:"Do you agree with the Old Tree?"培养学生批判性思维。学生在老师引导下再次阅读故事,体会老树的话:"You are becoming a big bird."这一开放性问题拓展了学生思维。阅读后布置任务,思考自己的变化,用形容词的比较级完成书写任务。

(四)学习能力维度的小学英语教学设计评价课堂观察量表设计

小学英语学习需要学生发展相应的学习能力,尤其是英语在我国作为一种外语,与学生的日常生活有一定距离,这使得英语学习与其他学科的学习有着不同,因为小学其他学科基本都是与小学生生活相关的学科。

评价小学生的英语学习能力,需要设计专门的观察量表,如10-6所示。

表 10-6　基于学习能力维度的小学英语教学设计评价课堂观察量表

学校		班级		人数		科目	英语
执教人	邹嫱	标题	He lives in the east…			课型	
专题学习目标（学习能力）	大部分学生能够在文本语境和具体图示的帮助下理解 in the east of, in the west of 的具体功能，并能通过同伴合作学习、游戏活动等进行一定程度的自主探究和语言运用。						
观察人		单位			时间		
主要环节　　学生行为　　专题目标	在文本语境帮助下理解语言	在具体图示帮助下理解语言		在合作学习中进行自主探究和语言运用		在游戏活动中进行自主探究和语言运用	
分析与建议							

　　此观察量表主要对学生的学习能力进行观察，教学目标是：大部分学生能够在文本语境和具体图示的帮助下理解 in the east of, in the west of 的具体功能，并能通过同伴合作学习、游戏活动等进行一定程度的自主探究和语言运用。量表设计了四个观察点："在文本语境帮助下理解语言""在具体图示帮助下理解语言""在合作学习中进行自主探究和语言运用"和"在游戏活动中进行自主探究和语言运用"，从这四个方面观察学生的学习能力。

　　在学习过程中，学生三次完整接触文本：第一次整体感知文本内容，学习 3 个主要城市名称，在文本语境帮助下理解语言；第二次整体感知文本引导学生在方向标的帮助下尝试自己辨别纽约和洛杉矶的地理位置，并贴到地图上，体验成功感，在具体图示帮助下理解语言；第三次整体感知文本鼓励学生同伴合作，获取相关城市地理位置的准确表达，师生合作完成板书，进一步巩固核心语言的学习，从而有效地加深理解和记忆，在合作学习中进行自主探究和语言运用。

　　学生的学习任务是递进的，学习能力在完成任务过程中逐渐形成。教师设计的游戏易于吸引学生全员参与，学生们进一步巩固了对方位词的运用。教师设计的小组活动兼具趣味性和实用性。学生通过阅读小黄人的来信，根据内容布置小黄人的房间，在有一定语言支架后，学生尝试简单介绍自己房间的布局，这是进行语言的真实输出和操练，全程观察，进行记录，然后对数据、现象进行分析，发现教学目标是否实现，教学设计是否促进教学目标实现，教学设计的预设是否合理，进而为本节课做出教学决策，或者为下一节课的教学设计进行学习要素分析。

　　需要强调的是，通过课堂观察对教学设计进行评价，需要基于观察所获得的数据、事实，进行分析，做出评价，不能只是基于感官判断。

　　基于课堂观察对教学设计进行评价，要评价教学目标是否实现，基于此评价教学设计的预设是否合理，是否需要进行教学调整，如何进行下一节课教学设计。

以下就是一个基于课堂观察进行教学设计评价的案例。

表 10-7　教学设计评价课堂观察记录与分析

观察维度	思维品质： 100%的学生通过判断各自参加的体育活动，发展思维的准确性。 50%的学生通过发现多人参加同一体育项目，发展思维的灵活性。 25%的学生通过设计体育运动会，发展思维创造性。

讲台

　1　　　　　　　2　　　　　　　3　　　　　　　4

全班：　　　△
第一小组：　　　　　　　　　第二小组：　　☆
第三小组：　○　　　　　　　第四小组：
第五小组：　　　　　　　　　第六小组：
第七小组：　　　　　　　　　第八小组：
第九小组：　　　　　　　　　第十小组：　○

思维准确性△	参与总人数	30	参与度比例	100%
思维灵活性○	参与总人数	17	参与度比例	57%
思维创造性☆	参与总人数	8	参与度比例	27%
分析及建议 (专题学习目标达成度,方法有效性分析与建议)	分析： 准确性活动较容易，只要理解课文即可完成，达到预设目标。 灵活性活动难度不大，而且和学生日常生活相似，但达成度不高。 创造性活动要求学生设计体育活动，偏难，基本达到预设目标。 建议： 加强阅读中信息的归类，进一步发展学生思维的灵活性。 长期开展创造力培养活动。				

使用说明：
若学生参与思维准确性活动1次，则在其座位上标1个三角形△。若全班参与，则在"全班"后画出一个三角形△。若是小组活动，则在"小组"后写上组别，并画出一个三角形△。
若学生参与思维灵活性活动1次，则在其座位上标1个圆圈○。若全班参与，则在"全班"后画出一个圆圈○。若是小组活动，则在"小组"后写上组别，并画出一个圆圈○。
若学生参与思维创造性活动1次，则在其座位上标1颗星☆。若全班参与，则在"全班"后画出一颗星☆。若是小组活动，则在"小组"后写上组别，并画出一颗星☆。

基于以上观察记录,我们可以首先得出结论:这节课的一项思维目标(准确性)达成,另两项(灵活性、创造性)接近达成,但没有完全达成,这说明此一节课的教学设计在思维品质发展活动的设计与教学设计的课堂实施中,存在一定不足,下一节课应基于如下学习要素分析进行设计:

思维创造性发展非一节课可以完成,英语学科在此领域有活动设计的显著优势,应坚持让学生设计活动,发展学生思维创造性。在下一节课中,要继续设计这类活动,并组织竞赛,以强化学生参与动机。

下节课不再是阅读。在以后阅读教学中,要运用信息表等工具,让学生填表,发展学生思维的准确性。

如此,基于课堂观察的教学设计评价就实现了其目的,既评价了教学设计,又作为反馈,修正了下一节课的教学设计,从而促进教学目标和课程目标的实现。

实 践

【请你回答】

1. 基于课堂观察的小学英语教学设计的评价目的是什么?
2. 如何基于课堂观察,对下一节课教学设计进行学习要素分析?请举例说明。

【设计实践】

1. 请为以下五年级学习内容设计恰当的教学活动并设计语言能力方面的观察量表。

2. 请根据以下课堂观察，为下一节课教学设计做出学习要素分析。

执教人	梁浩	单位	××小学	标题	Why do you like Australia?
学校	××小学	班级	四年级七班	人数	41
观察人	辛欣格	单位	××小学	时间	4月21日
观察点	语音教学				

分类		方法	教学内容	学生反馈效果
单词语音教学	字母组合			
	以旧带新	✓	cap-map Australia-Australian America-American Russia-Russian	在 cap-map 的环节中，学生能够很快根据发音规律掌握新词，效果非常好。
	音节分割	✓	kangaroo-kan/ga/roo language-lang/uage	学生对 kangaroo 这个词还不能完全掌握，读课文的时候不是很流利
	发音归类	✓	Australia-Australian America-American Russia-Russian	学生对国家的名词到形容词的变化规律有所掌握。
文本朗读指导	语音			
	语调		What language do they speak there?	学生对教师的示范印象比较深刻。
	语速		跟读课文	学生课文朗读比较流利。
	连续			
	教师发音问题			
分析与建议		老师非常注重利用发音规律新授单词，学生的学习效果也很不错。建议教师在细节上多注意，多挖掘教材。		

【案例分析】

案例：

课堂观察记录

学校	华东小学	班级	四(1)	人数	31人	授课教师	方小梅
学科	英语	课题	××市小学英语基于核心素养学科教学研讨会			课型	新授课
观察教师	辛欣格	观察点	学生开展前置性学习有效性				

续 表

学生开展前置性学习的内容	
单词、短语	能听懂、会说、会读 Australia, Australian, map, language, why, because, kangaroo, koala, 其中 Australia, why, because 的学习需教师引导学生关注拼写。
重难点句型	全体学生能够听说读核心语句 Why do you like Australia? Because it very, very beautiful.
重难点知识	学生能够掌握 Australia, why, because 的听说读用,在真实的活动中听说读用。正确运用"Why…?"与"Because…"进行回答。语音难点为 Australia, Australian, language, kangaroo, koala。
文化介绍	在学习的过程中尽可能多地了解澳大利亚的动物、著名的建筑物、游览胜地和食物等相关知识,激发他们对于异国文化的兴趣。

与前置性学习内容相关的学生课堂活动记录				
观课记录	新单词、短语、句型的学习用时短,读音准确,理解到位且能灵活运用。	是(√)	一般( )	否( )
	重难点知识的理解与掌握	学生自行解惑答疑( )	在教师适时地引导下理解掌握(√)	完全依赖于教师的讲解( )
	文化介绍	学生能表达出非常宽泛的内容( )	学生能基本表达出文本所涉及的文化知识。(√)	学生对文本内容所涉及的文化知识一无所知( )
	学生整堂课的学习重心	新单词、短语、句型的朗读、理解( ) / 机械性练习( )	整篇文本的理解与表演( ) / 文本的拓展与应用(√)	学生自主学习能力的培养(√) / 其他
	备注:鉴于观察视野,在能观察全体时观察了全体学生,在不能观察全体学生的小组活动等环节中,则重点观察其中一个小组。			

分析与建议:
课前孩子们已经自主查找学习到了很多课本和老师没有提到的知识,而我们老师的前置性作业只设置了三个简单的问题,对于那些有能力的孩子这样的设置会不会让孩子吃不饱? 是否还应该面向不同层次的学生,让一些有能力的孩子思考一些开放性、发散性的问题。

观察报告:

本节课是小学英语教师中高年级前置性学习有效设计的一堂研究课,现在就前置性作业的设置交流我的课堂观察。

方老师的课扎实有效,循循善诱,完整地诠释了 Australia,仿佛带领学生进行了一次澳洲旅行体验。Pre-class work 在本节课中起到了重要的作用,设置的三个问题帮助学生在课前从三个方面了解了这个国家，充分培养了学生的自主学习探究能力；同时 Consolidation and Extension 部分，方老师出示了一些图片，有 Australian buildings，Australian places，Australian animals 和 Australian food，孩子们兴趣盎然地跟着老师学习并体会 Australia 的奇妙，从而将文本升华到 Why do you like Australia？这个开放性的问题，学生带着对 Australia 的喜欢和热爱进行体验学习，充显了教师的智慧。

但是，我们也发现了一些细节，例如，在前置性学习之后，教师没有直接进入课文，而是补充了一个问题 What do you know more about Australia? 这个问题问出后，许多孩子纷纷补充，例如，There are lots of sheep. Kangaroos and Koalas live in Australia. ，并且在最后环节 Australia 的几张拓展图片中，孩子的表现也出乎我的意料，他们不但知道 the Great Barrier Reef，Kangaroo Island，还知道 platypus，甚至有的孩子学过"剪羊毛"这首澳大利亚歌曲，也就是说课前孩子们已经自主查找学习到了很多课本和老师没有提到的知识，而我们老师的前置性作业只设置了三个简单的问题，对于那些有能力的孩子这样的设置会不会让孩子吃不饱？是否还应该面向不同层次的学生，让一些有能力的孩子思考一些开放性，发散性的问题，如果可以，怎样设置才是科学合理的呢？我的一点想法就是让孩子回去查找自己感兴趣的部分，为后面阐述喜欢 Australia 的理由打基础。

分析：

这一课堂观察记录及其报告说明此课时的教学设计基本达到教学目标，学生课前学习内容极大地帮助了学生的课堂学习，这说明本节课的课前学习活动设计非常合理，有助于学生学习课文内容，达到教学目标。

但课堂观察记录也发现，有些学生课前学习内容大大超过了老师的布置，导致课堂有些活动是基于学生已经完全掌握的内容进行的。

这说明，这一教学设计本身很合理，但其教学中应基于学生课前学习成效进行适当的调整和取舍，甚至可以超越预设的目标，从而更好地实现有效教学。

进一步阅读参考

鲁子问．小学英语活动设计与教学[M]．北京：高等教育出版社，2010．
鲁子问．英语教学论（第三版）[M]．上海：华东师范大学出版社，2018．（待出版）
孙泓．小学英语课堂观察[M]．北京：现代教育出版社，2012．

参考答案

第一章 小学英语教学设计的理论基础

第一节 教学设计的基本内涵

【请你思考】

参考答案：

从初中到小学，X老师面临着教学内容、教学对象等多方面的变化，老师原有的教学经验、教学策略、方法等不一定适应新的教学内容和教学对象，尤其是教学对象这一更具复杂、多样性的要素。因此，20多年的初中教学经验很难简单迁移到小学教学中，X老师应重新针对小学英语的教学进行教学设计。

【请你回答】

1. 你认为教学为什么需要设计？

参考答案：

任何教师在上课之前都要备课，传统的备课多基于教师的经验进行，缺乏系统性，只有经过科学设计的备课，才能全方位考虑教学过程中的所有要素，提出最佳设计方案，执行方案并在课程结束后进行不断修正，以此达到教学效果最优化。

2. 你认为教师应该如何备课？

参考答案：

摒弃传统的以经验为主的备课方式，采用科学的教学设计理念进行全面、系统化的备课，备课中应充分考虑教学过程的所有要素，并借助教育技术理论和方法。

请思考：

为什么说"教学是引导学生学习"而不是"教给学生知识"？这对教学设计有什么启示？

参考答案：

苏格拉底说"教育不是灌输，而是点燃火焰"。意思就是点燃学生学习的兴趣，把存在于学生内心的知识激发出来，并引导学生获得新的知识与技能，最终转变为学生自己的实际知识。单纯"教给学生知识"，忽略了学习方法的培养，硬性地灌输知识，靠死记硬背记得的知识和技能，终有被遗忘的时候。

对于教学设计而言，也应重视对学习方法的培养，不能一味追求知识的简单传授，因此在教学设计过程中，需要更多地考虑如何设计更加合理的教学策略以达到"授人以渔"的目的。

为什么要从三个视角探讨设计的内涵？为什么不能只从教学视角探讨？

参考答案：

教学设计属于设计科学的子范畴,理解教学设计首先应从设计的角度理解设计的内涵;其次,教学设计是一种教学实践活动,必须从教育学和心理学的视角进行分析,才能充分把握教学设计的真正内涵。

请讨论：

为什么这里选择"从教师的教学实践视角"界定教学设计？这一界定和从教育技术视角的教学设计定义有什么不同？

参考答案：

本书的定位为小学英语教学设计,属于教学设计研究领域中的学科教学设计,而教育技术视角下的教学设计通常从整个教学系统出发进行研究,它的研究范畴相对于学科教学设计而言更广。学科教学设计面向一线学科教师,从教师的教学实践视角出发界定教学设计,更加符合一线教师的实际需求。

这里为什么先讨论学习理论再讨论教学理论？

参考答案：

学习理论是探究人类学习的本质及其形成机制的心理学理论,其服务对象是"学",教学理论是为解决教学问题而研究教学一般规律的科学,其服务对象是"教"。而教学设计所追求的最终目标是为提高人类的学习效率,它与学习理论有着共同的服务对象和目标,因此,开展教学设计必须先讨论学习理论。

请思考：

如何理解建构主义？如何理解建构主义对教学设计的作用？

参考答案：

建构主义强调学习过程中认知主体的内部心理过程,把学习者看作是信息加工的主体。

建构主义学习理论在对"学习的含义"的理解上,认为知识是学习者在一定情境即社会文化背景下,借助其他人(教师和同学)的帮助,利用必要的学习资料(文字、图像、实物、计算机辅助教学、网络等),通过意义建构方式主动建构事物的性质、规律以及事物间的内在联系。

由此可以看出,相对于简单的灌输式教学而言,基于建构主义思想的教学设计应对教师和学习者进行角色的重新定位。

教师从以教授知识为主转变为学生建构意义的帮助者、指导者。教师在课堂中应更多注意激发学生兴趣,帮助学生形成持久的学习动机;通过创设符合教学内容要求的情景和提示新旧知识之间联系的线索,帮助学生建构当前所学知识的意义;为了使意义建构更有效,教师应在可能的条件下组织协作学习,并对协作学习过程进行引导。

学习者不再是知识的被动接受者,而是知识的主动建构者,外界施加的信息只有通过学习者的主动建构才能变成自身的知识。学习者在学习过程中用探究、思考去建构知识的意义;在意义建构过程中要求学生去搜集并分析有关的大量信息和资料;需要将新、旧知识联系起来,并对这种联系加以认真思考。

【请你回答】

1. 什么是教学设计？

参考答案：

教学设计是一种基于现代学习理论的现代教育技术运用实践，是教师在学习者特征、学习需要、学习内容等教学背景分析的基础上，设计教学目标、教学策略、教学过程，选定教学媒体，并进行评价反馈，以进行教学准备的过程。

2. 为什么教学需要设计？

参考答案：

任何教师在上课之前都要备课，传统的备课多基于教师的经验进行，缺乏系统性，只有经过科学设计的备课，才能全方位考虑教学过程中的所有要素，提出最佳设计方案，执行方案并在课程结束后进行不断修正，以此达到教学效果最优化。

3. 备课是否就是教学设计，为什么？

参考答案：

作为教学准备的过程，教学设计也就是传统意义的"备课"。备课，就是教师为上课而进行的计划和准备工作，不过，传统上基本是基于教师的教学经验而进行。教学设计则不同，主要不是基于经验进行设计，而是体现一种教学理念，运用一种技术或一套工具，进行教学准备的一个过程，我们用这一技术和工具进行教学准备，从而使基于经验的备课成为基于理念、技术、工具的教学准备。

【设计实践】

1. 请分析以下教学设计的设计特性。

参考答案：

（1）意向性。本案例制订了目标行为活动的具体策略、方案或程序。通过具体的任务让学生强化 can do 的运用能力，并学习课文，理解 will 的用法，感知 can 和 will 的异同。

（2）创造性与选择性。本案例针对具体教学目标，设计出了两个学习活动。

（3）相对性。本案例的设计只是相对于当时条件(本课教学目标)的设计。

第二节 小学英语教学设计的基本内涵

【请你思考】

你认为小学英语教学设计应关注什么？

参考答案：

Y 老师和 Z 老师的观点都不全面，小学英语教学不但应关注学生的英语语言能力，同时也应该关注品格发展、思维品质、文化知识。

【请你回答】

1. 你认为小学英语教学设计的特性是什么？

参考答案：

小学英语教学设计作为一种设计活动，教师应科学把握教学方法、学习过程、学习活动、评价活动等的特征，才能科学设计教学。

2. 你认为小学英语教学设计应关注什么目标？

参考答案：

小学英语教学设计应该以发展学生核心素养为基本目标，以发展学生语言能力、文化意识、思维品质、学习能力为学科教育目标。

请讨论：

为什么在小学英语教学设计中要强调小学英语课程目标的基础性？

参考答案：

因为就核心素养而言，语言能力是小学英语课程的基本目标，文化意识、思维品质、学习能力则是相关目标，而因小学英语课程的基础性，其语言能力亦是初步的基础的英语语言运用能力，文化意识、思维品质、学习能力的目标，则基于小学生身心发展规律而确定。

请思考：

如何理解小学英语教学是一种传播活动？如何保证传播有效？

参考答案：

传播是指信息从信源到信宿的传递，而教学是将教学信息通过教师传递到学生的过程，由此看来，任何一种教学活动都是传播活动。在我国，特别是在英语资源非常缺乏环境下的传播，教师应准确分析传播内容、传播对象，合理设计传播方法等，这样才能实现有效传播。

【请你回答】

1. 小学英语教学设计有哪些内涵？

参考答案：

教育内涵、语言内涵、设计内涵。

2. 小学英语教学设计应强调什么？

参考答案：

在以上三项内涵中，在我国当前的小学英语教学实践中，小学英语教师对小学英语教学设计的教育教学内涵、语言内涵把握较多，而对其设计内涵了解略少。为此，小学英语教学设计需突出和强调其设计特性，从而使教学设计更为科学，使教学更为有效。

【设计实践】

Two monkeys 教学目标与说明

教学目标		说明
语言能力	理解行为动词一般现在时结构；理解故事；运用语音比对技术软件，模仿录音语音语调表演故事	体现语言内容与设计内涵，已有语音比对软件的语音优于绝大多数中国英语教师的英语语音，能更好促进学生语音学习。

续表

教学目标		说明
文化意识	通过分析猴子失去香蕉,发展合作而不争执的品格;同时引导学生思考:"如果你是大象,你该怎么做?"发展学生乐于助人的品格。	体现教育内涵与设计内涵。
思维品质	通过发现问题产生的原因(自私,不乐于助人,希望把他人物品占为己有等),寻找解决问题的方法。	体现教育内涵与设计内涵。
学习能力	通过模仿故事语音语调发展学习兴趣	体现语言内涵与设计内涵。

第二章 小学英语教学设计的主要内容

第一节 教学设计的模式

【请你思考】

你认为,为什么教学设计有不同模式?

参考答案:

教学设计模式是在教学设计实践中逐渐形成的一套程序化的步骤,用以说明做什么、怎样做。而教学设计实践模式自20世纪60年代开始至今已有半个多世纪的历程,其发展过程中所面对的教学系统范围和层次(一节课、一门课等)不同、教学设计者的工作环境(不同地域、不同教育层次等)和个人专业背景(学科专家、媒体专家、教学设计专家、教师等)也有差别,因此,形成了多种不同的教学设计模式。

【请你回答】

1. 你认为教学设计分为不同模式是否有必要?为什么?

参考答案:

有必要,因为不同的教学设计模式适应不同教学范围、层次或学科,不存在一种普适的、万能的教学设计模式,教学设计者可以根据具体情况选用最适宜的教学设计模式。另一方面,若教学设计模式被拘泥为某一种固定的程序化步骤,那么所有的教学过程将会变成是一个模子复制出来的,缺乏灵活性、自主性,这显然是不符合教学规律的。

2. 你认为教学设计的一般模式对提高你自己的教学有效性有哪些帮助?

参考答案:

一般模式是从多种模式中提炼归纳出的一个简洁、明了的教学设计模式,该模式包括了教学过程中各大基本要素。在教学实践中,一般模式可以提供直观、明了的指导作用,设计者按照分析—设计—评价的思路,将教学过程中的各大要素进行合理的规划、设计,即可高效地完成教学设计。

请讨论：

这里讨论的教学设计的起始是学科化的教学设计。那么，教学设计作为一种实践，是否有更久远的历史？请说明理由。

参考答案：

从实践的角度讲，早先人们对教与学的活动进行计划和安排仅仅停留在经验基础上，但在教学实践过程中遇到了许多问题，需要对教学过程中的诸多要素进行协调和控制，从而萌发了一些科学地进行教学计划的构想，这就是教学设计的原始构想。

有资料显示，最早提出这种构想的先驱是美国哲学家、教育家杜威和美国心理学家、测量学家桑代克。1900年杜威提出应发展一门连接学习理论和教学实践的学科，建立一套与设计教学活动有关的理论体系；桑代克也曾提出过设计教学过程的主张。这可以作为教学设计更久远的历史证明。

请讨论：

为什么说机器学习、虚拟技术等设计技术发展，将促进教学设计快速发展？

参考答案：

技术快速发展的年代，教学设计的一个主要变化来自于技术对教学内容和方法的影响。但没有一定程度的教学设计，技术不会在本质上自动改进教育。各种新技术提供了直接跟踪和支撑问题解决技能、把学习者解决难题的行动过程可视化、建模和模拟复杂推理任务等功能。另一方面，技术工具促使人们对传统的学习观点与方式以及相应的教育、教学所存在的问题的认真反思，以求更高效解决这些问题。

请思考：

为什么要从行为视角写出表现目标？对于非行为性的学习目标，如跨文化意识，是否可以写出行为性的表现目标？为什么？

参考答案：

从行为的角度书写表现目标能够令学习者更加明确自己在教学结束时能做什么，学习会更加有针对性；并且，这种方式也方便教师对学习者进行考核，因为目标中包含学习者行为表现是否合乎规范的标准表述。

行为目标虽然避免了传统方法表现目标的含糊性，但它本身也有缺点，就是只强调了行为结果而未注意内在的心理过程。同时，因为许多心理过程无法行为化，所以通常运用内外结合法（内部过程和外显行为相结合）表述心理态度、情感学习目标。具体做法是，先用描述内部心理过程或情感态度的术语来表述学习目标，然后列举反映这些内在变化的例子，从而使这些内在变化可以被观察和测量。如对"培养学生的跨文化意识"目标的书写可以列举如下具体行为：

主动了解英语国家人们与中国人生活方式有何不同；

愿意参与活动，体验不同文化风俗的节日特点；

乐意给同学们讲解到不同文化背景的国家学习、生活或旅游时需注意的细节。

……

请讨论：

这里建议先告诉学生学习目标。对你来说，先知道目标阅读文章、先不知道目标阅读文章，哪种更有助于你阅读？为什么？

参考答案：

是否先告知学生学习目标再进行教学，这与课程的内容、特点等密切相关。我更习惯被告知目标再阅读文章。因为，先告知学生该知识点所要达到的教学目标，使学生做好要达到该学习目标的心理准备，做到有备而来，然后要不断引导学生向教学目标接近，并在实现教学目标后与学生一起进行课堂总结，以便学生巩固提高。

请讨论：

如何理解教学是一种传播过程？有人说，在黑板上板书也是一种传播。为什么？

参考答案：

传播虽不一定都是教学活动，但教学活动却一定是一种传播。因为教学活动具有传播过程的基本要素：信源、信宿、信息、媒介、反馈。所以，在黑板上板书也是一种传播。

请讨论：

这三种不同的层次结构有什么本质区别？各有哪些优势与不足？

参考答案：

三种不同层次结构的本质区别是它们中教学问题的范围、大小有所差异，按产品——课堂——系统这样的顺序，三种不同层次中的问题逐渐趋向复杂、宏观。当然问题的难度也会越来越大，涉及面越来越广，教学设计的难度也越来越大。而另一方面，由于问题涉及的范围、大小逐渐增大，所以，系统设计一旦完成，就能在更大的场合和更广的范围去使用和推广。

请讨论：

请关注每一代教学设计的重点以及对之前一代的发展，并思考：是什么促进了这种发展？这一历程说明教学设计会有怎样的未来？

参考答案：

第一代教学设计模式的主要标志是：在学习理论方面它是以行为主义的联结学习（即刺激—反应）作为其理论基础，第二代教学设计模式的主要标志则是以认知学习理论（特别是奥苏贝尔的认知学习理论）作为其主要的理论基础，以学为主的教学设计模式是以建构主义作为其理论基础，以教师为主导、学生为主体的双主教学设计模式，更是兼取两种教学设计模式的优点而提出的。每一次教学设计模式的革新都是基于前一代教学设计模式在应用中的不足，正是教学理论和学习理论的变革以及新技术的应用促进了这种发展，当然教学设计会随着教学理论和学习理论的不断革新和新技术的不断出现而与时俱进地发展。

请讨论：

这一教学设计的一般模式似乎没有前面的模式复杂，为什么？

参考答案：

这是一种更加简洁明了的教学设计模式，虽然结构没有那么复杂，但是包含了教学设计过程中全部核心要素。

【请你回答】

1. 教学设计为什么有这么多模式？

参考答案：

教学设计模式是在教学设计的实践中逐渐形成的,运用系统方法进行教学开发、设计的理论的简化形式。由于教学设计实践中所面对的教学系统的范围和任务的层次(课堂、一门课、课程计划甚至国家教育系统)有很大差别,而且设计的具体情况和针对性也不完全一样,再加上设计人员教学工作环境(不同国家、不同教育级别)和个人专业背景(学科专家、教学设计专家、媒体专家、教师、评价专家)等的差异使他们对教学设计的理解和认识不尽相同,在设计中他们的关注点和自身的优势也不同,因而导致数百种不完全相同的教学设计模式的产生。

2. 我国名目繁多的教学模式与教学设计模式有何区别?

参考答案:

教学模式是在一定教学思想和教学理论的指导下,为实现预定的教学目标而设计或发展起来的相对稳定的教学流程及其方法体系。常见的教学模式诸如:传递—接受式、自学辅导式、引导—发现式、示范—模仿式。

教学设计模式就是在教学设计实践中逐渐形成的,运用系统方法进行教学设计的理论简约形式。

由此可以看出,教学模式是教学过程中采用的某种教学流程及其方法,而教学设计模式是对教学设计实践的再现,再现的过程中重点体现教学设计的几个核心要素(其中包括教学过程及教学方法,当然还有其他要素)。所以二者是不同的。

【设计实践】

请按照教学设计的一般模式设计以下内容的教学。

参考答案:

一、分析

1. 学习需求分析

2. 学习内容分析

3. 学习者特征分析

二、设计

1. 教学目标设计

2. 教学策略设计(组织策略、传递策略、管理策略)

3. 教学过程设计

4. 教学技术设计

三、评价

1. 形成性评价

2. 总结性评价

四、反馈修正

第二节 小学英语教学设计的模式

【请你思考】

你认为是什么使薄弱学校学生提前完成了学习任务?

参考答案：

教师对自己非常熟悉的内容进行多次教学，肯定会使得他的教学过程越来越熟练。这就可能导致教师在教学过程中忽略薄弱学校学生的某些特性，忽略课堂中可能的生成，如果只是简单地复制自己所在学校的教学设计，那么多次重复导致的熟练程度提高势必造成薄弱学校学生提前完成学习任务。

在这种情况下，教师应对薄弱学校的学生重新进行学习者分析，适当调整教学设计方案，才是更加合理的。

【请你回答】

1. 为何对不同学生要有不同的教学设计？

参考答案：

教学设计的一切活动都是为了学习者的学，学习者分析是教学设计过程中非常重要的前端环节，作为学习活动主体的学习者在学习过程中都是以自己的特点来进行学习的。因此，对不同的学习者要有不同的教学设计。

2. 在课堂上，你的教学设计无法推进，你怎么办？

参考答案：

首先考虑原定的教学设计方案是否适合当前学习者，如果不适合，要针对学习者的具体情况及时调整教学设计方案。另一种情况是课堂中的生成超出教师可控制的范围，导致教学设计无法预期进行，这就要求教师有丰富的教学经验和灵活机智的处理能力。

请讨论：

为什么在进行学习者分析之后，还有必要进行学习需求分析？

参考答案：

学习需求是指学习者学习方面目前的状况与所期望达到的状况之间的差距。学习需求分析的目的就是要揭示学习需求，从而发现问题，通过分析问题产生的原因，确定问题的性质并论证解决该问题的可行性。在教学设计过程中，学习需求分析是一个必需的要素，它不但是教学设计的基础，更有助于理顺问题与方法，目的与手段的关系。所以，在教学设计的前端分析环节必须进行学习需求分析。

请思考：

调查发现，小学英语教学目标设计中，普遍存在语言知识与语言技能目标超过课程标准对小学英语语言知识与语言技能的目标设定。为什么会出现这一现象？

参考答案：

1. 地方统一检测的评价要求超过课程标准对语言知识与语言技能的要求。

2. 教师过于关注教材的语言知识与语言技能，对课程标准的相关要求了解不够。

请讨论：

小学英语教学中，技术有时比教师能对学生产生更大、更深的影响。我们如何基于这一技术优势，进行教学设计？

参考答案：

各种基于技术的教学媒体对于教学发挥的作用不同，效果不同，各有所长，所以没有适用于所有教学内容和教学情境的媒体技术。所以我们在教学设计时,应以教学需要为依据,来选择和使用教学媒体。而且,将技术应用于教学中重点、难点内容的教学,或主要的教学环节,这样将会发挥技术的最大优势。

请讨论:

我们经常看到地方统一监测教学质量的小学英语期末试题往往与课程标准建议的试题形式有很大不同。我们该怎么办?

参考答案:

提出建议,要求基于课程标准进行评价。

在自己教学中,坚持按照课程标准进行评价。

请讨论:

反馈修正对于新教师特别有价值。在教学已经完成之后,我们为什么还需要基于反馈对教学设计进行修正?

参考答案:

教学设计不应该是一成不变的僵化的预设,而应该是根据教学过程中反馈的各种信息,不断调整教学策略,甚至在教学设计中预测可能出现的问题、预设一些预案,从而根据教学反馈不断修正教学活动,以提高教学有效性。对于新教师,可以通过反馈不断积累教学经验,使其快速成长,对于有经验的教师,也可以通过反馈收集大量实践案例,以备今后使用。

实 践

【请你回答】

1. 教学设计的一般模式有哪些基本环节?

参考答案:

分析:学习者分析、学习需求分析、学习内容分析

设计:教学目标设计、教学策略设计、教学过程设计、教学技术设计

评价:形成性评价、总结性评价

反馈修正。

2. 教学设计的环节中,哪些对你最为关键?为什么?

参考答案:

上述环节中,教学目标的分析、教学过程的设计、评价目标的确定、依据反馈不断修正教学策略,是至为关键的要素。

【设计实践】

请分析以上教学设计案例中的反思评价与修正,说明教学设计的特性。

参考答案:

本案例通过对同事评价、自我评价和教学实践中的发现进行反思,总结出一些问题,并进行了修正。从修正意见中可以看出,本案例首先突出了语言运用的重要性,这也是符合学生的学习兴趣的;第二,本案例突出了新技术在教学中的应用,修正方案增加了点读笔、手机 APP 的使用,并增加了微信红包激励方式,所有这些都体现出与时俱进的思想,对于学生而言,将更乐于接受。

第三章 小学英语教学要素分析

第一节 小学英语学习者与学习需求分析

【请你思考】

参考答案：

了解学生,把握学生学习要素,是实现教学目标的基础,与教学经验、教学方法一样重要,甚至更为重要。

【请你回答】

1. 教学设计为什么需要学习者分析?

参考答案：

教学设计是促进学生学习的设计,学习者分析是一切教学设计的前提。

2. 如何把握小学生的学习优势?

参考答案：

从内在优势、外在优势两个维度,运用量表、通过观察,发现学生的学习优势。

请讨论：

对于小学英语教学而言,哪些要素更加重要?

参考答案：

心理要素更加重要,影响小学生英语学习的内在学习要素主要是学生的心理要素。

请分析：

分析几种常用的学习风格量表,发现各自优势与不足。

参考答案：

所罗门量表的优势在于可以全面认知风格,但不是专门用于语言学习策略的工具。

SILL量表的优势在于专门测量语言学习策略,但对兴趣对不能策略。

请讨论：

小学生课堂纪律约束往往偏弱。怎么办?

参考答案：

1. 教师要准确了解小学生的注意力、集体荣誉感等特点,按照他们的注意力节奏、荣誉感取向,进行小学英语教学设计。

2. 教师可以根据教学内容,在可以不要求严格的课堂纪律时,如身体游戏时,允许学生按照自己的天性开展游戏活动。

请讨论：

如何基于小学生思维发展的特征设计促进学生思维品质发展的活动?

参考答案：

学生6—7岁时是从前运算思维向具体运算思维的飞跃期，11—12岁是从具体运算思维向形式运算思维的飞跃期，其中，7—11岁就是具体运算思维向形式运算思维发展的过程。

小学英语教学设计要基于学生的思维发展的阶段性特点，设计从形象思维向抽象思维发展的活动，而且以此促进学生抽象思维发展。

请讨论：

教师应该如何建设校园、班级学习环境促进学生学习？

参考答案：

教师应基于学校条件和教学内容，创设英语学习的校园与班级学习环境，比如网络、板报、手抄报、张贴画、校园广播等。

请讨论：

那些英语学习有困难的小学生也具有英语学习优势吗？若是，是什么优势？为什么这些优势没有促进他们的英语学习？

英语学习有困难的学生的困难经历本身就是一种优势，因为他们可以反思发现导致他们现在的英语学习困难的这些方法是无助于他们的英语学习的，或许他们可以尝试与此相反的方法。这些对学习方法的有效性的认知的优势没有促进他们的英语学习，是因为他们没有反思发现他们正在使用的方法无效，也没有找到相反的方法。

【请你回答】

1. 对学习者进行分析应包括哪些方面？

参考答案：

学习者分析可以从学习者的内在要素分析、外在要素分析展开，内在学习要素包括学习者的心理要素（认知特征及其发展过程等）、经历要素（起始水平、经验教训、学习策略等）、生理要素（年龄、性别、健康、身体发展等），外在学习要素包括与学习者的学习相关的国家战略、政策、课程标准等国家要素，学校制度、师资、办学条件、学校文化、同学友谊等学校要素，父母教育理念与方法、经济条件、亲友交往等家庭要素，经济发展、文化、教材、教育技术、朋友同伴交往等社会要素。

2. 如何引导小学生建构学习优势？

参考答案：

引导学生在英语学习中充分运用内在学习要素和外在学习要素，即可建构小学生的英语学习优势。

具体过程为：首先进行优势分析，准确把握已有优势，发现潜在优势，然后引导学生在英语学习中运用这些优势，从而强化优势的作用，并根据需要调整所主要运用的优势，以保证优势的促进作用。

3. 如何合理把握小学生英语学习需求？

参考答案：

首先分析学生学习的现有基础，然后分析学生学习的外在需要，最后分析学生学习的内在需要。

【设计实践】

1. 请分析以下活动是否符合学习者内在学习要素。

参考答案：

根据小学生心理一般规律，这一活动符合小学生内在学习要素中的兴趣要素，他们对自然界未知的事物尤其是容易发现的小动物的特征,有着浓厚的求知兴趣,如蜘蛛这种动物,家长一般不让孩子近距离观察,因为担心孩子们的安全,但孩子们可能因为兴趣而特别希望看个究竟。这一活动就满足了学生的这一好奇心,同时也保证了孩子们的安全。

2. 请分析以下活动是否符合学习者外在学习要素。

参考答案:

这一活动符合学生的外在学习要素,因为学校课程表这一内容是外在要素中学校要素的组成部分,尤其是在课程改革、教育改革推动下,各学校课程可能存在特性,这可能使学生更愿意介绍自己学校的课程,甚至自己的个性化(兴趣课程等)的课程表。

第二节 小学英语教学内容分析

【请你思考】

参考答案:

Y老师的课程目标存在问题,其教学内容只涵盖了教学内容的语言内容部分,而没有关注文化、文化意识(情感态度)、思维品质、学习能力等内容。

【请你回答】

1. 你认为教学内容分析为什么需要分析课程特性?

参考答案:

课程是教学的基础,教学内容是实现课程目标的载体,教学是课程的实施。所以,分析教学内容需要从课程特性开始。

2. 教学内容有哪些语篇特性?

参考答案:

语篇结构、语篇内容、语篇语境、语篇语用目的等。

请讨论:

教师应该如何建构自己分析教材的能力?

参考答案:

我们可以通过学习课程标准、语篇分析方法,把握这些特性,更需要提供案例分析,把握教材本身的教学内容特性呈现方式,从而较为准确、快捷地把握教学内容的课程、语篇、教学特性。

【请你回答】

1. 教学内容分析应包括哪些方面?

参考答案:

课程、语篇、教学三个方面。

2. 对教学内容进行分析的基本原则是什么？

参考答案：

根据教学需要，从课程、语篇、教学三个方面进行分析。

【设计实践】

请对以下教学内容进行分析。

参考答案：

见本节"案例分析"中的教学内容分析。

第四章　小学英语教学目标设计

第一节　小学英语教学目标内涵

【请你思考】

参考答案：

因为她从语言、文化、思维、学习等方面设计了教学目标，而且在教学中落实了这些目标。

【请你回答】

1. 你认为教学目标的内涵是什么？

参考答案：

文化基础内涵：促进学生文化底蕴、科学精神素养发展；

自主发展内涵：促进学生学会学习、健康生活素养发展；

社会参与内涵：促进学生责任担当、实践创新素养发展。

2. 如何界定英语教学目标的内涵？

参考答案：

语言能力、文化意识、思维品质、学习能力。

请思考：

如何把课程目标落实为课堂教学活动的目标？

参考答案：

基于英语学科课程目标，确定学段教学目标；基于学段教学目标，确定学年与学期目标；基于学年与学期目标，确定单元与课时目标；基于单元与课时目标，确定各个教学环节的教学活动目标。

请思考：

如何避免把小学英语教学目标被高考绑架？

参考答案：

1. 基于两个学段的不同性质，把握不同教学目标。义务教育是全面基础教育，高中教育是个性化、差异化发展的教育,二者目标本应不同。

2. 基于教学目标的阶段性,把握不同教学目标。小学阶段的英语课程以人文性为主、工具性为辅,高中阶段的英语课程则工具性与人文性并重。二者目标必然不同。

3. 因为小学生与高中生认知水平的巨大差异,对他们的英语能力评价方式必应不同。

基于此,小学英语教学目标应不与高考建立直接关联。

【请你回答】

1. 如何理解作为英语学科核心素养的思维品质?

思维品质是指人的思维个性特征,反映其在思维的逻辑性、批判性、创造性等方面所表现的能力和水平。思维品质体现英语学科核心素养的心智发展。思维品质的发展有助于提升学生分析问题和解决问题的能力,从跨文化的视角观察和认识世界,对事物作出正确的价值判断,促进学生的深度学习。

2. 小学英语每一课时的教学目标应包含什么?

小学英语每一课时的教学目标,需要根据教学要素,确定是否包含语言能力、文化意识、思维品质、学习能力所有四项学科核心素养的目标,或者只是其中一部分素养的目标。

【设计实践】

请为以下课文设计教学目标。

素养	目标
语言能力	100%的学生能听懂 Where is ...？ 的询问,根据实际位置说出地点;25%以上学生能用 Where is ...？ 就位置进行询问。
文化意识	无
思维品质	100%学生能参与促进思维准确性发展的活动,50%以上学生能表现出思维准确性的发展。
学习能力	100%学生能基于兴趣进行学习英语;30%以上学生能在陪他人玩游戏中学习英语。

第二节 小学英语教学目标确定与表述

【请你思考】

这是因为他对教学目标把握不够准确,误将所有学习内容列为要求掌握的目标。

【请你回答】

1. 如何确定小学英语教学目标?

确定教学目标,首先必须明确课程目标,将教材中的单元目标与课程目标进行比较,建立联系,然后根据教材的具体内容确定单元教学目标,进而基于学习需求等,设计出课时教学目标、活动教学目标。

2. 你认为如何表述教学目标比较合理?

教学目标的 ABCD 表述方式能清楚说明教学内容、教学程度、目标达成,比较合理。

请思考:

为什么单元教学目标应该包含英语学科核心素养的各个方面?

参考答案:

单元 Unit 就是一个独立整体的意思,单元教学必须具有单元整体性,所以单元教学目标需要覆盖核心素养的各个领域。

请思考:

如何基于《义务教育英语课程标准(2011 年版)》所描述的小学英语课程目标描述具体的课时教学目标?

参考答案:

我们应基于教学内容、学习需求等要素将课程目标转化为教学目标。

【请你回答】

1. 如何确定小学英语教学目标?

首先必须明确课程目标,将教材中的单元目标与课程目标进行比较,建立联系,然后根据教材的具体内容确定单元教学目标,进而基于学习需求等,设计出课时教学目标、活动教学目标。

2. 如何合理描述小学英语教学目标?

我们可以从教学内容、教学程度、目标达成这几个维度,描述教学目标,尤其是要注意根据学生学习目标与基础差异进行分层次的目标描述。

【设计实践】

请为以下活动设计教学目标。

参考答案:

100%的学生能听懂这个歌谣,并随全班一起做出相应动作;75%以上的学生能在活动中说出 Left foot, right foot, left foot, right;25%以上的学生能说出整个歌谣所有语句;体育课与日常生活中左右转有困难的学生,能随全班做出相应动作,其他学生能主动做出动作。

第五章 小学英语教学策略设计

第一节 小学英语教学组织策略设计

【请你思考】

参考答案:

他从学生已经掌握的语法项目导入结构差异不大的新的语法项目,降低了新语法项目的学习难度。

【请你回答】

1. 你认为应该如何组织小学英语语法知识教学？请举例说明。

参考答案：

应采用把语法知识有机整合到学习活动中的组织策略、为语法学习搭建合理支架的支架式组织策略。

如学生先听到 Your name, please 的请求,用自己已经掌握的语言回答,从而学习 your name 的表达方式,进而基于这一活动已经搭建的支架 your name 学习 What's your name? 用已经掌握的语言 I'm Sam 回答,从而掌握 What's your name?

2. 你平时组织课堂活动的策略包括哪些？请举例说明。

参考答案：

认知驱动、任务驱动、兴趣驱动三种活动组织策略。

如以下就是一个任务驱动的活动组织案例：

让学生课前调查学生到校方式：How do you go to school?

然后统计分析；

最后向学校提出建立自行车棚、小汽车临时停车场等的场地需求。

3. 你平时组织课外活动的策略包括哪些？请举例说明。

参考答案：

组织课外活动主要是基于兴趣驱动策略。

如组织全校英语歌曲演唱活动、英语演讲活动、课本剧表演活动等。

请思考：

为什么我们说"个人学习是最本质的学习形式"？这对我们进行教学设计有什么启示？

参考答案：

从行为看,学习在本质上是个人心理行为,所以个人学习是最本质的学习形式。这告诉我们,一个班级学生英语学习出现差异,尤其是所谓两极分化,关键是个人学习行为的差异。我们需要从改变个体行为促进学生学习。

请讨论：

分组教学中,按照学习目标分组为什么比按照学习成绩分组更加合理？

参考答案：

1. 促进本组学生实现自己设定的合理学习目标。
2. 可以避免因成绩分组带来的副作用。

请讨论：

个人学习、分组教学、班级学习各有优势,如何合理地整合各自优势用于小学英语教学设计？

参考答案：

首先准确把握个人学习、分组教学、班级学习各自的优势；然后根据教学目标、学习者特征,结合教学内容,选择不同的组织形式,促进学习目标的实现。

请讨论：

网络组织形式的虚拟班级学习，是否需要教师、家长监控？为什么？

参考答案：

教师组建的内部网络虚拟班级不需要监控，因为其形式、内容均已在设计时进行安全设置，比如学生不可自由发言。

若虚拟班级是社会性的，不是教师组建的，则需要监控，因为存在网络欺凌现象，也需要把握网络道德建构。

请讨论：

为什么小学英语教学比高中英语教学更应强调整合学习目标？小学英语教学如何整合学习目标？

参考答案：

起始阶段的英语学习主要是整体感知，更需要整合。小学英语教学要基于教学内容、学习要素等整合学习目标，杜绝脱离整体的孤零零的语言知识学习。

请思考：

课程标准要求小学生掌握一定的拼读规则。如何通过拼读规则教学帮助学生解决单词读音记忆困难问题？

参考答案：

通过拼读规则，让学生发现单词拼写与读音的规律，从而发展听音写词的能力，建立音形联系，以此帮助学生单词记忆。

请思考：

很多人在成年后依然记得小学一年级学过的古诗词，却不记得高中三年级学的古诗词。这说明小学低年级的记忆往往更加牢固。我们如何基于这一优势开展小学英语教学？

参考答案：

让学生多背诵一些歌谣，形成语感，积累语言，为以后显性学习歌谣中的语词、语法奠定基础。

请讨论：

进一步了解最近发展区理论，然后讨论：这一理论对教学设计有哪些指导意义？

参考答案：

最近发展区理论可以帮助我们合理设计目标、活动，合理开展活动，合理评价学习成效。

【请你回答】

1. 你认为认知驱动和任务驱动的活动组织策略有什么区别？请结合案例进行分析。

参考答案：

以认知发展为基础，驱动整个学习活动的开展过程，既符合认知规律，也符合学习规律。认知驱动的活动，可以按照学习前的认知准备、学习中的认知发展、学习后的认知巩固强化进行组织。在认知发展过程中，学习前阶段是学生的认知准备阶段，通过教师的教学准备（教学分析、教学设计等）、学生自我准备（课前微课的学习、学习活动所需资源与材料的准备等）进行准备、课堂上的复习预热准备等。这一阶段包括课堂教学之前的一切准备活动，也包括课堂教学中开始学习新的语言内容之前的导入、启动、复习、激活等活动。这一阶段对学生新的认知发展所需基础的准备是否到位，决定着随后的学习中的认知发展能否顺利进行。任务驱动的活动过程可以使学生围绕完成某一既定任务而学习，从而使学习效率更高。

任务驱动的活动过程是一种以具体的学习活动作为学习动力，以完成任务的过程为学习过程，以展示任务成果的方式来体现教学效果的教学过程。因此，任务教学过程强调引导学习者完成真实的学习任务积极参与学习过程的重要性，倡导以语言运用能力为目的。鉴于目前我国外语教学在学习方式、时间限制、师生比例等方面因素的特点，对于处于基础阶段的学习者来说，切实可行的任务教学的课堂教学程序是任务的设计、任务的准备、任务的呈现、任务的开展、任务的评价四个阶段。

2. 你认为小学英语有效课外活动有哪些？请说明理由。

参考答案：

戏剧表演、英语歌曲比赛、英语故事会、英语角、英语报刊或手抄报等，是有效的大型的课外活动。学生有兴趣，参与时间长。

至于小型活动，游戏、讲英语故事、用英语写日记等等都是有效活动，活动方便开展，针对个人学习效果更为突出。

请设计英语字母表学习的教学内容组织策略、活动组织策略。

参考答案：

字母表的学习在内容上应把握字母表的顺序性特征，可以开展全班每人一个字母，听老师指令，全班按照字母表排序活动，这既是字母表的运用，整合了听懂字母、排序等活动，其形式为全班，也可以每人多个字母，开展小组活动，甚至可以每人26个字母，进行排序速度比赛。

第二节　小学英语教学传递策略设计

【请你思考】

参考答案：

在学生学习新语法知识时，也就是接触语言时，要设计符合学生水平的兴趣活动，让学生较为轻松地掌握新语言，然后才可能开展运用实践。

【请你回答】

1. 你认为语言接触策略应包括哪些方面的内容？请举例说明。

参考答案：

语言接触有深度、广度、频度策略。

学生在学习字母 Aa 的书写形式时，若接触有一定广度，则对学生在阅读中认出字母 Aa 显然有很大的作用，否则学生可能无法认出以下字母的所有形式。

2. 你认为语言吸收策略应包括哪些方面的内容？请举例说明。

参考答案：

常见的促进语言吸收的有效策略有易上手支架、深刻印象、有效训练、适度负荷等。

学生学习 It's red 之前，先看到红绿灯的红灯，看到有人要过马路，说 No. No. No. Red. Red. Red. 阻止他人在红灯时过马路，然后再在看变脸表演时看到红色脸谱时兴奋地说 Red. Red. It's red. 以此搭建易上手支架。

3. 你认为语言产出策略应包括哪些方面的内容？

参考答案：

促进学生运用所学语言形成语言成果的常见策略有可完成、目标聚焦、源于生活、善用策略等。

请思考：

接触是一个从学习者视角提出的概念。这对教学设计有什么启示？

参考答案：

这一概念比"输入"更好，因为这告诉我们，语言教学应该让学生先接触到语言，尤其是接触语言的运用，在其中学习语言，而不是教师向学生灌输语言。

请讨论：

阅读是一种最简便的语言接触活动。绘本阅读对于小学生的英语语言接触具有哪些独特性？

参考答案：

绘本具有可理解性、趣味性，符合学生语言水平和认知能力。

请思考：

为什么说"小步快走"是小学英语搭建语法教学支架的有效方式？

参考答案：

因为这种方式每次教授的语法知识不多，而且重复比较多，符合小学生语法学习的特征。

请讨论：

这里使用"产出"（produce），而放弃"输出"（output），为什么？

参考答案：

产出强调学生的语言运用的主动性。

请讨论：

作为语言运用的任务有哪些产出形式？

参考答案：

语言运用任务、语言学习任务。

【请你回答】

略。根据自己实际情况回答即可。

【设计实践】

请设计以下内容的教学传递策略。

这一内容中需要传递的内容有三个：一是 point to，二是 blackboard, chair, desk, window，三是真实语境和语用目标。

我们首先应该让学生看图，理解语境、语用目的，引发学生的兴趣。

然后可以用已学内容传递 point to，如将课文主人公、教师，或者名人图片展示出来，用语境合理的 point to 进行传递。

最后用教室里的实物、漫画风格的图片，结合已学的 point to 传递 blackboard, chair, desk, window。

第三节　小学英语教学管理策略设计

【请你思考】

应设计符合这所学校学生特性的教学活动，而不是将在其他学校开展的教学活动直接照搬到这个班级。

【请你回答】

1. 你认为在开展课堂活动时应采取的时间管理策略有哪些？

参考答案：

积极性、紧凑性、流畅性、合理过渡、自我管理等策略。

2. 你认为在开展课堂活动时应采取的纪律管理策略有哪些？

参考答案：

教师策略、学生策略、学习任务策略。

请思考：

如何引导学生合理地把握学习时间安排？

参考答案：

通过让学习者参与课堂规则的制订，反思制订某些规则的原因以及他们不良行为的原因，引导学习者考虑他们将如何计划、监督和调节自己的学习行为，并对照规则，反思自己的行为，以补充完善已有规则。

请讨论：

锚图（Anchor Charts）非常有助于学生学习。请进一步了解锚图，并讨论：如何为学生设计适合他们的锚图？

参考答案：

根据教学需要，尤其是学生学习困难，选择与设计合理的锚图，在教学中根据需要使用。

请讨论：

让学生一节课都端正地坐着，真的有助于小学生的英语学习吗？

参考答案：

应该根据教学需要，让学生在该动的时候活动起来，在该安静的时候安静下来。

【请你回答】

1．如何建设小学英语学习空间？

参考答案：

主动建设丰富的促进英语学习的学校空间，促进家长建设积极的促进英语学习的家庭空间，努力建设虚拟空间、国际空间。

2．课堂纪律管理策略难点在哪里？

参考答案：

课堂纪律管理策略难点在于正确处理课堂管理和教学之间的关系。课堂管理与教学具有不可分割的关系，如果教师只是将精力和时间全部投入到教学活动上一味地追求促使学生解决问题，而忽视了课堂管理系统，后果是极其危险的，因为教会学生有效利用和控制自己的社会行为与教学生管理和控制认知同等重要。

【设计实践】

1．请为以下教学活动设计时间管理策略。

这一歌谣难度较大、动作较多，所以要合理确定时间策略。

可以在学习歌谣之前、学习课文之时，将歌谣中一些重点语句反复进行跟读训练，使学生能流畅地读出其中一些难度较大的语句。

然后在进行歌谣教学之时，让学生认真听，再跟读。若班里困难学生较多，则不进行单人单句跟读，而只进行全班跟读。

这个歌谣需要一定动作，所以时间可以安排在下课之前五分钟进行学习，这样可以在全班活动之中完成歌谣学习，并结束教学下课，不影响随后环节的教学活动。

2．请为一所农村小学设计英语学习空间。

略。合理即可。

第六章　小学英语教学活动设计及实践分析

第一节　小学英语教学过程的形态与功能

【请你思考】

参考答案：

导致 W 老师在教学上产生困惑的原因有：

1. 教学目标单一,片面地将"读"视为小学英语课堂教学的重点,容易导致学生形成机械化地学习模式,忽视了语言学习的实践性与灵活性。所以,学生会渐渐地对英语学习失去兴趣。

2. 没有意识到教学过程是由不同的阶段有序构成的,并不只是一味地重复同一种形式,这样难以让学生从英语的学习中发现规律,体验乐趣。更难以发展学生的语言能力、文化意识、思维品质、学习能力等素养。

【请你回答】

1. 你认为小学英语教学过程应具有哪些形态?请举例说明。

参考答案:

有以教为中心的教学过程和以学为中心的教学过程两种过程形态。举例略。

2. 你认为小学英语教学过程具有哪些功能?请举例说明。

小学英语教学过程主要有语言知识传递功能、文化意识强化功能、思维品质提高功能和学习能力培养功能。举例略。

3. 你认为为什么需要掌握小学英语教学过程的功能?

教学过程的功能是指教学过程在实现教育目标中所起到的作用,把握教学过程的功能,才能准确把握教育目标的实现方式。

请思考:

不同学科对过程的理解有哪些共同之处,哪些不同之处?这些相同与不同对我们开展小学英语教学过程设计有哪些启示?

参考答案:

哲学、心理学、教育学都从人的视角理解过程,哲学强调人、社会、活动机制,定性分析了过程的本质;心理学强调活动者在过程中自己的内在(心理)、外在(生理)影响;教育学以学生为内在因素,以教师等为外在因素,剖析了教育者、受教育者以及教育环境之间的关系。这有助于我们从以下视角把握设计小学英语教学过程:我们应该从人的视角分析过程,而不是只关注过程本身、语言本身;同时我们设计过程既关注过程体系,也关注心理、生理影响;最后我们还要关注学生自己与教师等外在因素的互动。

请讨论:

过程不仅是一个行为概念,也是一个哲学概念,比如过程正义与结果正义,甚至有过程哲学这一领域。为什么有必要从哲学高度探讨过程?

参考答案:

因为哲学是对普遍而基本的问题的具体定性研究,可以作为一种标尺去探究事物的本质,是一种客观理性认识。而过程本身就是客观存在的,从哲学角度出发,有助于探索其中的规律,为教学过程提供科学的方法论基础。

请讨论:

教学过程由若干环节组成。不同环节组成的是不同过程吗?

参考答案:

这种说法是不严谨的。因为教学过程是一个有机的程序阶段,也就是各个阶段只有通过有序地排列,有一定的逻辑性,才可以构成过程。如果将巩固、导入、复习组合起来,显然是混乱的,不可称之为过程。

请讨论:

如何在教学过程中实现其情感培养功能、品德形成功能?

参考答案:

教学过程是教师与学生互动交流的过程,语言教学体现得更为明显。例如,在学习有关尊老爱幼等道德内容的时候,教师除了讲授语言知识和能力,就应有意识地向学生传递正确的价值观,让学生学会明辨是非,培养健康的情感。甚至与学生的沟通本身也是一个很好的渠道,多关心学生的学习生活,鼓励学生互助互爱,在班里形成良好的氛围,自然就能实现情感培养、品德形成功能。

【请你回答】

1. 你认为以学为中心和以教为中心的教学过程的根本区别是什么?

参考答案:

以学为中心的教学过程强调将学生视为课堂的主体,各项教学环节的设计都应做到尊重学生的个体差异,因材施教。让学生主动参与到课堂活动中去,通过质询、交流、思辨和解决问题等能力去获取并整合相应的信息和知识。

以"教"为中心的教学设计主要研究的是"教",强调教学目标的实现,即教师如何教好学生,提高教学质量。课堂的主要形式是以教师主动向学生传授知识为主,也是教师实施事先准备好的教案的过程,主要任务在于努力引导学生学习既定的知识点。

2. 在小学英语教学过程的四项功能中,哪一项最为重要,为什么?

参考答案:

语言能力培养功能最为重要,因为英语语言能力构成英语学科核心素养的基础,是学生发展文化意识、思维品质和学习能力的依托。英语语言能力的提高有助于学生拓宽文化视野,丰富思维方式,在全球化背景下开展跨文化交流。

【设计实践】

请根据本节提到的教学形态为以下教学内容设计教学过程。

参考答案:

分析教学内容可知,本堂课的教学内容为句型:Look at that ... It's ...? 单词:giraffe, bear, tall, short, fat,适合采用以"学"为中心教学形态,如下所示:

第一步:为学生展示长颈鹿和熊的两幅图片,问"What is it?",找学生用"It is ..."来回答。

第二步:让学生分别说出两个动物的外形特点,借此教授 tall, short, fat 三个单词。

第三步:然后展示出猴子、猪等图片,让学生用上述三个词汇来描述图片里的动物,巩固所学单词。

第四步:教师为学生演示正确的对话,然后找学生进行对话,并让其他学生从中发现问题,最后教师进行纠正。

第五步:找若干组(2人)在讲台上根据PPT展示的动物,运用所学的句式完成对话。同样让其他学生纠错,教师补充。

第六步:找学生回顾本堂课所学内容,教师加以完善。

上述的教学过程设计充分体现了以"学"为中心的教学形态。每个环节都是鼓励学生积极主动地探索,自主解决相关问题,同时学会审视他人的表现,间接地检测自己的学习情况。教师不是一味地把教学内容直接丢给学生,而是扮演引导者、组织者、监督者等多种角色,这样做特别有利于培养学生的自主学习能力。

第二节 小学英语课堂教学过程设计

【请你思考】

参考答案:

L老师存在的问题是在教学过程中太过于重视运用活动型教学模式,而没有考虑学生的能力层次。活动型教学和任务型教学都适合于运用在小学英语教学过程中,但要结合学生所处的水平来合理地选择使用。对于低年级的学生来说,重点是打基础,教授基本的语言知识,而任务型教学模式适用于这一阶段,需要教师的合理引导,学生才便于吸收所学知识。高年级的学生已有一定的语言知识储备,有能力通过独立或合作等形式完成相应的学习活动,在规定的情景中充分地运用所学的语言知识和能力。

【请你回答】

1. 你认为活动式教学过程为什么具有突出的教学效果?

因为活动式教学过程中学生参与活动,通过听觉、视觉、空间知觉、触觉等在大脑指挥下协同活动而获取知识,从而有助于实现教学目标。

2. 你认为哪种任务教学模式最适合你自己现在的教学?为什么?

根据实际情况回答。

请讨论:

教学过程就是一系列教学活动,为什么小学英语还需要专门讨论活动式教学过程?带学生读单词是否是活动式教学的活动?

参考答案:

教学过程中的系列活动指的是教学环节,如导入、呈现、讲授等。而活动式教学过程中的"活动"指的是有助于学生更加有效地学习英语的手段或方法,是教学内容更为具体化的载体,为学生构建较为真实的情景,可运用在整个教学过程中,讨论的是如何设计。活动式教学是一个完整的教学体系,包含活动设计、预热准备、活动开展、成果展示、总结反思,彼此有机地衔接在一起,所以单纯的读单词不能称之为活动式教学。

请讨论:

任务教学过程的运用对小学英语教学有什么意义?

参考答案:

任务教学是以任务组织教学,在任务的履行过程中,以参与、体验、互动、交流、合作的学习方式,充分发挥学习者自身的认知能力，调动他们已有的目的语资源，在实践中感知、认识、应用目的语，在"做"中学，"用"中学，体现了较为先进的教学理念，是一种值得推广的有效的外语教学方法。

实 践

【请你回答】

1. 你认为活动式教学过程与任务教学过程有什么区别？

参考答案：

活动教学过程指教师根据教学要求和学生获取知识的过程，为学生提供适当的教学情境，根据学生身心发展的程度和特点设置，让学生凭自己的能力参与阅读、讨论、游戏、学具操作等去学习知识的课堂教学方法或过程。特点是学生参与活动，通过听觉、视觉、空间知觉、触觉等在大脑指挥下协同活动而获取知识。活动式教学过程可分为活动设计、预热准备、活动开展、成果展示、总结反思五个阶段。

任务教学过程是以任务组织教学，在任务的履行过程中，以参与、体验、互动、交流、合作的学习方式，充分发挥学习者自身的认知能力，调动他们已有的目的语资源，在实践中感知、认识、应用目的语，在"做"中学，"用"中学。任务教学过程可分为任务呈现、任务准备、任务执行、成果展示、创新交流、总结评价六个阶段。

2. 你认为哪种任务教学模式最适合小学英语教学？为什么？

参考答案：

基于我国小学英语教学的特性，小学英语任务教学适合采用包括"任务介绍—任务准备—任务实施—任务成果展示—总结评价"的任务教学过程。

【设计实践】

请根据本节提到的教学模式结合以下教学内容设计教学过程。

参考答案：

分析教学内容可知，本堂课的教学内容为句型：What are you going to do...? I am going to...。短语：visit my grandparents, see a film, take a trip, go to the supermarket, this morning, this afternoon, this evening, tonight, tommorow, next week，适合采用任务型教学模式，如下所示：

第一步：教师向学生布置任务，通过 PPT 或板书展示任务要求：随意找三位同学进行询问"What are you going to do..."，通过听取对方回答"I am going to..."完成下列表格：

Time	Classmate 1	Classmate 2	Classmate 3
This morning			
This afternoon			
This evening			
Tonight			
Tomorrow			
Next week			

第二步：教师把 visit my grandparents，see a film，take a trip，go to the supermarket 四个短语展示给大家，剩余的两个需要学生根据自己的实际情况进行补充。

第三步：让学生任意在全班走动，进行英语对话，填写表格。教师巡回课堂，为学生解答问题，并观察学生的表现，做好记录。

第四步：教师找若干名学生上台展示自己的成果，并和询问的对象还原之前的对话。教师既要记录学生的表现状况，又要鼓励和肯定学生的任务成果。

第五步：在展示完之后，教师让其他学生针对台上的对话情况给出评价，从中指出问题，给出改进的意见或建议。如，有的组在时态的用法上出现错误，其他同学发现问题，就会加以改正。此时，教师仍需认真记录学生的表现过程。

第六步：教师针对本次任务的开展情况进行总结归纳，不仅要对大家的参与表示肯定和鼓励，还要对表现优秀的组给予表扬。最重要的是，为学生指出整个过程中出现的语言问题，及时纠正，并引导学生通过朗读、记忆等方式加以强化巩固。

在上述的案例中，教师发挥了观察者、监督者、引导者的多元角色，而学生在任务的执行中体验了自主学习和合作学习带来的乐趣，尤其是"创新交流"阶段给学生充分表达自己想法的机会，思维能力得到锻炼。总之，任务型教学模式非常有助于提高学生的语言综合运用能力。

第三节　教学过程环节设计

【请你思考】

参考答案：

S 老师存在的问题是教学环节只包含了导入、讲授、实践、回顾等环节，而没有体现呈现、巩固、复习等步骤。从导入直接到讲授对于小学生来说有些跳跃，容易形成知识盲点。在讲授之后，需要进行巩固，这样有助于提高对所学知识的吸收效率。最后的复习更是要鼓励学生对整堂课进行反思总结，再次强化知识点。所以，整个教学过程需要各个阶段环环相扣，做到科学严谨，最大限度地发挥其教学功能。

【请你回答】

1. 你认为课堂教学过程环节设计的意义是什么？

参考答案：

教学环节设计可以使各个环节各尽其责，井然有序，有机衔接，否则整个课堂的教学就会混乱，不能有效指向教学目标，从而导致教学目标偏失。

2. 你认为教学过程中"巩固"和"复习"两个环节的区别是什么？

参考答案：

巩固是教师引导学生对所学知识和技能进行强化记忆和加深理解的方法。复习是师生共同就所学知识和技能进行回顾、总结归纳的环节。前者是深化所学，以强化记忆与加深理解；后者是回顾所学，以帮助记忆。

请思考：

如果学生不懂得 country，听不懂 Which country，我们如何调整这一导入活动？

参考答案：

如果学生对 country 这个单词还不认识的话，教师就可以先用汉语问"这是哪个国家？"，紧接着用英语问"Which country is it?"。双语的环境重复的次数多了，学生自然就会意识到这句英文的含义了，甚至到后面就可以直接用英文问了。

请讨论：

如果你的学生对这种机械性地跟读不感兴趣，你想使跟读更加有趣，你可以如何调整跟读活动？

参考答案：

为了增强趣味性，教师可以把肢体活动加入到跟读中去，还可以在班上分组，形成比赛，对于表现优异的组给予奖励。这样学生就可以调动起学习的积极性和竞争意识，原本枯燥的跟读就变得多样化了。

请讨论：

这是小学六年级的语法规则的归纳教学案例，对于六年级学生来说比较合理。若是在四年级，学生第一次学习这一用法，我们如何进行讲解？

参考答案：

四年级的学习内容重点在于日常用语的表达，因此可以把语法规则渗透进去，而不是刻意地去讲解语法点，否则学生不但很难理解，而且容易失去英语学习的兴趣。教师可以创设情景，给出一系列的统一时态的句子，如：

On Sundays, Tom plays football.

On Sundays, Jim plays basketball.

On Saturdays, Lucy plays the piano.

On last Sunday, Tom played football.

On last Sunday, Jim played basketball.

On last Saturday, Lucy played the piano.

让学生把上述的六个句子多读几遍，渐渐地就会发现规律，老师再简单地给学生说什么样的时间段该使用什么形式的动词，然后再造几个句子加以巩固。

请讨论：

背诵对小学生学习英语有一定作用，但纯粹机械的背诵效果并不显著。我们如何基于有意义的学习理念，设计合理的背诵活动？

参考答案：

首先需要清楚的是背诵不等于机械的死记硬背，而是在理解的基础上反复记忆，最后达到诵读的效果，进而提高语感。所以，教师在平时的教学过程中不能要求学生单调地死记，必须引导大家先去分析理解所学内容，从中发现关键词、线索或规律，然后整体朗读几遍，接着分板块反复记忆，最后再整体记忆。抄诵法、情景法、歌诀法、对比法、提纲法等可以推荐给学生使用，关键是让学生在背诵的过程中享受到乐趣,没有任何思想负担,这样才可以提升背诵效率。

请讨论:

有人认为这种训练不够真实,因为缺乏介绍朋友的真实语用目的。我们如何优化语用目的,设计真实的介绍朋友的活动?

参考答案:

为了使语境更为真实,可以改为让学生直接运用所学短语描述班上的同学,这样其他同学也可以评价所用短语是否恰当,还可以进行改正,增强了互动性和趣味性。

请思考:

本节提到的六种教学过程环节的次序可以随意调整吗?为什么?

参考答案:

不可以调整次序。因为这六个教学环节是按照学生的认知规律来安排的,由浅到深,逐步递进。试想把导入放在讲授的后面,显然违背了人的学习规则,容易导致思维混乱,严重影响整个教学过程的效率和质量。

【请你回答】

1. 你平时最常采用的教学过程环节有哪些?

参考答案:

根据实际情况回答。

2. 你认为教学过程环节设计需考虑哪些因素?

参考答案:

需要考虑教学内容、教学目标、教学对象、教学条件等因素。

【设计实践】

一、为以下四年级学习内容设计恰当的教学过程。

参考答案:

分析教学内容可知,本堂课的教学目标是能听懂、会说 Let's talk 部分的对话:Where is she? Is she in the study? Is she in the living room? Yes, she is. / No, she isn't. She's in the kitchen....等,并能运用在实际情景中。

第一步(导入):教师展示有关客厅、厨房等单词图片,找学生说出正确的英文单词。

第二步(呈现):教师播放 Let's talk 对话录音,抽查学生对录音的初次掌握情况。通过 PPT 展示 Let's talk 完整对话内容,教师再次教读对话,指导学生两人一组进行对话练习。

第三步(讲授):教师引导大家学习并理解对话。重点强调句子:Where is she? Is she in the study? No, she isn't.

第四步(巩固):教师利用 Lucy 和 Alice 的卡片,创设情境:Look, she is Lucy, she has a good friend. She's Alice. 出示图片 1,"Where is Alice? Is she in the kitchen? Is she in the . . . ?"学生根据图片内容回答,借此强化所学句式。

第五步(实践):教师拿出准备好的有关客厅布局的图片和加菲猫小头贴,指导学生利用所学句子进行对话练习并让学生上台展示。让其他学生对展示情况作出评价,教师给予补充。

第六步(复习):教师通过提问的方式带领学生回顾所学内容,最后利用 PPT 展示出学习内容的框架,指出重难点,最后布置作业。

二、为以下六年级学习内容设计恰当的教学过程。

参考答案:

分析教学内容可知,本堂课的教学目标是理解并正确朗读短文。

第一步(导入):教师利用 PPT 展示图片,给出问题"What's wrong with him/her?"要求学生根据人物特征回答如"He/She has a cold"。

第二步(呈现):教师接着说新句子:I have the flu. 同时表演打喷嚏、咳嗽等症状,给学生演示 flu 的意思。并问学生:How do you feel if you have the flu? 让学生回答各种症状,如:I have a headache. I have a sore throat. 教师说:If you have the flu, you should go and see the doctor or take some medicine. 教授新单词 medicine 和短语 take some medicine。

第三步(讲授):指导学生阅读短文,让学生阅读后回答问题"How do you know when you have the flu? What do you have to do if you are sick?"引导学生带着问题进行阅读。教师先让其他学生对前面的学生的答案进行纠正,然后再加以补充完善,并指出本篇文章的学习重点,简化信息量。

Sore throat		see a doctor
Nose hurt	have the flu	take some medicine and drink hot water
Have a headache		stay in bed

第四步(巩固):引导学生根据之前提出的两个问题给出每个段落的主旨大意,然后教师利用板书给出本文章的结构,帮助学生更加清晰地获取本堂课的学习重点。

症状	病情	处方
Sore throat		see a doctor
Nose hurt	have the flu	take some medicine and drink hot water
Have a headache		stay in bed

第五步(实践):给学生创设情景——看病开处方。要求一名学生扮演医生,另一名学生扮演病人,医生边询问病情边给病人开处方。然后找若干组学生上台表演对话,其他学生给出评价,老师作补充。

D:Good morning,…　　　　　　P:Good morning, doctor.

D:What's your name?　　　　　P:My name is …

D:What's the matter?　　　　　P:I feel sick.

D:Do you have a headache?　　P:Yes.

D:Do you have a fever?　　　　P:I don't know. I feel very cold.

D:Do you have a sore throat?　P:Yes.

D:Come to me and say "Aha".　P:Aha …

D:You have a cold.　　　　　　P:Oh. What should I do then?

D:I'll give you some medicine. Drink some water and stay at home for three days.

第六步(复习):教师通过提问的方式带领学生回顾所学内容,最后利用 PPT 展示出学习内容的框架,指出重难点,最后布置作业。

第七章 小学英语教学活动设计

第一节 小学英语教学活动内涵与特性

【请你思考】

参考答案：

L老师的教学活动存在一些问题，主要问题是：

1. 单词听写、重点语句默写这类教学活动并没有直接指向发展学生的英语运用能力这一目标，学生无法通过完成这类活动发展自己的语言能力，也无法直接促进学生学业成绩的提升。

2. 这些传统活动尽管有一定的基础性作用，但由于偏于机械性的强制性学习，不符合大多数学生的兴趣和学习风格，从而导致学生不愿意开展这类学习活动。

【请你回答】

略。允许学生根据学习本节之前的已有知识并结合自己的语言能力回答。

请思考：

不同学科对活动的理解有哪些共同之处，哪些不同之处？这些相同与不同对我们开展小学英语教学活动设计有哪些启示？

参考答案：

哲学、心理学、教育学都从人的视角理解活动，哲学强调人、社会、活动机制，心理学强调活动者自己的内在（心理）、外在（生理）影响，教育学以学生为内在因素，以教师等为外在因素。这有助于我们从以下视角把握设计小学英语教学活动：我们应该从人的视角把握活动，而不是只关注活动本身、语言本身；同时我们设计活动既关注活动机制，也关注心理、生理影响；最后我们还要关注学生自己与教师等外在因素的互动。

请思考：

为什么要强调学生在小学英语教学中积极、主动、自觉进行学习、评价的重要性？教师的主导性、学生主体性，对小学英语教学活动，哪个更重要？

参考答案：

因为学生积极、主动、自觉地参与到学习、评价活动中来，就能积极地开展发现问题和解决问题的学习，有目的、有计划地探索，在不断探索中主动、能动地实现知识的掌握。

在小学英语教学活动中，学生的主体性更为重要，衡量一个活动是否有效，主要是看学生是否具有主体地位。基于主体性的英语学习活动能让学生发展自己的英语运用能力，使学生从接受者变成语言的探索者和评价者，把课堂活动变成一种语言运用的实践活动，学生经过积极思考、主动实践，在与客体不断相互的活动中，形成英语运用能力。那种老师讲学生照着做、没有把学生当作有思维的、活生生的活动对象的教学形式，其结果还是一种以接受为主的学习，甚至是学而不思的学习，不是活动教学意义上的活动。

请思考：

哪些层面的交互性对小学英语教学活动的成效影响最直接？为什么？

参考答案：

学生的生活世界、生活经验与英语学习所需的生活世界、经验世界的互动，对小学英语教学活动的成效的影响最为直接，这种互动越多，学生的学习越容易，学习成效越显著。

请思考：

为什么活动的过程必须是学生的能动过程？如何做到？

参考答案：

因为活动过程应该是主动探索事物内在规律及其关系的活动，是不断丰富已有认识，不断成长的过程，是全面发展学生核心素养的一种教学形式，是一种主动的、能动的活动。

要使活动具有能动性，就要使学生保持强烈的探索兴趣和求知欲望并积极参与，充分发挥学生的能动性和创造性，以活动促进学生语言运用能力的发展。

请思考：

为什么小学英语教学活动特别强调趣味性？

参考答案：

因为好奇心强、求知欲旺是小学生的一个重要特点，所以兴趣对于小学生学习英语显得尤为重要。

实 践

【请你回答】

1. 小学英语教学活动中教师的定位是什么？

参考答案：

小学英语教学活动是教师引导下的学生学习活动，是师生之间的交互活动，活动的交互性是小学英语教学活动的另一本质特性。

所以，教师的定位首先是引导者，引导学生开展学习活动；同时教师又是参与者，师生之间开展交互活动。

2. 举例说明小学英语教学活动的主体性、交互性。

参考答案：

活动的主体性是指学生参与活动的主动性、积极性等活动层面的主体性，以及学生的思维、情感在活动中的主体性。若只是老师说 Touch your head 等指令，学生做动作，则这个活动没有学生主体性可言。若是一个学生说 Touch your head 等指令，另一个学生做动作，则有了活动层面的主体性；若是一个学生说 Touch his head 等指令，另一个学生在图上找到树木遮蔽之中的熊猫的头，则既有活动层面的主体性，也有精神层面的主体性。

活动的交互性是活动本身的交互，也是师生之间、学生之间经验、情感的交互。若在三年级第二个月的英语课堂上，老师直接问学生 What's your name? 学生回答 I'm Li Daming. 这显然不是真正的交互活动，因为老师应该已经知道学生的姓名。若老师让学生自己选择扮演自己喜欢的人物角色，然后老师问学生 What's your name? 学生回答 I'm Sun Wukong. 则具有了动作与情感交互性。

3. 在小学英语教学的四项教学特性中,哪一项最为关键?为什么?

参考答案:

目的性最为关键,因为若目的不明确、目标不合理,一切其他特性都失去了意义与价值。

【设计实践】

1. 请为以下教学内容设计一个符合小学英语教学特性的巩固活动。

参考答案:

分析教学内容可知,巩固的重点语言可以确定为:打电话约定共同做某事的事由、时间、地点。

巩固活动可以设计为:

给朋友打电话,约定一起去看足球赛(或者篮球赛、龙舟赛、电影、木偶剧、芭蕾舞、动漫展等)。各组选择一项,进行准备,然后全班分享。

这一巩固活动具有语言运用的目的性、学习的目的性、生活的目的性,而且有明确的训练和展示过程,指向运用所学语言,并且学生可以根据自己兴趣选择内容。

2. 请分析以下小学三年级的教学活动的特性并进行必要的修改。

参考答案:

因为师生问候的语言大多只是 Good morning 之类的简单语句,其实只能起到让学生集中注意力的作用,老师完全可以根据本节课需要,设计专门的问候语句。

《How are you?》歌曲内容与随后教学内容 weather and animals 无关,无法激活学生学习随后内容所需知识与能力。应改为相关歌曲或者歌谣,如《Old MacDonald has a farm》等。

第二节　小学英语教学活动设计

【请你思考】

参考答案:

X 老师的活动存在问题,因为 X 老师只关注了语言层面的内容与目标,而没有涉及文化意识、思维品质、学习能力层面的内容与目标。

【请你回答】

略。允许学生根据学习之前的已有知识并结合自己的能力回答。

请讨论:

如何合理理解和设计小学英语课堂教学的语言能力目标?

参考答案:

英语课程的语言能力指在社会情境中借助语言以听、说、读、看、写等方式理解和表达意义的能力。英语课程要求学生通过英语课程的学习,逐渐发展语言意识和英语语感;获得在语境中整合性运用所学语言知识的能力;理解口语和书面语语篇所传递的意义,识别其恰当表意的语言手段;有效地使用口语和书面语传递意义和进行人际交流。

小学英语教学应将语言能力发展目标确定在初步的能力目标上,而且强调逐步发展学生的语言运用能力。

请思考:

在小学英语语言能力活动设计中,如何遵循认知规律这一基本原则?

参考答案:

首先了解小学生认知规律发展特征,了解各种活动的认知特性或者基于认知规律进行调整的方式,然后基于所学语言选择、调整、设计相应活动。

请讨论:

把小学英语语言能力发展活动分为接触、学习、运用三种,对小学英语语言能力培养和教学活动设计有哪些益处?

参考答案:

这种分类方式打破传统的语言输入、语言输出的理念,强调让学生在语言环境中自己主动地接触语言,然后自己学习和运用语言,整个概念都是从学生视角出发的学生主动活动,而不是输入、输出这种被动视角的活动。

请思考:

小学英语教学也可以发展学生传播中国文化的能力吗?如何做到?

参考答案:

能。小学生喜欢讲故事、说唱歌谣、表演短剧、开展游戏等活动,而这些内容与方式都是传播中国文化的有效方式,小学英语教学中值得开展这些活动,从而培养学生传播中国文化的能力。

请讨论:

为什么说在品格教育中,教师的身教更加重要?基于此,如何更进一步理解"学高为师,身正为范"的"师范"的内涵?

参考答案:

品格养成需要长期的潜移默化,教师与家长的身教比说教更为有效,而且小学生具有非常显著的亲师性,从而使教师的身教对学生品格养成更加有效,所以教师的身教更加重要。

教师身正,可以为学生做出品格示范,从而让学生"以师为范"。

请讨论:

小学生思维能力发展迅速,如何在小学英语教学中基于此发展学生的思维品质?

参考答案:

小学英语教学活动要针对学生不同阶段的思维特性,设计与之思维品质相适应的活动。

请思考:

如何理解这里所说的"在思维品质发展中,语言性是第一位的"?

参考答案:

因为这里设计的小学英语教学活动中的思维品质发展活动,而不是单纯的思维品质发展活动,所以必须坚持语言的第一性地位。

请思考：

如何理解教材在教学活动设计中的基础性？

参考答案：

因为教材是课程标准的体现，是课堂教学的基础，也是语言运用的范例。

请思考：

如何基于小学生自我管理能力发展促进学生学习能力发展？

参考答案：

我们要引导学生基于不断发展的自我管理能力，从管理自己的日常生活，发展到管理自己的学习，从而发展学生的学习能力。

  实　践

【请你回答】

1. 小学英语教学活动为什么要基于核心素养设计？

参考答案：

核心素养是整个教育的基础，每一学段、每一学科都应以此为基础，当然小学英语教育亦应以此为基础。

2. 基于核心素养设计小学英语教学活动应关注哪些因素？

参考答案：

任一学科都不可能单独承担所有核心素养的培养任务，各个学科通常基于本学科优势重点发展一些核心素养，英语学科则应重点发展语言能力、文化意识、思维品质、学习能力，小学英语教学活动亦应基于这四项素养目标进行设计。

3. 如何基于你的学生的核心素养发展目标，设计小学英语教学活动？

参考答案：

首先基于英语学科核心素养和学生最近发展区确立核心素养目标，然后分析教材，选择或设计活动，最后在课堂开展活动，并抓住课堂可能出现的生成。

【设计实践】

一、为以下三年级学习内容设计恰当的教学活动。

参考答案：

课文设计了一个生活小意外，我们可以在这一内容中发展学生的语言能力（表达衣服颜色）、文化意识（班集体荣誉、走路要注意）、思维品质（遇到意外如何处理，如何预测后果，如何避免意外）、学习能力（比较两个语句的颜色表达差异）。

我们然后确定学生最近发展区，确定目标，进而设计相应活动，如就 What can Sam do? 进行讨论。

二、为以下六年级学习内容设计恰当的教学活动。

参考答案：

我们可以在这一内容中发展学生的语言能力（说出动物生活习性）、文化意识（了解动物、求知、科学精神）、思维品质（准确性）、学习能力（巩固行为动词一般现在时用法）。

然后我们确定学生最近发展区，确定目标，进而设计相应活动，如按照教材预设，组织学生进行动物知识竞赛。

第八章　小学英语教学媒体设计

第一节　教学媒体的内涵与使用原则

【请你思考】

参考答案：

教学媒体的使用需要基于教学目标的要求和学生需要，进行合理的选择，其关键在于学生在教学媒体的作用下学得更多、学得更快、掌握得更好。X老师基于互联网的教学不能形成显著的英语学习成效的原因在于该老师机械地搬用了互联网而没有充分考虑教学媒体的使用目的、没有立足正确的媒体观、没有注重教学媒体运用的规范性、没有体现教学媒体运用的创造性。

【请你回答】

1. 你认为小学英语教学应包含哪些教学媒体？

参考答案：

小学英语教学应包含传统教学媒体和现代教学媒体，例如：教科书、黑板、图表、模型、实物等，也包括电声类（录音机、扩音机等）、电光类（幻灯机、投影仪等）、影视类（录放像机、视盘教学机）、计算机类（计算机教学系统等），还包括伴随着以信息技术为核心的高新技术发展而产生的大容量存多媒体、虚拟现实、人工智能、网格和无线网络等高新技术和现代教育不断更新的教学媒体。

2. 你认为小学英语教学媒体的使用有哪些原则？

参考答案：

教师应基于以下三项原则选择和运用教学媒体（如此例中的互联网）：目标性原则、操作性原则和非智力原则。

请讨论：

如何理解教师的眼神也是一种教学媒体？如何使用这种媒体？

参考答案：

因为教师的眼神也能传递教育信息。教师应根据教学需要使用眼神，如：当学生积极回答问题却遇到困难时，教师要多用鼓励的眼神；当学生不遵守纪律时，教师要表现出要求学生遵守纪律的锐利眼神。

请讨论：

小学英语教学当然需要语言媒体。如何充分发挥语言媒体的作用？

教师应娴熟地驾驭语言，用精炼、准确的言语传递教学信息，启迪学生的智慧，达到教书育人的目的。教师自身通过音质、音高、音色的变化，进行单词教学，就是充分运用语言媒体特性的方式之一，可以使教学成效显著提高。

请讨论：

小学英语教学中，哪些媒体作用更为显著？为什么？

参考答案：

视听觉结合作用更为显著，更适合小学生的英语学习。单纯视觉的动漫在这里变成了动画，学生可以在看到画面时听到英语，从而形成更加准确的理解和语言学习。大量实践证明，动画片对小学英语教学具有非常显著的作用。

请讨论：

数字媒体对小学英语教学作用非常显著，但是否有不足之处？如何克服或规避？

参考答案：

数字媒体可能干扰教学，可能出现因过于依赖数字媒体而忽略学生认知能力发展与价值建构的现象，也可能存在数字媒体依赖、沉溺于数字媒体等问题。教师应根据教学需要和可提供的教学条件决定是否使用、如何使用、使用什么数字媒体。

请讨论：

如何在小学英语教学中使用教学媒体从而使其指向核心素养？

参考答案：

要使媒体使用与选择指向核心素养，需要注意两个方面。一方面是教学媒体要适应具体的教学目标。教学目标是贯穿教学活动全过程的指导思想，规定着教师的教学活动内容和方式，而且不同课程有不同的教学目标要求。另一方面是教学媒体要适应于具体的教学形式和教学内容。教学内容不同，适合的教学媒体会有所区别。每一种媒体都有其自身的特点和优势，适合于某种学习任务或教学活动。

实 践

【请你回答】

1. 小学英语教学媒体的特性是什么？

参考答案：

小学英语教学媒体的特性是：充分利用现代教育媒体与传统媒体的特点组合教学，扬长避短，互为补充。教具的使用要以激发学生学习兴趣为主，但不能一味地追求生动和丰富的教学效果，把课堂变成展览馆、动画观摩或音乐会，否则是舍本求末，影响课堂教学的效果。

2. 举例说明小学英语教学媒体使用的目标性原则。

参考答案：

小学英语教学媒体使用的目标性原则具体可以体现在每个单项技能的目标达成的目的下，选择适当的媒体辅助英语课堂教学，呈现和传递教学信息。例如：听说技能的培养可采用录音录像、图画等媒体，通过反映实际情景的动画和录音语言使学生在具体的语言环境中去增加"听"的输入，并在此基础上模仿对话、进行动画配音等活动来训练"说"的技能。

【设计实践】

请为以下教学内容选择符合小学生兴趣特征的教学媒体。

参考答案：

对于这一内容，动态的火车运行、火车运行的声音、姐姐与弟弟对话的声音甚至动画，可以帮助学生更好地理解其内容、掌握其语言和用法，其语言中的介词可以通过PPT等凸显。

所以，这一内容的教学媒体可以是：姐姐与弟弟对话的动画或视频、火车运行动画或视频、火车运行声音、PPT。

第二节 小学英语教学媒体设计与使用

【请你思考】

Y老师的板书与拼写结合的教学活动符合小学生的认知特点,能够吸引学生注意力,发挥学生的主观能动性,把听觉和视觉很好地结合起来,因此能取得比较有效的效果。

【请你回答】

1. 你认为小学英语常规教学媒体有哪些?

小学英语常规教学媒体有黑板、图片、图示材料、实物等。

2. 你认为应该如何设计与使用小学英语现代教学媒体?

在小学英语教学中,现代教学媒体的设计与使用要保持学生与老师的主体地位,以教学目标为中心,以教学效果为杠杆,合理增加多维度的有效输入,要以教学理念设计为主,现代媒体技术运用为辅,基于教学需要选择使用现代教学媒体。

请讨论:

如何在小学英语教学中恰当地使用教具进行教学?

参考答案:

小学生的思维正处在由具体形象思维向抽象思维过渡的时期,教师可以就地取材(实物、模型等)选择有助于教学的教具,使学生便于理解和记忆。

请讨论:

思维图可以充分地运用于小学英语词汇教学、语法教学、课文教学之中。如何在语法教学中设计思维图活动?

参考答案:

围绕语法的内容、语句的结构等,进行结构性的思维图设计;在语法学习的过程中,进行过程性的思维图设计。

请思考:

板书设计对小学英语教学帮助很大。如何合理设计板书?

参考答案:

力求在内容上提纲挈领,重点突出;文字上简明贴切,清晰表达所讲授的主要内容;在呈现形式上要布局合理、层次分明,达到一目了然的效果;在表现手法上要图文并茂,巧妙生动,多感官作用于学生。

请讨论:

各种媒体在小学英语教学中作用不同,如何合理选择和使用不同媒体?

参考答案:

315

保持学生与老师的主体地位,以教学目标为中心,以教学效果为杠杆,合理增加多维度的有效输入,要以教学理念设计为主,媒体技术运用为辅,基于教学需要选择使用数字媒体。

实 践

【请你回答】

1. 如何使小学英语教学中常规媒体的使用更加有效?

参考答案:

常规教学媒体(包括黑板、图片、图示材料、实物等)能为学习者提供相应的感官刺激和体验,帮助学习者感受知识、领会知识。在教学实践中,我们应该充分了解、合理地选择和使用常规教学媒体,从而帮助学生多渠道地感知知识信息,充分发挥常规教学媒体的作用。

2. 举例说明小学英语现代教学媒体使用的有效性。

现代教学媒体很丰富,能够最大限度地激发小学生学习兴趣,多渠道地刺激学生感官,例如:英语趣配音等软件的使用,能够让小学生在轻松愉快的氛围中模仿地道的英语发音,有效地教授和纠正小学生的英语发音。

【设计实践】

1. 请为以下小学四年级的教学内容设计板书。

参考答案:

: What are you **doing**? : What's Tom **doing**?

: I'm **listening** to music. :He's **reading** a book.

: I'm **talking** to my friend.

2. 请分析以下教学挂图的有效性。

参考答案:

这一挂图首先突出老师提问、学生回答这一结构模式,可以帮助学生理解与记忆语境;如何把活动按照学生思维分为学习与游戏两类,帮助学生理解与记忆动词;然后将动作与文字并列,帮助学生理解与记忆短语;最后将分词部分用红色显示,进行突出,帮助学生记忆。

3. 请为以下小学二年级的教学内容选择现代教学媒体。

参考答案:

这是一封自我介绍信件,首先应按照书信结构以纸质形式或 PPT 形式呈现,其中的图片是书信介绍的内容,所以应以照片格式呈现;最后为帮助学生跟读,需设计音频。

第九章 小学英语教学评价设计

第一节 英语教学评价的基本内涵

【请你思考】

参考答案：

W老师在教学评价设计中存在的问题主要是：他对学生主要采用的是终结性评价，该评价方式是在某一相对完整的教学阶段结束后，对整个教学或学习目标的实现情况所做的评价。其评价方式比较单一，不利于调动学生的情感态度和学习策略。

改善方法：在设计和实施评价的过程中，教师应根据各个单元的特点，充分考虑学生的年龄、心理特征及认知水平，选用合理、多样的评价方式，如自我评价、同伴评价、家长评价、教师评价等，实现形成性与终结性评价相结合。形成性评价可采用与课堂教学活动接近的形式以及平时测验、学习档案、问卷调查、访谈等形式。学生可以在教师指导下，根据自己的特长或优势选择适合自己的评价方式。终结性评价应采用不同类型的综合性和表现性的评价形式，以口试、听力和笔试相结合的方式，综合考查学生的语言运用能力。在笔试中，客观性试题和主观试题要合理配置。

【请你回答】

1. 你认为什么是教学评价？

参考答案：

作为教育科学发展和教学改革的产物，教学评价有别于一般的教学检查与鉴定，它有一套较为完整的理论和方法。由于价值评定的角度、依据的标准不同，教学评价可以划分成不同的类别，主要包括形成性评价、总结性评价、真实性评价、表现性评价、发展性评价等。

2. 形成性评价和总结性评价有何联系与区别？

参考答案：

联系：形成性评价就是对学习过程中的学习行为进行评价，以发现学习成效和学生发展形态，确定下一步学习的起始水平。总结性评价，又称终结性评价，是在某一相对完整的教学阶段结束后，对整个教学或学习目标的实现情况所做的评价。从起源上看，形成性评价源于总结性评价，是针对总结性评价而言的。

区别：与总结性评价相比，形成性评价的反馈更为频繁，师生共同参与到评价活动中，注重利用测量的结果来改进教学，使教学在不断的测评、反馈、修正或改进过程中趋于完善，而不是强调通过考试评定学生的成绩等等。形成性评价也可以采用考试形式，但目的不在于评定学生成绩，而在于发现学习成效，确定教学的发展方向。

请思考：

在教学评价中，除了考虑评价主体的需要和利益之外，还需要考虑哪些因素？请举例加以说明。

参考答案：

还应考虑价值的客体，如教学行为、学习行为以及学习者的语言运用能力等核心素养发展水平等。

请区别：

教学评价与课堂评价有什么区别？

参考答案：

教学评价是对教师的教学行为与结果、学生的学习行为与结果达到教学目标程度的值的判断。具体到教学之中，教学评价指课堂教学过程中对学生的学习行为、学习效果、目标达成等方面进行的评价。课堂评价即课堂教学评价，即是对课堂教学的评价。在课堂评价中，评价客体是课堂教学，课堂评价即是对课堂教学这一价值事实进行评价，课堂评价中的价值事实就是参与课堂教学的教师与学生所从事的一节课的教学活动满足价值主体需要的程度及状况。

请思考：

真实性评价可以用到哪些评估方式？

参考答案：

从真实地反映学生表现的角度来看，真实性评价的方法是多元的。评价方法越丰富，评价就越全面，评价信息的真实性也就越大。根据所提供的学生信息类型，真实性评价的具体操作模式可以分为三大类：第一类是测验、测验式过程或测量，其中以表现性评价为最常用；第二类是表现样本，它是指对学生表现或作品样本的系统的收集，这些样本应该能够有代表性地证明学生的成就，其中以档案袋评价最常见；第三类是观察，他是指主要由教师以观察的方式在日常工作中收集的关于学生的信息，以教师的课堂观察最常见。

请思考：

在多元智能的课堂中，多元评价从何处开始？

参考答案：

评价应体现以人为本的教育理念，突出学生的主体地位，发挥学生在评价过程中的积极作用。评价应关注学生综合语言运用能力的发展过程以及在学习过程中情感态度、价值观念、学习策略等方面的发展和变化。评价应采用形成性评价与终结性评价相结合的方式，既关注过程，又关注结果，使对学生学习过程和学习结果的评价达到和谐统一。

【请你回答】

1. 小学英语教学评价的目的是什么？

教学设计视野的教学评价，以改善教学、促进学习、提高学生核心素养为目标，评定学生学习行为的价值。

2. 举例分析小学英语教学的多元评价形态。

略。

【设计实践】

请设计三年级开始学习英语的学生第一学期期末评价题型。

参考答案：

说唱一个本学期所学英语歌谣。

演唱一首本学期所学英语歌曲。

表演一个本学期所学英语游戏。

参与表演一个本学期所学课文的课本剧。

第二节 小学英语教学形成性评价设计

【请你思考】

参考答案：

不属于，因为这仍然是一种对学习结果进行测试的形式的评价，不是对学习的形成过程的评价。

【请你回答】

1. 你认为形成性评价对小学英语教学有哪些功能？

形成性评价对小学英语具有导向功能、诊断功能、反馈激励功能、反思总结功能、记录成长功能。

2. 怎样使形成性评价有利于监控和促进小学英语教学过程？

形成性评价必须坚持对学习过程进行评价的功能，而不是对学习结果进行的评价，就能起到监控和促进教学过程的作用。

请思考：

形成性评价的这些功能哪一些与总结性评价相似？二者有何区别？

参考答案：

形成性评价的过程诊断功能与总结性评价非常相似，甚至可能是用同一试卷进行评价，但二者目标不同，对数据的使用方法不同。总结性评价的数据用于分析学习成效，而形成性评价的数据用于分析学习问题，发现需要调整的方向等。

请思考：

成长记录袋可以用于总结性评价吗？为什么？

成果型的成长记录袋可以作为总结性评价的材料，因为所收入的是学生的学习成果，符合总结性评价评价学习成果的要求。

【请你回答】

1. 小学英语形成性评价有哪些基本形式？

参考答案：

小学英语形成性评价有测试、课堂观察、评价量表、问卷、师生交谈、成长记录袋等形式。

2. 基于具体案例说明小学英语形成性评价的实际成效。

略。

【设计实践】

1. 请设计至少一项小学一年级的形成性评价案例。

参考答案：

演唱英语录音，或参加表演课本剧录像，或课文跟读录音。

2. 请设计至少一项小学五年级的形成性评价案例。

参考答案：

制作主题 poster，或写给朋友的一封自我介绍，或者讲故事录音，或演讲录像。

第三节　小学英语总结性评价

【请你思考】

参考答案：

高考试题的题型的认知能力要求、语言能力要求等，都不适合小学生。T 老师应选择符合小学生的试题形式。

【请你回答】

1. 如何理解总结性评价在学业评价中的地位？谈谈你对小升初英语毕业考试改革的看法。

在小学进行总结性评价是需要的，因为这可以评价小学生是否达到学习目标。看法略。

2. 如何在小学英语测试中贯彻真实性原则？您如何评价您所知的小学英语试题？

小学英语总结性评价的设计既要按照小学英语课堂学习的形式设计，又要按照语言运用的真实形态设计。第二问略。

【请你回答】

1. 小学英语总结性评价试题设计的依据是什么？

小学英语总结性评价试题设计的依据是《义务教育英语课程标准（2011 年版）》、教材和课堂教学实际、小学生的认知水平。

2. 请选择一套小学英语试题，分析其是否符合《义务教育英语课程标准（2011 年版）》的试题设计要求。

略。

【设计实践】

1. 请分析以下试卷的试题与组卷方法，并提出改进意见。

这一试卷试题形式基本符合《义务教育英语课程标准（2011 年版）》的要求，贴近教材，应该符合学生学习实际，但在内容上应适当增加阅读内容，对写的要求可有更明确的支架。

2. 请为小学四年级学生学年末总结性评价设计一套试题。

略。

第十章 小学英语教学设计的评价

第一节 基于文本的教学设计评价

【请你思考】

参考答案：

Z老师的分析存在一个显著问题：对学生评价负面。这一问题出现在教师看问题的视角。其实我们应该把学生对这些知识的不了解看作我们进行教学的机会，我们可以由此引发学生的好奇心，比如从一个外国人学汉语的语音错误故事导入，让学生了解我们学英语出现各种错误非常正常，然后开始学习，这反而可以引导学生正确认识自己的语言错误，从而在一定程度上使学生可能不再那么拘谨，甚至慢慢开始喜欢英语。

【请你回答】

允许学生根据学习本节之前的已有知识与能力回答。

请思考：

课前、课中、课后分析评价教学设计的目的分别是什么？我们主要在哪两个阶段进行教学设计分析评价？

参考答案：

在课前进行教学设计评价，可以确保教学在没开始之前不会偏离方向。课中进行教学设计评价，引导我们不断关注我们的教学过程是否符合我们的教学预设、是否指向教学目标，以确定是继续前行，还是需要进行必要的调整。在课后进行教学设计评价，有助于进行教学成效分析、教学反思、教学研究，发现我们可以坚持、需要改进之处。

我们主要在课前、课后进行教学设计评价。

请讨论：

为什么需要对小学英语教学设计文本进行分析？

参考答案：

目的在于确保教学不偏离课程目标，避免低效教学活动，从而提高教学成效。

【请你回答】

1. 小学英语教学设计文本的不同形式各有什么特点？

参考答案：

教学设计文本的三种形式本质上并无不同，只是形式上的差异，或者说，只是教学过程描述方式上存在一些差异，或者用表格，或者用图示，或者用文字。三种形式适合不同的设计需要或者设计偏好。

表格式的设计可以清晰呈现学生活动,有助于发展学习为中心的教学设计理念。图示式的设计非常适合教学设计的教育技术制作。文字式的设计可以帮助教师从传统的备课向教学设计的转化。

2. 在设计小学英语教学设计文本评价标准时,我们应注意什么?

参考答案:

一切标准都是基于目的而设定的,我们制订小学英语教设计文本评价标准时,要明确评价的目的,然后基于目的而确定评价维度,最后制订和调整评价标准。

【设计实践】

1. 请评价以下教学设计。

参考答案:

这一设计文本的教学理念体现了英语学科核心素养发展,语言能力、文化意识、思维品质、学习能力发展目标基本合理,而且通过调查确定可选择的教学目标,总体体现了以学生为中心的原则。

这一设计采用了任务驱动的教学过程,其教学方法与教学目标基本吻合,也符合教材特性,具体教学过程与活动总体符合学生兴趣,机器人设计也具有一定的挑战性。教学活动总体存在学生被教师引导着走的不足,学生之间互动较为合理,尤其是设计与展示活动,符合小学生思维特性,语言的运用活动要求与目的可以更强一些。

这一设计的评价活动不多,还可以更突出形成性评价。

2. 请分析同伴对前一实践活动中的教学设计的评价。

参考答案:

可运用本节评价标准进行评价。

第二节 基于课堂观察的小学英语教学设计评价

【请你思考】

参考答案:

Z老师应该建议L老师在课前做学情分析。这是一节高年级的课,对于高年级的学生,他们的自我意识、情绪情感和意志品质都在发生变化。他们注意力的稳定性和持久性都有所提高,他们的思维品质也由具体形象思维转向了抽象逻辑思维,他们已经不再会被大量表面热闹的唱唱跳跳活动所吸引,他们更喜欢挑战,通过推理和判断,来总结事物的规律,从而获得成就感。所以,如果L老师了解学生年龄特征,就会重新设计符合这个阶段学生特点的活动,从而激发学生的兴趣,提高教学的有效性。

【请你回答】

1. 你认为课堂观察的目标是什么?

参考答案:

课堂观察是为了改善学生的课堂学习,促进教师专业发展,形成学校合作的文化。

2. 小学英语教学设计为什么需要从课堂观察视角进行评价?

参考答案:

从广义上说"课堂观察"是教师在教学过程中有计划(或偶然)观察学生的课堂表现和教学反应的行为方式,以此提高教学有效性的行为方式。这一切的立足点是课堂观察。通过有效观察,教师才能把握住学生的学习情绪和反应,了解教学效果,获得反馈信息,及时调整自己的教学策略。从狭义上讲"课堂观察"是一种具体的研究方法。通过观察,对课堂的运行状况进行记录、分析和研究,并在此基础上谋求学生课堂学习效率的改善,促进教师发展的专业行动。

【请讨论】

为什么需要对小学英语教学设计文本进行分析?

教学是有目的的活动,教学设计就是为了实现教学目的而进行的预设。教学目标是否能够实现,一个非常关键的因素就在于教学设计是否合理,所以,为确保教学目标实现,我们必须对教学设计进行评价,通过评价获得的反馈信息,对教学设计进行修正,从而使教学设计尽可能合理。

【请你回答】

1. 基于课堂观察的小学英语教学设计的评价目的是什么?

以评价教学设计的课堂观察,有多种目的。在教学过程中,教师通过有效观察,把握住学生的学习成效和反应,了解教学效果,获得反馈信息,及时调整自己的教学策略。对于教学设计而言,通过课堂观察,教师可以发现预设的教学设计是否能够有序、有效进行,是否能够实现每一活动的教学目标,从而最终实现本节课、本阶段、本课程的教学目标。

2. 如何基于课堂观察,对下一节课教学设计进行学习要素分析?请举例说明。

要对下一节课作合理有效的教学设计,就必须思考以下问题:本节课教学目标是否达到?目标达成度如何?学生学习表现出哪些本节课教学设计时没有考虑的特点?哪些教学活动的教学成效较高?哪些教学成效较低等等。这些问题的答案都为教师们合理进行下一节课教学设计提供重要信息。

例如:在设计 Book11 Module 9 Unit1 Do you want to visit the UN building? 一课时,通过阅读授课老师的学情分析,观察人员了解到该班学生学习英语的主动性和热情很高,但是他们应用英语的能力存在较大差异。因此建议老师在新授时要以学生为主体,加强对不同层面学生的关注度,设计适合不同层次学生的学习活动,要运用教学互动策略,适时地采用师生交流、同位交流、小组合作交流等方式,给学生充分的时间进行知识的内化。活动时,教师要加强对学困生的辅导力度,关注不同学生的需求,以此来激发学生学习英语的兴趣,提升全体学生的学习水平。

【设计实践】

1. 请为以下五年级学习内容设计恰当的教学活动并设计语言能力方面的观察量表。

本语篇主要是运用过去时态的动词描述一场经历。涉及的动词有 went, met, bought, ran 以及 dropped, was,这些词学生已经学过,所以学生理解文本大意并不难。他们学习的重点应该是如何运用这些词进行事件的描述。这里设计了两个主要活动。活动1:创设真实的语境,搜集生活中的照片,照片中的活动涉及到某些地点、人物、做的事以及天气,心情等,所用动词和课文中所用的动词是一致的。然后,请同学来讨论并描述这一天的经历。这样学生可以兴趣盎然地运用这些词进行描述,并在不知不觉中巩固提升运用能力。活动 2:在学生学习完文本之后,又在拓展活动设计了一个活动:Write a short passage about your experience. 并给出了提示的问题:Where did you go? When did you go? What was the weather like that day? What did you do? How did you feel? 学生可以参照问题写出一篇简单的

323

作文,并且可以运用到一些除本节课之外的相应知识点。

语言能力观察量表设计

学校		班级		人数		科目	英语
执教人		教学内容				观察人	
观察对象	课堂上某一部分学生						
教学环节	观察维度	达成情况			
		全部达成	大部分达成	少部分达成	较难达成
---	---	---	---	---	---
Warm up 热身导入	学生能听懂教师指令语,并能做出正确和适当的反应。				
Presentation 新授	学生能大体读懂和理解文本的内容				
	学生能联系已有知识大体理解文本大意,尝试读出 went to, met, ran to, bought, dropped 等过去时单词。				
	学生能尝试大声朗读含有过去时单词的句子,并基本正确。				
	学生能大声、流利跟读或者朗读课文。				
	学生能根据一定学习任务找出文本中的相应信息。				
Drill and consolidation 巩固操练	学生能大体听懂不同学习任务的指令和要求,并能做出正确和适当的反应。				
	学生根据文本内容完成相应填空、选择、判断等练习。				
	学生能借助语言支架的帮助,运用本课知识来进行简单的交流和表达。				
Applying and extension 拓展应用	学生能运用本课知识与同伴进行简单交流,获取来自他人的相关信息。				
	学生能用本课知识向他人简单介绍自己从前的经历。				
	学生能参照本文目标句型,用过去时态进行简单仿写,记录自己从前的经历。				
总评					

使用说明：观察者在进行课堂观察时，主要记录四个主要教学环节中班级里某一部分学生的语言知识发展情况，用√在适当的区域进行勾选。

2. 请根据以下课堂观察，为下一节课教学设计做出学习要素分析。

从这张语音观察量表中我们可以看出，单词语音教学中，教师使用了多种教学方法，其中，以旧代新的方式教学 cap-map，学生理解得很快，掌握得也很快，效果很好。但是 kangaroo 学生们完全掌握有困难，读课文的时候还不是很流利。在下节课的设计中教师会在教授这个词的时候，除了采用音节分割的方式外，再让同位之间，组内同伴间互相说一说、练一练，互相学习，相互纠错，共同进步。同时，本节课中，学生对国家名词到形容词的变化规律有所掌握，采用发音归类的方法效率高。在文本朗读指导中，语音教学在课堂中除"语音"、"语速"、"语调"、"连续性"这四个方面，还可能出现其他语音情况，表格不够完善。